台灣俗諺語典

卷三◎台灣俗諺的言語行動

陳主顯 著

給我的孩子　宜寧、信慧、立德：

離鄉，無離腔。
Lī hiuⁿ, bô-lī khiuⁿ. (11.01)
　　　　　——情意是其音符。

咸豐三、講到今。
Hâm-hong saⁿ, kóng kaù-taⁿ. (14.17)
　　　　　——講故事，探歷史智慧！

序言

「十二點、一點，你的工作室總是燈火通明。在忙什呀？」前幾天我們教堂的S牧師驚訝地問我，說他每次從外面回來總看到這種情景。

本書，《台灣俗諺語典》卷三《言語行動》，就是如此用功之下誕生的。熱忙過後，我心充滿高興，知道幾天之後前衛就要推出又一本精美的台灣諺語書了。

在本卷這個大主題之下，我們一共注解、釋義了675句精選的台灣俗諺，劃分做四章二十八節。在章節標題中您將發現：脫線、離經、暗路、土直、鐵齒、話仙、講古、亂彈、臭彈、膨風、敢死、漏氣、顛倒、雜插、烏烟，等等名稱。這些「正港」的台灣名詞，幾乎沒有其他更正確的名詞可以取代，為便利查閱，避免混淆，我們備有「章節標題字簡介」於目次之前，以供參考。

第一章「福言禍語」——是有關「講話和聽話」的諺語。其中極大部分的句子是「講話」，只有將近二十句是「聽話」。同時，這麼多的「講話」多數是從間接，或是消極的方面來表現的。不過注意體會的話，不難發現先人處處在提醒人「話語」不是中性的物件，而是帶有「能力的」，乃是：善言種福，凶言召禍的「福言禍語」！

第二章「脫線的行動」——行動傾向於較強地影響行動者自身，而較弱地影響他人的行動。當然，這是我們分類的一種作業

上的理解，並不意味著這一章裏的俗語都是「不及物」動詞似的句子。基於這樣認識，我們用可愛又精確的台灣話「脫線」來統攝「散仙」的舉止。

第三章「離經的行為」——屬於比較強地影響到他人的行動一類的俗語，其中有的甚至涉及「叛道」或犯罪的行為，例如，一、四、五各節裏的某些句子。然而，這些俗語在先人眼中並不屬於「行暗路」一族的行為。

第四章「暗路惡行」——這是有關：嫖、賭、偷盜、吸鴉片煙一類的「暗路惡行」。在這類俗語中，也許您將會發現，先人之世，其罪過惡行是那麼「單純」，那有像當今世界一言難盡的罪惡的行為！

我們希望，上面這些俗諺能夠提供一定程度的認識台灣人「思想講話」和「行動規範」的參考，雖然這些諺語不是從正面來設規矩，立教養。我又期待，藉著同參台灣諺語來會見先人的心靈，想像他／她們的言行舉止，批判得失，給自己設想一個二十一世紀「自由的台灣人」合適的言語行動。

撰寫本卷期間，常常得到舊朋、新友、先前的學生，親人的關心鼓勵、具體的協助，萬分感謝。——三月初二，「意外地」接到一位快二十年未見面的學生的傳真，開頭說：「在一次逛書局的偶然機會，或許是一種懷念的心境，我翻也沒有翻就買下您的《台灣俗諺語典》卷二，且當時就有一股衝動想捎個信給遠在德國的您……」對於一個老師，有什麼比這更覺得高興的嗎？

當然，我要感謝前衛出版社社長林文欽先生，他樂意投下許多心血來繼續出版本書，並親自設計書式，選用我國名畫家林智信先生的版畫為封面：

　　卷一「搖孫圖」，深能展現列宗列祖的智慧傳承：搖搖籃之手的奧祕。

　　卷二「鳳梨之鄉」，多麼微妙地象徵-七情六慾的「酸閣甜」的交際。

　　卷三「？？？？」，請慢慢欣賞吧，必定又是一幅名畫！

　　最後，感謝您翻閱本書。歡迎指教！

陳 主 顯

1998.5.1　萊茵河之Mainz

章節標題字簡介

　　本卷的章節標題字之容易混淆者，簡釋於下，以利查檢。

　　脫線[thoat-soàⁿ]：脫散也。表示言行舉止異於同一個社會階層中一般人的行動，給人一種違反俗成的行動規矩的印象。這種人是所謂的「散仙」，他傾向於情緒的「毛病」多於「作歹」的行動。

　　離經[lɪ-keng]：逸離比較嚴謹的行動規範，太離經的話則已經是所謂的「叛道」，或涉及犯罪的範圍了。這種行為含有「惡的意志」。

　　暗路[àm-lō˙]：具體地指：嫖妓、賭博、偷盜等惡行。昔日，這些歹事幾乎都是經由「暗路」去做的，而所做的都叫做「𣍐見眾」[boē-kìⁿ-chèng]的代誌。

　　土直[thó˙-tɪt]：心直口快，講話的措詞粗魯，不過所說的內容卻可能是真實的，有道理的，只是讓聽的人深覺「土土土！」非常狼狽，萬分逆耳也！

　　鐵齒[thih-khí]：硬牙，不信邪，喜歡抬槓，自己很有一套「正理」或「歪理」，但都自以為是，對他的「主義」堅信不移。

　　話仙[oē-sen]：二三好友在一起鬥「北港廟壁」（→14.13），畫[話]仙也！

　　講古[kóng-kó˙]：輕鬆、隨意地說過去的或真或假，不必

認眞「驗證」的迭聞老事。

亂彈[loān-toāⁿ]：胡說八道，混淆了有正誤對錯可判的話語。

臭彈[chhaù-toāⁿ]：重型的「亂彈」也，令聽者感覺臭氣沖天，嘔吐不止。

膨風[phòng-hong]：吹牛皮，歕鷄胃[pûn-ke-kui]，開口誇大事物、能力等等。這種人是「褪褲，圍海」(→23.04)之徒。

敢死[káⁿ-sí]：高度地放大自己的一切，並勇敢爭取、接受、佔有可能得到的利益。

漏氣[laù-khuì]：洩氣、穿梆、出糗、出醜也；刺破了「膨風」的牛皮，崩壞了「敢死」的憑藉。

顚倒[then-thòh]：顚三倒四的行爲，例如：「提錢，買奴才來做。」(→31.09)

雜插[chàp-chhap]：鷄婆乎？家婆也，無關本分或職責的拙笨而過份的「關心」或「幫忙」，例如：「紅目有，鬥鬧熱！」(→33.10)

烏煙[o·-hun]：抽鴉片煙也。舊時的「食煙」幾乎都是指「食鴉片燻」，沒有現在「吸毒」的複雜的內容，當然不指「抽香煙」。

卷三・言語行動

福言禍語

第一節 講話、多話

本節段落：

【01】

離鄉，無離腔。

Lī hiuⁿ, bô lī-khiuⁿ.

Lī hiuⁿ, bō lī-khiuⁿ.

離得開故鄉，離不了腔調。

　　用來斷言母語的一種語言特色，那是不因為離開土生土長的鄉土而改變其「腔」調的。這也是「本地人」和「出外人」鮮明的不同標誌。

　　鄉：故鄉，鄉里。　無離：沒有消失，自然地保有著。　腔：方音也，乃是鄉土的字音，音色和聲調——台灣人之中，以方音色彩濃厚而名聞全國的，是鹿港人的泉州腔。❶

　　全體台灣人所曾經驗到的大痛苦，要算是各個族群的母語遭受到外來政權的壓制和有計劃的消滅。尤其是在國民黨政府「國語政策」之下，遭受了最徹底的破壞和醜化，使台灣人的極多數後代，要不是不會講母語，就是以她為「下等語言」而恥於講說，更遑論什麼「離鄉，無離腔！」

　　讓我們歡喜雀躍的是，我國政治的自由化以後，各族群熱烈

學習母語，用母語來溝通，來發表，來教學——苗栗縣西湖鄉瑞湖國小，六年多來秉持著：

> 寧賣祖宗田，
>
> 莫忘祖宗言；
>
> 寧賣祖宗坑，
>
> 莫忘祖宗聲。

的理念，致力推展客家民謠，並從學校延伸到社區，連阿公阿媽也一起歡唱山歌子。(→《自由時報》1997(11.20):15)眞讚！瑞湖國小。

　　民族的自信心和命運共同體的認同，應由復興母語開始。

【02】

不漳，不泉。

Put Chiong, put Choân.

Put Chiong, put Choân.

台灣話就是台灣話。

　　主要用法有二：一、舊時唐山人用來譏刺台灣人，說他們講話的腔調不合「標準」，既不是漳州話，也不是泉州語。二、現代用法，指出台灣話(台灣福佬話)的語言性質，已經遠離漳泉二腔，早已由之脫胎換骨：台灣話就是台灣話。

　　漳州：清國的漳州府，現代中國的福建省龍溪縣。　泉州：清國的泉州府，中國的福建省晉安縣。

　　現代的台灣話雖然是「不漳，不泉」，但是漳泉的殘餘腔調仍然有跡可尋，例如，桃園、宜蘭、南投、嘉義等縣市，漳州音的色彩比較濃厚；台北、新竹、苗栗、彰化、高雄、屏東、台東等縣市，則是已以泉州音爲強勢；而漳泉音均勢混雜的縣市是台中、雲林、台南、花蓮等地。❷

　　語言的發展是隨時空的演變而發達或退化的，「現代台灣話」是有史以來的台灣人所「活出來」的活生生語言，已經不是什麼「漳泉二腔」爲標準的語言，如同現代「美語」之不可以論斷做不標準的「英國英語」(British English)。「不漳，不泉」或「漳泉二腔」，已經進入台灣話的歷史了。

【03】

出嘴，有字。

Chhut chhuì, ū jī.

Chhut chhuì, ū jī.

出口成章。

　　用法有二：一、古典的，用來形容人講話精確、文雅，沒有「話屎」。二、現代的，諷刺人喜歡講粗話，動不動就有「三字經」，就有「北港香爐」、「路邊尿桶」一類的黃腔粗話。

　　話屎：無關談話要旨的話，多餘的話。　　北港香爐：原義，形容北港媽祖香火鼎盛；別解，譬喻「眾人插」，用來譏剌娼女一類的女人。　　路邊尿桶：譬喻「眾人漩」，用來罵女人，剌她是妓女。

【04】

抹壁，雙面光。

Boah piah, siang-bīn kng.

Boá piah, siāng-bīn kng.

大家好！大家OK！

　　貶義地，用來形容人很會講好聽的話，來討好雙方面的人。特別是在主持「公道」的時候，須要分辨是非的地方，這種人能把意見修飾得滑溜溜的，使人覺得一片無是無非，如入涅槃；給雙方的面子，敷上了厚厚一層護膚膏和螢光漆。

　　抹壁：這指的是古代用泥土、稻草和牛糞糊塗而成的竹片薄壁，其最外一層用石灰粉刷的工夫。　雙面光：一壁二面，內外兼顧，細心粉刷得平勻雪白。

　　傳統台灣社會的公眾人物，除了財勢力三字全之外，幾乎都具備著「抹壁，雙面光」的技能。據說，唯有如此，才能夠排解糾紛，安撫爭端。我們可以想像得到，孔夫子所謂的「鄉愿」，一定都是此道的高手吧！然而，社會裏頭「雙面光」的人多的話，人民的「是非」和「公義」的敏感度和意識也就相對軟弱。久而久之，人人是是非非，糊糊塗塗，乏力分辨，政客也就能夠放膽地在政治、經濟、教育等等重要政策上面耍糊塗，打馬虎。

　　祖先說出這句話的心情和希望是什麼？鼓勵我們做「雙面光」的人嗎？

【05】

柴頭來關，也會發。

Chhâ–thaû laî–koan, iā–ē hoat.

Chhā–thaû laî–koan, iā–ē hoat.

異能口功，連木頭也感冒。

　　諷刺人，擅於搖唇鼓舌，大吹法螺，如同法力高強的巫師，唸動真言，叫老木頭也感應神靈而震動跳躍。請注意，這是帶有貶義的用法。

　　柴頭：未經裁製的木頭。　關：施法降神。　發：跳神也，如乩童的「發童」[hoat-tâng]。

【06】

王祿仔嘴，狀元才。

Ông–lȯk–á chhuì, chiōng–goân chaî.

Ōng-lȯk-a chhuì, chiōng-goān chaî.

一流婿，郎中嘴。

用來形容江湖郎中，信口開河，花言巧語。其口才厲害萬分，先人大大感嘆，說：「王祿仔嘴，卡好狀元才！」這是一句褒中帶貶的話，民間總認為「王祿仔嘴，糊累累」，他們的話，不可盡信。

王祿仔：江湖郎中也。 *王祿仔嘴：口才便捷善道，但所說的話，常有誇大不實之嫌。* *狀元才：一流的，優越的；狀元，舊時皇帝殿試第一名的頭銜。*

仔細一想這句俗語，茫然失落的感覺陣陣襲來。這種感受很可能是埋智所認定的「狀元才」，不甘被社會所高舉的「王祿仔嘴」模糊掉的抗議吧！試問，我國近年來發生的一連串無數人小治安刑案，迷信詐騙案，國際地位日日敗退案，等等大事，那一件無關乎當政者利用大小「王祿」來充當「狀元」，那一案不是因為國人迷信「口水」勝過「事實」所造成的苦果？但當「王祿仔嘴，卡好狀元才」成為社會價值標準的共識的時候，那就差不多了！

【07】

對人講人話，對鬼講鬼話。

Tuì-lâng kóng lâng-oē, tuì-kuí kóng kuí-oē.

Tuí-lāng kong lāng-oē, tuí-kuí kong kuí-oē.

奸人的言詞。

用來諷刺人，能言善道，言詞閃爍不定，因人而異，顯然是很「奸鬼」的人。我們不難想像，一個見惡鬼變惡鬼，來講「鬼話」的，會是什麼樣的東西？──先人要教訓我們的是：誠實勇敢的人，就是在魔鬼面前，講的也是勇敢又真正的「人話」。人豈可自

毀人性，淪爲邪魔，來講「鬼話」？

　　鬼：奸惡詭詐的人，和「**鬼神**」無關。　　**鬼話**：奸惡詭詐，反人性的話語。

　　在本世紀，中國人、日本人、德國人曾經努力地進行著「脫神話」或「反迷信」的運動。但是非常諷刺的，結果更加矛盾地造出邪惡萬分的「鬼話」：什麼無產階級的天堂，大東亞共榮環，大雅利安民族主義。這些凶神惡煞的連篇「鬼話」羅織罪名，使無數善良人民慘遭割舌夯枷，抽腸剖肚，或活活餓死，或刀砍槍殺，或開腔勾魂於鬥爭台上，或喪命於勞解，或粉身於死亡營。

　　雖然，日本和德國的「鬼話」在五十年前已經破功，但是中國卻發明「一國二制」，「台灣爲中國的一省」等等鬼話要來侵吞我國。奇怪的是，國民黨政府虛與委蛇地，唱和著什麼「一個中國，但非現在」的鬼話；甚至有民進黨高幹，也急著播散著「談判爲先，四通爲要」一類的鬼話。

　　史有鐵證：倚靠「鬼話」愚弄人民的政府或政黨，必亡！能不警醒？

【08】

食四面風，講五色話。

Chiàh sì-bīn hong, kóng ngó͘-sek oē.

Chiā sí-bīn hong, kong ngó͘-sek oē.

地位凸，大話出。

　　用來諷刺那善於利用自己的職位或社會地位，或是依傍顯要人物，而自信滿滿，什麼樣的牛皮都敢吹的人。句子是用「食風」的勢態和「五色」的話語，來比擬人迎風膨脹，大吹法螺。

　　食四面風：膨風龜，吃得開的人也，因他佔有通風的地利；字面

是說，喝飽東西南北的氣流。　　五色話：雜色話，牛皮話也。五色，
源自道教「五方五色」的思想；東西南北中五方的相應色彩，即是靑黃
赤白黑五色。

【09】

有嘴，無舌。

Ū chhuì, bô chi̍h.

Ū chhuì, bō chi̍h.

金口不言。

　　家長常用來說自己的小孩，非常不喜歡講話，好像沒有舌頭
一般。例如，家有賓客，或看到長輩，不會問好，一概相對無
言——雖然很可能用微笑，或害羞的回頭一瞥，來當做問候，表
示敬意。這句俗語僅指寡言，不涉無禮；帶有一絲絲愛憐的失
望。

【10】

一嘴，含一舌。

Chi̍t chhuì, kâm chi̍t-chi̍h.

Chi̍t chhuì, kām chi̍t-chi̍h.

寡言鮮語。

　　用來形容不善言詞，不喜歡講話的人；就是在應該講話的場
合，或是必要向客人問好的時候，仍然話極短少。他的木訥被揶
揄成，舌頭含在嘴裏，吞吐不得。

【11】

癢的唔爬，疼的掐到血流。

Chiūⁿ--ê m̄-pê, thiàⁿ--ê khàng-kah huih-laû.

Chiūⁿ--è m̄-pê, thiàⁿ--è kháng-kah huih-laû.

攻傷之言。

　　用法有二：一、常用來批評人，不顧情面，不講大家喜歡聽的話，偏偏一再揭發人家忙著要療傷止痛，急著要忘記的醜事。二、嘲笑人不會說話，言不中要點。比較而言，本句俗語譬喻形像的生動和身歷感，比「隔靴搔癢」或「頭癢搔跟，無益於疾」(《易林・寒》)等語，深刻得太多了。

　　癢……爬：癢，渴望得到安撫，或期望稱讚的事項和心理；爬，喻指講媚語，說中聽的話，來爽快聽者，如人抓到極癢之處。　疼的：疼痛的傷口或膿包，喻指隱私、醜事、見不得人、不願被提出的歹事。　搯：暴露或攻擊他人的極短處，或秘密。[khàng]字，坊間有用兀、抗，或自造字，我們用借字「搯」。 ❸

【12】

一言不中，千言無用。

It-giân put tiòng, chhian-giân bû iōng.

It-gên put tiòng, chhēn-gên bū iōng.

要言不繁，多言無用。

　　舊時江湖郎中的俗話。他們在排場時，常用來做爲長話短說，簡介他們的丹膏丸散的套語。誠然，無用的千言是難忍的廢話，而點中緊要處的一語，則有豁然開朗的功用。

　　中：不是聽來覺得爽快之言的「中聽」，而是直接而確實地述說「事實」的話。

　　這句俗語，雖是江湖人的常用語，但是所包含的教訓是相當珍貴的。囉囉嗦嗦的廢話，不但浪費心力和時間，而且所得的可能是反效果的反應。講合適的話，實在是太重要了。古以色列的智者有言：「一句話說得合宜，就如金蘋果放在銀籃子裏。」《聖

經・箴言》25:11)

【13】

話, 講燴入港。

Oē, kóng-boē ji̍p-káng.

Oē, kong-boē ji̍p-káng.

話不投機。

　　形容彼此無法溝通，講話不投機，不契合。譬喻是用船隻無法「入港」來比擬談話之無法溝通，不能接受。

　　入港：原義是船入港口，引申做談話投機，情意契合，意見有所共識。

【14】

嘴開, 道看著嚨喉鐘仔。

Chhuì khui, tō khoàⁿ-tio̍h nâ-aû-cheng-á.

Chhuì khui, tō khoáⁿ-tiō nā-aū-cheng-á.

開口便知，無物之言。

　　用來諷刺人，說他一開口，人家就已經知道他要說什麼。弦外之音是，他這個人講話一向是空洞無物的，不聽可知。

　　嘴開：開口說話。　嚨喉鐘仔：喉結也，喻指講話的內容。

【15】

會講的講一句, 燴講的講十句。

Ē-kóng--ê kóng chi̍t-kù, boē-kóng--ê kóng cha̍p-kù.

Ē-kóng--è kong chi̍t-kù, bē-kóng--è kong cha̍p-kù.

能言vs.拙語。

　　指出，能言善道的人，語簡詞約，條理井然；反之，長篇廢話，真是浪費口舌，毫無效果。

會講的：是「會講話的人」的省略。　𣍐講的：指「不善言談的人。」

【16】

大舌，興啼。

Toā-chi̍h, hèng-thi̍h.

Toā-chi̍h, héng-thi̍h.

不惜獻醜的口吃者。

用法有三：一、諷刺一切口吃而又愛說話的人，刺他說話結結巴巴，老半天說不出一句話來。二、常用來責備在大人面前，愛說話或隨便打岔的小輩。三、譏刺講說者講得口沫橫飛，但所說的內容違反常識，極不中聽。

大舌：說起話來，同樣的字音一再重複，或斷斷續續，口吃也。　興啼：諷刺地，說人愛講話，就像公雞興奮啼晨。

先人認為「大舌」是因為舌頭厚大，以致於轉舌困難，有有有——話——難難難難——言言也也也。不過，現代醫學和心理學者指出，「大舌」和舌大無關，其根本原因不明，可能與家族遺傳、體質、模仿、壓力有關，並可由復健科的語言治療師矯正。(《自由時報》1998(1.26):39)

這裏舉出一則實例，以供口吃者參考：台大敎授傅佩榮已是公認的「名嘴」，但他在上大學以前的九年，是個大舌的孩子，常在被輕視和自卑的煎熬中度日。經過矯正和自己不斷的努力，一直到念了博士，才完全走出大舌的陰影。他在「口吃的孩子」一文，說了好多極有參考價值的話，對於講話的眞諦尤有所啓發。他說：

……就以說話而言，我也是因為口吃而體認了「語言」的特

色。……我可以喋喋不休，……說一大堆無聊的廢話；也可以
言簡意賅，像射擊一般，……每一句都是肺腑之言。我的選擇
是什麼？應該是後者。好不容易才克服了口吃的毛病，我怎麼
捨得浪費說話的資源？於是，我練習說話要像寫作一樣，必須
「有感而發」，每一句都有明確的指涉與清晰的意義，尤其要注意
語言的邏輯性和推理性，使自己的說話既有內容又有層次，還
可以啓發別人的反省。(《中央日報》1994(7.22):4)

對於大舌的學生，我們的學校、社會應該特別關心他們，不但給
他們興啼的時間和空間，更必要供給接受矯正的機會，以免埋沒
英才。至於政棍之大舌興啼「四通」，或任何「私通」的，應該緊急
送還中國，或送醫矯正，以免誤國誤民！

【17】
枝嘴，密恰若米篩。

Chit-ki chhuì, bàt kah-ná bí-thai.

Chit-kī chhuì, bàt kah-na bí-thai.

傳播秘密的嘴。

用來責備喜歡傳述人家秘密的人，說他的嘴巴像「米篩」那麼
「緊密」。這句俗語的譬喻表象用了無數篩孔的「米篩」，來形容洩
漏秘密的可能性和嚴密度之高。顯然，這是一句反諷，米篩緊
密，也就不成其爲米篩了。

枝：口、嘴巴的單位，也做「支」字，讀做「ki」。　恰若：宛如、
好像。　米篩：網狀小孔的篩米竹器，用來篩選精米，離棄雜物。

人與人之間有一種相當好笑的矛盾，那是：「我告訴你一個
秘密，絕對不能說給別人聽哦！」如此，一再叮嚀「秘密」，一再
宣傳這個「秘密」。雖然最後這個「秘密」還是個「秘密」，但早已成

為「公開的秘密」了。

　　要絕對保守「秘密」，並非沒有辦法：不要有「秘密」！但實際上，很少人能做到沒有秘密，特別是政治、經濟、科學、國防，都有「秘密」。為什麼？還不是為要保護自己，避免別人的傷害。

　　既然，利己是生之本能，也是道德，那麼所謂的「保密防諜」，就是必要的做法。於是把所有的秘密分類又分級：有密，機密，極機密，絕對機密等等。分級不足以保持絕對機密，再賦與一定的「壽數」：有一生的秘密，一代的秘密，一朝的秘密；婚前的秘密，婚後的秘密；事前的，事中的，事後的秘密，等等。林林總總，都是既可笑又可愛的保密措施。

　　萬一不幸必要保守別人的「一生級」的「絕對機密」時，我們就應該死了這條愛扮演「消息人士」的心，苦苦修練「有嘴無舌」的功夫吧！因為有話說：「愛閒話的人洩漏機密；誠實的人堪受信託。」（《聖經·箴言》11:13）

　　不過，一個人若有多少可供人「宣傳」和「猜測」的秘密也不必大驚小怪，太通透了，豈不像隻漂流的水母！——據說，達文西（Da Vinci）的「蒙娜麗莎」（Mona Lisa）之所以引人入勝，就在於她那種逗人臆測的微笑所要表現的「秘密」。當然，太多的秘密可能是一種災禍；沈潛深邃，難免自絕陽光，窒息清風！

【18】

一枝嘴，恰若破鷄筅。

Chı̍t-ki chhuì, kah-ná phoà ke-chhéng.

Chı̍t-kī chhuì, kah-na phoá ke-chhéng.

何來惱人的噪音？

　　常用來罵女人，責備她說話急速而又甕聲粗氣，宛如「破鷄

笁」，令人難以忍受。

　　破鷄笁：農家用來驅逐侵入曬穀場，偷吃稻穀的家禽的器具。通常是用約三、四尺長、三寸直徑的桂竹，破其一端，使成爲擊地發出感感破裂巨響的警告器。

【19】

出岫鷄母，咯咯叫。

Chhut-siū ke-bú, kok-kok kiò.

Chhut-siū kē-bú, kok-kok kiò.

無效的示威。

　　背地裏用來恥笑性情急躁，嘮叨不止的女人。譬喻用的是母鷄剛生下蛋之後，跳出草岫的咯咯叫聲。鷄母咯咯叫，爲要保衛心愛的金蛋，要驅逐「韃虜」發出心戰喊話；女人咯咯叫，一定有難禁的喜事要廣告宣傳吧？把嘮叨的女人比擬成咯咯不止的母鷄，實在是太沒有禮貌了，雖然譬喻得頗爲生動！粗勇的女嘮叨者，則被譏刺做：「火鷄母，咯咯叫！」

　　岫：巢、窩，如鷄岫、狗岫、豬岫、賊岫。　咯咯叫：母鷄用力叫的聲音；公鷄啼是「舅――久舅！」母的是「咯、咯、咯咯…咯……」

【20】

人未到，聲先到。

Lâng boē-kaù, siaⁿ seng-kaù.

Lâng bē-kaù, siaⁿ sēng-kaù.

粗陋的自薦。

　　用來嘲諷有大聲說話的習慣的人。從這句話，我們應可窺見先人是很懂禮貌的，他們講話一定都知所控制音量。當知，聲先人到的女士或先生，若非感冒咳嗽，或患肺癆的話，必定被打入

「粗魯查埔」和「破格查某」的行列，不論他們擁有什麼大財富，高地位。當今在公共場所大聲講話，或是猜拳行令，或是引頸高吭的台灣人，應該覺得見笑才是。

【21】

一枝嘴直直陳，尻川互人犁田。

Chi̍t-ki chhuì ti̍t-ti̍t tân, kha-chhng hō·-lâng lê-chhân.

Chi̍t-kī chhuì ti̍t-ti̍t tân, kha-chhng hō·-lāng lē-chhân.

不知見笑的大話。

　　用來嘲笑那講得口沫橫飛，躊躇滿志的人。其實，人家已經看穿他的底細，認定他言過其實，不可相信。這正是古人所警告的：「口銳者，多誕而寡信。」(劉向《說苑‧尊賢》)

　　這句俗語有很美的文學形式，以及極尖銳的諷刺：用「尻川」和會吹牛的「嘴巴」為對偶；用「直直陳」來比對「互人犁田」。真是妙不可言！

　　直直陳：不停地吹噓。直直，不斷；陳，鳴也，如播放警報器或猛按汽笛。　　互人犁田：喻指被人論斷批評。犁田，暗指翻底盤，剖心腹，公開其醜陋面目。

【22】

話，卡濟貓毛。

Oē, khah-chē niau-mĥg.

Oē, khah-chē niau-mĥg.

說不盡的瑣碎細言。

　　用法有二：一、老母常用來責備那過份喜歡說話的小女孩，要她少說話，多幫忙阿母做點家事。二、也用來責備不能守口如瓶，喜歡鸚鵡傳舌的小女孩。相似句有：「話，卡濟狗毛。」

卡濟：多於。卡，比較；濟，多也。　貓毛：喻指數不盡的瑣事。

【23】

一枝嘴，恰若鴨嘴。

Chı̍t ki chhuì, kah-ná ah-chhuì.

Chı̍t -kī chhuì, kah-na á-chhuì.

嘮叨不息。

用來譏刺閒話講不完的人，說他宛如鴨母撈食不停。

【24】

月出，講到月落。

Goe̍h chhut, kóng-kaù goe̍h-lo̍h.

Goē chhut, kong-kah goē-lo̍h.

徹夜長談。

多用來形容久別相會的閨中好友，傾心慢說了一夜話，眞是「話，卡濟貓毛！」

【25】

鼓吹嘴，矸轆腳。

Kó·-chhoe chhuì, kan-lo̍k kha.

Ko·-chhoē chhuì, kan-lo̍k kha.

勤勉的消息人士。

用來譏刺那成性喜歡宣傳人家閒事醜聞的人。句裏的譬喻用得很妥切，眞能描寫某一類消息人士的特性：「鼓吹嘴」和「矸轆腳！」

鼓吹嘴：嘴如喇叭，說人壞話。　矸轆腳：腳如陀螺，快速傳播閒事。

【26】

十嘴，九貓。

Cha̍p chhuì, kaú niau.

Cha̍p chhuì, kau niau.

人雜閒話多。

指出衆人匯聚的地方，流言蜚語必多，應該注意防範，以免受到傷害。

十嘴：閒雜人的口舌。　九貓：語多不實；九，多也；貓，不實在。

【27】

十嘴，九尻川。

Cha̍p chhuì, kaú kha-chhng.

Cha̍p chhuì, kau khā-chhng.

意思和用法類似上一句。

本句對喜歡說閒話的人，用「尻川」來比擬他的嘴巴，以造成強烈的鄙視。

【28】

一樣人，百樣話。

Chi̍t-iūⁿ lâng, pah-iūⁿ oē.

Chi̍t-iūⁿ lâng, pá-iūⁿ oē.

人各有話。

用來表示對圈裏的關係成員，意見分歧，難以一致的感嘆。這句俗語所反映的是「一樣人，一樣話」的法西斯式思想及其愚民政策的歷史背景。

一樣：關係密切的成員，雖然字面上的意思是「同樣的人」。　百

樣話：紛紜不一的意見，字面是「多樣的話語」。

　　小自夫妻或家庭，大至國家或社會，若是全體上下的口徑一式，意見統一，說話都用左鼻孔發音，呻吟也都定音在「E短調2／4」，豈非神經病大國？

　　記得《聖經》中有一則「巴別塔」的神話故事(→《創世記》11:1-9)，大意是：遠古人類的口音、語言都一樣。於是山頭領袖蜂擁而出，招軍買馬，利用單一國語為工具，要來建造大城高塔，進行一黨專政，來奴役人民。後來，上帝看穿統一語言是異化人性，摧殘文明的毒素，於是斷然進行消毒，變單一國語，成為多采多姿的美妙方言；上帝破解一言堂的專制思想，給人類播下自由的種子。由此，萬邦萬國開始發展，各式各樣的文化勃興。

　　我國到了九十年代，外來政權所築造的「巴別塔」總算倒塌了，一黨專政的神話隨之破滅。台灣人已經能夠自由自在地，用自己的母語來講「百樣話」，真讚！但重要的是，全體台灣人應該勇敢善用講「百樣話」的自由，來建造獨立自主的國家，來創造自己燦爛的文化。

【29】

五色人，講十色話。

Gō͘-sek lâng, kóng cha̍p-sek oē.

Gō͘-sek lâng, kong cha̍p-sek oē.

人混雜，閒話多。

　　用做警語，提醒人在複雜的人群中，不要聽信閒話；同時，應當注意自己的言行，不要給人家說長話短。

　　五色人：各路人馬，各界人士；五…十，多也，雜也。　十色話：雜色話也，多言多語，閒言閒語。色，種類。

【30】

人濟話道濟，三色人講五色話。

Lâng-chē oē tō-chē, saⁿ-sek lâng kóng gō͘-sek oē.

Lâng-chē oē tō-chē, sāⁿ-sek lâng kong gō͘-sek oē.

用法和意思類似上一句。

　　此外，本句是「王祿仔仙」的常用語，用來疏解觀衆，不要聽信那些批評路邊出售的丹膏丸散爲無效的「謠言」。還有，本句多了一句「人濟話濟」，用來加強「三色人講五色話」的所以然。

　　濟：多也。　三色人講五色話：義同「五色人，講十色話。」

【31】

鑼未陳，拍先響。

Lô boē-tân, phek seng-hiáng.

Lô boē-tân, phek sēng-hiáng.

小人物，搶先發言。

　　用法有二：主要地，用來責備沒有禮貌的年輕人，在長老或要人面前，目無尊長地胡說八道。其次，用做警語，教訓少年人，說話之前，應該先懂得人家談的或問的是什麼。本句俗語譬喻的表象，是台灣傳統鑼鼓陣中的響器：「鑼」和「拍」。鑼爲主音，而拍僅是裝飾音，反末爲主是一種紛亂。

　　鑼：銅鑼也，在北管樂裏，有大鑼、小鑼。　未陳：尚未敲響。　拍：拍板也，由二片厚竹板互敲的響器。

　　在某一意義上，這句話反映著傳統的家庭或學校的「有耳，無嘴」的教育。小輩在前輩面前只有「受教」的份，那有什麼發表「心得」或「討論」的餘地？這種專制落伍的教育方式，勢難教出聰明活潑的好弟子或好公民。

　　然而，先聽懂，再發表意見的方式，對個人的學習，和有效率的教學是頗有道理的。六十年代的教育理論有此一說：學生不知也可以發表「意見」，因為可經由錯誤來學習。但是，我們也不要忘記有此事實，正如古以色列智者所再三叮嚀後生的：「不先傾聽就搶著回答，便是愚蠢可恥。」(《聖經‧箴言》18:13)

　　亂敲響器，要它發出悅耳的音樂，其或然率不高！

【32】

小犬無知，嫌路窄。

Siáu-khián bû-ti, hiâm lō͘-eh.

Siau-khén bû-ti, hiâm lō͘-eh.

愚小人物，意見多。

　　可能是舊時代的官吏，或一方惡霸，用來責備敢有意見的人。責備的一方好像理直氣壯：小犬要求什麼大道之行也！有夠諷刺。——陳修把這句話解釋做：「喻愚蠢小人物偏偏多意見。」

❹

　　台灣人在歷代外來政權的酷政下，人民莫非都是所謂的「死老百姓」，對政府或上司，還能有什麼意見？有意見的，其嚴重者，難逃抄家滅族；沒啥的，難免牢獄之災。在此時期，人民不如喪家之犬！

【33】

話不說不明，鼓不打不響。

Oē put-soat put-bêng, kó͘ put-táⁿ put hiáng.

Oē put-soat put-bêng, kó͘ put-táⁿ put hiáng.

滿腹道理，待我道來。

　　用法有二：一、主要地，江湖郎中用做排場的套語，以為安

撫那些只愛看打拳，耍把戲，而對葫蘆裏的膏藥不感興趣的觀
眾，要他們忍耐一下，王祿仔仙有重要的話，不得不說明。二、
「兄弟人」的江湖話，用來要脅對方，不許故作神秘，應該把事情
交代明白。近似句有：「鼓不打不響，燈不點不亮。」

　　這句有名的江湖話，在國民黨以酷政領台的時期，衍生出
「鼓不打不響，人不打不招」的政治俗語，哀哉！

【34】

一句話，在嘴裏。

Chi̍t-kù oē, tī chuì--nih.

Chi̍t-kú oē, tī chuì--nì.

含珠不吐？

　　健忘者用來自嘲，也是「我忘了！」的委婉話。就要講出來的
話，偏偏又吞下肚子裏，消化掉了，再也不知道要說的是什麼。
這句話幾乎是老年人的常用語，帶著幾分英雄老矣的感傷。

注釋

1. 關於台灣話的方音，請參看許極燉《台灣話概論》(台北：台灣語文研究
　發展基金會，1992)，第五章、第四節。
2. 參看，同上，頁37-39。
3. 許成章和陳修，[khàng]字都用「掐」(見，許成章《台灣漢語辭典》(台
　北：自立晚報社，1992)，頁1121；陳修《台灣話大詞典》(台北：遠流出
　版社，1991)，頁975)。另有楊青矗用自造字。(見，楊青矗《國台雙語
　辭典》(高雄：敦理出版社，1992)，頁394)
4. 陳修《台灣話大詞典》，頁1164。

第二節　土直、鐵齒

本節分段：

直言盡說01-06　粗言陋語07-11　抬槓不休12-15

強詞奪理16-20　話硬心軟21

【01】

一條腸仔，通尻川。

Chi̍t-tiâu tńg á, thàng kha-chhng.

Chi̍t-tiâu tng-á, tháng kha-chhng.

心腸率直，一瀉千里。

　　用來恥笑心性單純，講話坦白，不知婉轉，不會撒謊，有話直說的人。譬喻形像是「直腸直肚」，用腸肚筆直，食物入肚即消化排洩的特性來比擬率直。這是帶貶義的話。

　　（參看，「山中有直樹，世上無直人。」111.25）

【02】

有酒當面飲，有話當面講。

Ū-chiú tng-bīn lim, ū-oē tng-bīn kóng.

Ū-chiú tng-bīn lim, ū-oē tng-bīn kóng.

有意見，儘管說來！

　　是江湖話，也是「兄弟人」軟硬兼施地用來要脅對方「表態」的套語。隱含著，背後不准有任何意見的威脅。本句重點在於第二分句，「有話當面講。」

　　任何人被要求「有話當面講」的時候，就應該注意了！這時他

的「自由」已經被打了折扣，他的「誠實」已經被畫上了不少大問號。反正，這是一句強悍的話，在迫供之前，還要別人「當面」飲下一杯紅標米酒頭仔，真慘！

民主自由的政府，不必要製造「百花齊放，百家爭鳴」的言論自由假像，來請君入甕。這點歷史教訓，台灣人心知肚明！

【03】

有嘴，講到無涎。

Ū-chhuì, kóng-kaù bô-noā.

Ū-chhuì, kong-kah bō-noā.

不受規勸。

家長常用來表示無力感，說他已經說乾了口水，盡力規勸，但不肖子弟就是偏偏不學好，不受教訓，鬧出了這層見笑的代誌。啊，孩子可憐，家長悲哀！

有嘴：「有嘴涎」的省略。　涎：嘴涎，口水也。

【04】

知無不言，言無不盡。

Ti bû put-giân, giân bû put-chīn.

Ti bū put-gên, gên bū put-chīn.

交心的傾訴。

用來表示自己忠誠合作，所知道的情報，所有的意見，一定徹底交代，絕無保留。語見《資治通鑑·漢紀》：「張良為高祖謀臣，委以心腹，宜其知無不言。」又見，蘇洵《嘉祐集·卷四》：「聖人之任腹心之臣也…知無不言，言無不盡；百人譽之不加密，百人毀之不加疏。」

我們應該知道，「知無不言，言無不盡」在台灣智慧傳統中，

不是漫無限制的普遍眞理。有資格享受這一句俗語的，也許只有：「聖人」和「知己」的人。前者，超凡入聖，對人無害，可寄託以生命。後者必要是，爲之生而慶幸不虛相知一場，爲之死而無悔交心捨命的那一種知己。不過，愚昧的人，向魔鬼誠實盡言。

　　在邪惡暴政的世代，要保全一條老命的人，應該嚴肅考慮「盡言」的後果。在這方面，先人對盡語直言的態度相當保留，深有警懼；他們說：

　　　　講話著看，關門著閂。

　　　　出門，只說三分話。

　　　　話減講，卡無蝦。

　　　　閒飯加食二碗，閒話減講一句。

　　　　言多必失，食多傷胃。

　　　　閉口深藏舌，安心處處牢。

　　　　是非皆因多開口，煩惱皆因強出頭。❶

但是，一切嚴肅的改革，包含個人失德和政治腐敗，根本的須要卻是勇敢和智慧的忠直言語——聖之勇者，才能做到！

【05】

十二月屎桶——盡摒。

Cha̍p-jī-goe̍h sái-tháng—chīn-piàⁿ.

Cha̍p-jī-goē sai-tháng—chīn-piàⁿ.

徹底的鬥臭。

　　常用來譏刺人與人之間，猛烈又無情的互翻底牌，彼此大聲宣傳廣告對方的隱私醜聞。譬喻是用舊時台灣人在年底淸盡「屎桶」，準備過新年的慣俗，來比擬毫無保留的鬥臭。

　　十二月：農曆年的末月。　屎桶：大便的木桶，有蓋。這是舊時

一般台灣人的睡房都有的設備，家裏的婦女專用；男人大便則用戶外的屎礐，小便則在柴房，有「尿桶」伺候。　盡摒：清盡。

【06】

刣魚著刣到鰓，講話著講透枝。

Thaî-hî tiòh thaî-kaù chhi, kóng-oē tiòh kóng thaù-ki.

Thaī-hî tiō thaī-kaú chhi, kong-oē tiō kong thaú-ki.

把話徹底講清楚。

　　用來鼓勵對方，不可保留地把已經開講的話，徹徹底底地講個清楚。在文學形式上，本句的對偶結構工整，想像的關聯非常可愛：用日常家事「刣魚」對「講話」，「刣到鰓」對「講透枝」；「鰓」和「枝」的腳韻[-i]，眞動聽。

　　刣魚：料理前的魚體處理，打鱗、除鰓等等。　刣到鰓：鰓，魚類的呼吸器官，在頭部的兩側，呈紅色粗線狀；鰓，除棄不吃。　透枝：終端也，如樹之有根有枝，講話應該有始有終。

【07】

一句話，三尖六角。

Chit-kù oē, saⁿ-chiam lȧk-kak.

Chit-kú oē, saⁿ-chiam lȧk-kak.

傷人的硬話。

　　用來形容所說的話充滿攻擊性，句句傷人，例如，語氣強硬，批評諷刺的語句粗糙銳利，講法直接見底，不給對方面子。

　　話…三尖六角：是所謂「掛角」的話，語中有刺有刀，可正刣可倒削。

【08】

一枝嘴，恰若飯匙銃咧。

Chi̍t-ki chhuì, kah-ná pn̄g-sî-chhèng--leh.

Chi̍t-kī chhuì, kah-na pn̄g-sī-chhèng--lè.

習以傷人的口舌。

　　用來責罵沒有修養的粗人，他一開口就要傷人。用做譬喻的表象是「飯匙銃」，比擬他講話的態度充滿敵意，所說的話滿有毒素。

　　恰若：好像。　　飯匙銃：眼鏡蛇。　　咧：助詞，加強語氣，強調那枝「嘴」不是一般草花仔蛇的，而是毒而猛的「飯匙銃！」

【09】

三鋤頭，二糞箕。

Saⁿ tî--thaû, nn̄g pùn-ki.

Saⁿ tī-thaû, nn̄g pún-ki.

斷交的講話法。

　　用來形容粗人的講話方式。他用二三句話，就毀了會話的溝通。先人說這種人好像粗勇的農夫，幾下鋤頭落地，就把一大堆粗肥剷走。——這種斬釘式的說話，對付心懷不軌的人可能有效！又做：「講話，三鋤頭二糞箕。」

【10】

洗面，礙著耳。

Sé-bīn, gaī-tio̍h hīⁿ.

Se-bīn, gaī-tiō hīⁿ.

工夫到家，洗面刮耳。

　　用冷酷譏刺的話來傷害人：面皮受到無情的刨洗，耳朵也被灌了「氣水」，受傷害非常慘重。近似句有：「洗面，往會礙著鼻。」

洗面：冷言冷語，使對方面無血色。　礙著耳：用不堪入耳的話來刺戳。　往[ēng]：難免，例如，「人往會破病。」

【11】

十五仙土治公，祀二旁──七土八土。

Cha̍p-gō͘-sian Thó͘-tī-kong, chhaī nn̄g-pêng──
　　chhit-thó͘ peh-thó͘.

Cha̍p-gō͘-sen Tho͘-tī-kong, chhaī nn̄g-pêng──
　　chhit-tho͘ peh-thó͘.

土人土話。

　　用來嘲諷講話粗魯的人。這句厥後語，用「15土，除以2」來說「七土八土」，土得不得了！眞是非常可愛的俗語。土治公有知，必定哈哈大笑！

仙：神像的數量單位。　土治公：土地爺。　祀：擺在神桌上來祭拜。

【12】

鐵齒，銅牙槽。

Thih-khí, tâng gê-chô.

Thí-khí, tāng gē-chô.

硬嘴巴。

　　用來譏刺喜歡抬槓，不認輸，不能接受不同意見的人。用銅和鐵的牙齒牙槽來譬喻非常硬的嘴巴。

鐵齒：喻指好辯，不信啥的嘴巴。　銅牙槽：硬牙，類同「鐵齒」。

　　這句「鐵齒，銅牙槽」是誇張的譬喻，但是世界上也有「鐵齒鋼牙」的眞人實事。據報導，去年四月一日在高雄港駁三碼頭，

印度大鋼牙納林得辛將一頭繫著拖船的纜繩，用一塊藍布扣著放入口中，然後弓著身子開始用力，頓時只見他二眼緊瞇，並不斷以手搬動腳步緩慢後退，不消二分鐘，即拖著重320噸的中型拖船，走完已在地面畫好的六公尺標線。

　　表演後，納林得辛表示，這次「拖船」比「拖車」重得太多，腦袋用力太過，而感覺頭脹眼昏。至於他保持「鐵齒功力」的秘訣，則是每日起床後咬樹皮半小時。他苦練鐵齒，最大的心願就是在金氏世界記錄中留名。(→李光榮《中央日報》1997(4.2):4)

　　人力士的「鐵齒，銅牙槽」，可留名於世界記錄。那麼，非理性來堅持的「鐵齒，銅牙槽」又有何用？有用，給自己塑造個「死鴨仔，硬嘴杯」吧！

【13】

死鴨仔，硬嘴杯。

Sí ah-á, ngī chhuì-poe.

Si á-á, ngī chhuí-poe.

硬耍嘴皮。

　　用來罵人，說他全身毫無實踐的能力，只剩下好辯的硬嘴巴。譬喻是用鴨仔死了，嘴板還是堅硬的，來比喻無能的好辯者。唉，損人太甚了！

　　嘴杯：水禽類扁平的長嘴板。嘴字，坊間有用「喙」者。

【14】

二個肩甲，扛一個嘴。

Nn̄g-ê keng-kah, kng chı̍t-ê chhuì.

Nn̄g-ē kēng-kah, kng chı̍t-ē chhuì.

嘴比頭大。

　　用來譏刺人，全身沒啥，只有一口利嘴。這句俗語的譬喻形像實在是令人難以想像，因爲人的雙肩「扛」的該是整個頭部，有頭顱，有面子，有五官。但是，本句強調他所扛的僅僅是一個「嘴」巴而已！也許，發明這句俗語的，也是「二個肩甲，扛一個嘴」的腳色[kha-siàu]吧。

　　肩甲：肩膀也。　　*扛：用肩膀抬著物件，例如，扛水，扛轎，扛棺柴。*

【15】

囡仔食紅蟳──興講。

Gín-á chiảh âng-chîm─hèng kóng.

Gin-á chiảh āng-chîm─héng kóng.

胡説。

　　用來否定對方講了老半天的話的眞實性。這是一句厥後語，用小孩子很愛吃蟳管的此「管」來譬喻成人喜歡胡說的興「講」；此「管」連彼「講」，實在很妙！

　　紅蟳：有飽滿膏黃的台灣近海的螃蟹。　　*興講：喜歡講話，引申做胡說。*　　*蟳管：螃蟹的兩隻大手臂。*

【16】

嘴唇一粒珠，三年毋認輸。

Chhuì-tûn chỉt-liảp chu, saⁿ-nî m̄-jīn su.

Chhuí-tûn chỉt-liảp chu, sāⁿ-nî m̄-jīn su.

鐵齒的標籤。

　　這可能是相士之言，是說唇邊有痣的人，成性好辯，明明知道自己理屈，但從不承認，就是要繼續爭辯──嘴唇有珠的人，是否好辯，我們不得而知。

珠：*在此當「痣」解。*　三年：*喻指久久，或堅持不休。*

　　古人所說的：「辯者，求服人心，非屈人口也。」（*王充《論衡》*）是很有道理的，因爲辯論的目的，在於檢證事理之是否可能成立，是否妥當，豈是在嘴皮上爭勝？既然辯出了清楚又妥當的道理，也就不該有什麼認輸，不認輸的面子問題；道理本身是辯者雙方應該尊重，心悅誠服的主要對象啊！至於，不喜歡眞理，只喜歡「嘴唇一粒珠」來裝面子的人，是不值得與之一辯的。

【17】

一枝竹篙，押倒一船載。

Chit-ki tek-ko, ah-tó chit chûn-chaì.

Chit-kī tek-ko, á-to chit chūn chaì.

強詞傷人，劣行累衆。

　　主要地，用來指責不講道理的人，以詭辯的一句話使衆人突然語塞；也用指，連累衆人的惡劣行動。誇張是本句的修辭形式，用「一枝竹篙」竟能「押倒」一整船的人的不可思議，來比喻詭詐傷人的言語行動。這句俗語的第二分句有不同說法，例如，「押倒一山坪」或「押倒五千外人。」

竹篙：*竹竿也。*　押倒：*壓倒。*

【18】

死龜，諍到成活鱉。

Sí-ku, chìⁿ-kaù chiâⁿ oah-pih.

Si-ku, chíⁿ-ká chiâⁿ oā-pih.

豈有此理！

　　用來阻止顯然無理的，粗魯的爭辯。這句用的是反詞，眞正的意思是說：何必再「諍」下去，難道你要硬把「死龜」說成「活鱉」

不成？

諍：爭之以言，不是辯之以事理。

理性和知識的辯論可能澄清問題和曖昧，進而矯正錯誤，增進了解。但是，「諍」如同潑婦悍夫罵街，乃是不愉快的情緒的爆炸，或是粗糙的保護面子的爭執。「諍」既無釐清事理的功用，也沒有心理衛生的效果。文明的台灣人，應該勇敢放棄相「諍」的民族惡習，不論是在街頭示威打拚，或是在立法院議事。

不過，現代的台灣人應該喜愛「辯論」：裝備豐富的知識、勇氣和能力，隨時來辯護我國我民的尊嚴。

【19】

中你聽，嘸中人聽。

Tiòng lí thiaⁿ, m̄-tiòng lâng thiaⁿ.

Tióng li thiaⁿ, m̄-tióng lāng thiaⁿ.

道高和寡吧？

用來責備大放厥詞的人，說他講話違反常識，毫無道理，叫人無法接受。

嘸中人聽：非常逆耳，不能贊同。

【20】

拍折人耳孔毛。

Phah-chih lâng hīⁿ-khang-mn̂g.

Phá-chī lāng hīⁿ-khāng-mn̂g.

傷耳之説。

用來批評人，說他講的話滿篇歪理，非常逆耳，叫人氣憤。這句是用誇張的修辭式來譬喻聽到非常不順耳的話，難過得連「耳孔毛」都為之折斷。

耳孔毛：耳朵外聽道的細毛。

【21】

嘴硬，尻川軟。

Chhuì ngē, kha-chhng nńg.

Chhuì ngē, khā-chhng nńg.

話硬心軟。

　　用來形容人的性情，只是嘴巴硬，講話粗，其實心地善良，就是生氣，也是很快就平息。句裏用「尻川」來譬喩「內心」，是帶有嘲笑的說法，因爲一般人總認爲：心地旣然善良，嘴巴就不應該剛硬！那麼，來個心口一致：「嘴硬，尻川硬」如何？當然不行！那是兇惡之徒。——嗄，要做個好的台灣人，並不簡單哦！

注釋

1. 這一類俗語，我們在本《語典》第九卷、第三章、第四節有專節釋義，現在先舉出這幾句。此中比較難了解的是「話減講，卡無蚊。」她的意思是：少說話，則受到對方圍剿的機會也少。用「蚊」來暗指被攻擊，被修理，有如蚊子之叮人。

第三節　數落、是非

本節分段：

背後傳話01-03　數落之言04-08　挑撥是非09-11

【01】

尻川後，罵皇帝。

Kha-chhng-aū, mē hông-tè.

Khā-chhng-aū, mē hōng-tè.

馬後屁。

　　用來勸人，不要在人家背後講別人的壞話或咒罵人。這句話帶有諷刺的意味，好像是說：「他那個人，你怕他如怕皇帝，只敢在背後亂罵，既然他聽不到，豈不是空費力氣。有種，你就當面罵他！」

　　尻川後：尻川，屁股也；尻川後，即是背後。　罵：咒罵也，是含有毒恨的惡口。

　　看了上面「尻川後，罵皇帝」的解釋之後，千萬不要掠狂，忽然要表現勇敢膽大，面對面的去罵你的「冤家」，「仇人」。不管對誰，「罵」人是不好的，何況我們傳統的咒罵，那種罵的方式和內容，是何等惡毒，多麼令人極端厭惡的魔咒！我們耳熟能詳的「咒罵」，那一句不是人身攻擊：口吐惡氣，要強暴，要侮辱對方的阿媽、老母、姊妹；大聲喧嚷，咒詛對方身家生命遭受凶報；不可思議的塗黃抹黑——去年十一月，我國縣市長選舉的時候，「路邊尿桶」，「北港香爐」的文宣紛飛。真慘！

　　我們的社會所缺乏的是「公義的指責」和「先知的批判」。淨化傳統文化中氾濫的鬥臭和咒罵，要待何時？

【02】

好話，獪過三人耳。

Hó-oē, boē-koè saⁿ-lâng-hīⁿ.

Ho-oē, bē-koé sāⁿ-lāng-hīⁿ.

消息人士的德性。

　　用來表示感嘆：好話，沒有人宣揚；壞話，總不缺少熱心的宣傳義工。

　　好話：由於正確的了解，所說的鼓勵、欣賞或稱讚的話；這裏不當做「吉利話」解釋。　獪過三人耳：少有傳述，不感興趣。字面是「傳不過三個人」。

　　在人際間關係的安全距離極為不足的台灣社會，公私大小新舊「歹話」幾乎沒有「獪過三人耳」的。為甚麼「好話」，偏偏「獪過三人耳」？請看下句分解。

【03】

好事唔出門，歹事傳千里。

Hó-sū m̄ chhut-mn̂g, phaíⁿ-sū thoân chhian-lí.

Ho-sū m̄ chhut-mn̂g, phaiⁿ-sū thoān chhēn-lí.

壞事如飛。

　　用來形容壞事傳播得非常快速，而好事卻引不起人們的興趣。文語是：「好事不出門，壞事傳千里。」見於《增廣昔時賢文》及《水滸傳》等章回小說。

　　好事：善行美德，能力成就，吉慶喜事，等等，值得稱讚恭喜的事。　唔出門：別人不感興趣，不願談講。　歹事：好事之反，如敗

德，失利，不幸等等。　傳千里：唯恐人不知地快速、廣泛、熱烈的傳播；字面的意思是：傳到千里之外。

爲甚麼「好事唔出門，歹事傳千里」？一般認爲，那是幸災樂禍和忌妒心理作祟。我們認爲，除了這些人性共同的弱點之外，應該有台灣文化和歷史因素。僅舉出其中幾項於下：

一、缺乏做主人的經驗：要能看出一個人的優點，而又有好的風度來讚美他們的，絕對不會是一個羅漢腳，一個奴才，或清國奴，或三等國民之所能爲。除非是一個良善的，心理健康的主人，才有稱讚人，欣賞人的能力和自信心。奴才習以內鬥，認眞當「抓爬仔」來出賣同胞爲職志，討好主子爲體面，那有餘裕的胸懷來說半句奴才同志的好話？

二、充滿歹事的生存困境：數百年來，台灣人的生命常常遭受到威脅，舊時的三反五亂，日據時代的「花是相思樹，人是警察官」，❶國府統治下的治安、外交、經濟、教育，等等大事，幾乎連連「歹事」發生。影響之下，個人之間弱肉強食，黑道橫行，強姦、殺人、搶劫處處，要人民不傳「歹事」可能嗎？

三、反面的道德教育：家庭和學校教育，以打罵，以輕視，以處罰爲手段；民間的勸善，多重「懲惡」，多引「歹事」，多強調「惡報」。媒體更是大力又詳細地報導社會的「歹事」。這些反面的過份強調，雖有警惕的用意，但久而久之，能不激發人民興趣傳播「惡事」的快感，旁觀「惡報」以滿足自義的錯覺嗎？

這句俗語還有好多值得探討的地方，❷於此，要呼籲是：讓我們一起來努力行好事，建造充滿平安自尊的社會，使人民有寬闊的胸懷來欣賞好人，傳播好事。

【04】

算斤，十六兩。

Sǹg kin, cha̍p-la̍k-niú.

Sńg kin, cha̍p-la̍k-niú.

如此清算。

　　用法有二：一、形容心驕氣傲，不厭其煩地數落人家。二、記恨於心的人，用來威脅對方，要他小心日後清算。這是假借商人買賣的秤斤算兩，來喻指把別人放在天秤上衡量，把怨恨留下來鬥爭。

　　斤⋯兩：喻指價值的多寡，恩怨的輕重。

【05】

秤斤十六兩，一斤一斤算。

Chhìn kin cha̍p la̍k niú, chi̍t-kin chi̍t-kin sǹg.

Chhín kin cha̍p-lak-niú, chi̍t-kīn chi̍t-kīn sǹg.

用法和意思類似上一句。

　　但，本句多了第二分句，「一斤一斤算」，用來強調把對方的恩怨記錄拿出來詳細「檢驗」。要鬥臭的時候，包含批鬥其用錢、交友、情婦、姦夫、面貌、儀態、談吐、衛生習慣，甚至祖先的底細等等，事不分巨細，逐項拿來數落，拿來登報紙，上網路，做電視專輯。

　　一斤一斤算：喻指一項又一項，一筆又一筆地數算。

　　先人的世代，一般人評估的對象大多是個人，而秤重的範圍，以婚配為例，也很難離開：金銀有幾甕？水田幾甲？門戶有無適配[sú-phoè]？男是否古意？會不會娶細姨？女有無貞節？是不是三八？

但是，今日的台灣人已經大大不同於先祖了。他們要對社會，世界，環境，來「一斤一斤算」，以求提高生活品質。僅舉近年來顯著的，有：

一、解構一黨專政：1997年底縣市長選舉民進黨大勝，可說是宣告半世紀國民黨獨霸台灣的政權已經解構。蔣政權恐怖統治下的冤獄，也一件一件地獲得平反。

二、重視平等人權：最具體的說明，應該是婦女權利的覺醒和提升。又如，所謂「黨國大老」的失勢，其意志，其言論，已經無能影響一個異議的黨員。又如，公娼走上街頭，爭取其「工作權」等等。

三、環保意識抬頭：台灣出現綠黨意識的人士，來反對建設一切危害生命的工業，如核電廠，有毒的化工廠等等的污染。又台灣人，開始保護起稀有動物，愛惜候鳥，清潔山海的垃圾等等。

四、增強台灣認同：「台灣是台灣，中國是中國！」「我是台灣人！」「我愛台灣！」尤其是在中國文攻武嚇之下，這一類的呼聲響徹全國；台灣完全的獨立的意願，更是空前高漲。同時，台灣文化意識的內容，也受到重視，例如，學習台灣話、重視台灣文學、歷史、地理、藝術等等。

我們應該覺得快慰，因為台灣人不再只知道斤斤計兩於金甕、水田、細姨、三八。而已經會把攸關眾人的極重要事件，提出來「一斤一斤算！」我們深信這一算，燴了包趁，一定發財！

【06】

正刨倒削。

Chià*n*-khau tò-siah.

Chiáⁿ-khau tó-siah.

全面諷刺。

　　用話對人做直接的嘲笑，以及冷言冷語的諷刺。本句俗語借木匠的「刨削」木材，來「修理」人。據說，舊時的厲害大家，能幹的婆婆都修有這門鞭撻新婦的功夫，因此，創造了大家新婦水火不相容的文化傳統。

　　正刨：指暴露隱私醜事，來加以譏刺；字面的意思是刨開外皮，而正刨是由內向外平面操刀。　倒削：喻指就某一內幕，冷嘲熱諷；倒削，由外向內削入肌裏。

【07】

正刨金閃閃，倒刨一缺一缺。

Chiàⁿ-khau kim-sih-sih, tò-kau chȉt-khih-chȉt-khih.

Chiáⁿ-khau kīm-sí sih, tó-kaú chȉt-khí chȉt-khih.

用法和意思類似上一句。

　　但是，多了二個副詞片語，用來形容「刨削」的情態：被修理得不但「金閃閃」而又「一缺一缺」。哎呀，眞是傷勢慘重！

　　金閃閃：徹底的被嘲笑，以致於面子盡失；字面義是，表面被刨得非常光滑。　一缺一缺：被諷刺得心裏傷痕處處。字面是，物件的表面凹凸不平。

【08】

內山猴，呣識看著海口鱟；
　　海口鱟，呣識看見內山甘蔗頭。

Laī-soaⁿ kaû, m̄-bat khoàⁿ-tiȯh haí-khaú haū;

　haí-khaú haū, m̄-bat khoàⁿ-kìⁿ laī-soaⁿ kam-chià-thaû.

Laī-soāⁿ kaû, m̄-bat khoáⁿ-tiō hai-khau haū;

hai-khau haū, m̄-bat khoá^n-kí^n laī-soa^n kam-chiá-thaû.
山親家和海親姆相褒。

用來表示不同地域的人彼此嘲笑的方式，那是從自己的家鄉
出發，用她最普遍，人盡皆知，而爲對方所不知的事物，來說對
方孤陋寡聞，來造成諷刺。這句俗語吐露出一項重要訊息：「想
當然耳」是譏刺別人的一種心理因素。

*內山猴：內山人也。諷刺地指住在山區裏的人。　海口鱟：海口
人也。諷刺地指沿海的住民。　鱟：甲殼海魚，體近圓碟形，尾細長
如劍，有六對短足，色青黑。鱟雖可爲食用，但近來少有問津的，也
許是難以處理的原故吧——俗語爲證：「活活鱟，剖到屎愈流。」*

【09】

來說是非者，便是是非人。

Laî-soat sī-hui chiá, piān-sī sī-hui-jîn.

Laī-soat sī-hui chià, pēn-sī sī-huī-jîn.

原來是他！

用做警言來自我勉勵，或是勸人不要搬弄是非，因爲口舌不
嚴加控制的話，難免招惹麻煩。這是一句流通久遠的格言，語
見，《五燈會元》和《增廣昔時賢文》等。

*說是非：說人長短。這裏的「是非」不當做「辨別事理的對或錯。」
例如，「是非之心，人皆有之。」（《孟子‧告子上》）　是非人：製造爭端
麻煩的人。*

【10】

有時人講我，有時我講人。

Ū-sî lâng kóng-goá, ū-sî goá kóng-lâng.

Ū-sî lâng kong-goá, ū-sî goá kong-lâng.

是非人的自白。

　　用來淡化「口舌之爭」的緊張。嘲諷地說，彼此間說說是非長短，實在是稀鬆平常的事，何必如此大驚小怪！

　　人講我：別人數落我，說我的閒話。　我講人：我也難免說話傷到別人。

　　這句俗語乍聽之下，好像頗有道理，彼此都說了對方的閒話，應該算是拉平了，再也沒有什麼好生氣的了。然而，事實不然，閒話一旦成為流言，在流程中被繼續傳述的人可能加進其他劇烈的「毒素」，埋下可能產生暴力的火種是難以預見和控制的。難怪占人心有餘悸地說：「萬事誰能知究竟？人生最怕是流言。」

　　然而，流言的嚴重性，不僅在於「惡質」的增加，也在乎「惡量」的擴散。因為閒話傳到當事人的耳中的時候，早已經是人盡皆知的「歹話」了。所謂「眾口鑠金，積毀銷骨」，使被中傷的人，活在百口莫辯的鄰里或同一個辦公室裏，所受的精神壓力，無異於受隔離在四面厚壁的偵訊室。豈不殘酷！

　　要是「有時人講我，有時我講人」可當做玩笑，那麼有志一同，再接再厲來表演，一定有連台好戲可看。

【11】

空嘴，哺舌。

Khang chhuì, pō͘ chi̍h.

Khāng chhuí, pō͘ chi̍h.

無聊之極。

　　用來責備捕風捉影，撥弄是非者。這一類人物，被譬喻成百般無聊，咬嚼著自己的舌頭來消遣的人。這句俗語真正有夠諷刺，也有夠實在，因為「空嘴，哺舌」一旦成為習慣，那麼所製造

的閒話必定傷人，自己也難逃哺舌之苦。何苦來哉？

注釋

1. 日本據台時期，用來描寫警察橫暴的一斑。見，吳濁流《無花果》(台北：草根出版公司，1996)，頁42。

2. 此外，要解釋「好事呣出門，歹事傳千里」這句話，從人類集體潛意識的心理類型的反應來分析，是很有價值的一個途徑。在這方面，臨床心理專家梁信惠的「混世魔王？悲劇英雄？——從心理分析的角度剖視陳進興」(《自由時報》1998(1.6):11) 是一篇很有啟發性的參考資料。

第四節　話仙、講古

本節分段：

閒聊冗談01-13　老調重彈14-20　扱話傳話21-22

【01】

有綏，無捾。

Ū sui, bô koāⁿ.

U sui, bō koāⁿ.

廢話連篇。

　　用法有二：一、用來責備人，講了好多不正經，沒有根據的話。這是由茶壺之有「綏」無「捾」，即是一個茶壺的有口無耳，來引申亂彈毫無根據的話。二、形容事物的缺憾，不全，不中用。這句俗語，坊間有寫做：「有嘴，無捾。」❶

　　*綏：小茶壺倒出茶水的出口。　捾：壺耳，供手指持拿的小環，手把。又，陳冠學考出「鉉」字，意思是「耳」，古音大概是[koāⁿ]。*❷

【02】

牽山，伴林。

Khan soaⁿ, phoāⁿ nâ.

Khān soaⁿ, phoāⁿ nâ.

綿綿冗談。

　　用來形容連續不斷的閒談。我們不知道，為甚麼把冗談閒聊，說成「牽山，伴林。」是否跟蔓藤之牽連於山林間有關？或是山人野叟沒有時間觀念的閒談？這就有待讀者和方家不吝賜教

了。

【03】

對台灣頭，講到台灣尾。

Tuì Taî-oân-thaû, kóng-kaù Taî-oân-boé.

Tuí Taī-oān-thaû, kong-kaú Taī-oān-boé.

講遍全國。

　　用來形容講話時間之長，內容之複雜，說話方式之自由。譬喻是用台灣一國本島約有394公里之長，共有77個大小島，約35873平方公里之大，來比擬講話的漫雜。❸

　　台灣頭：富貴角也，是台灣本島之最北端。　台灣尾：鵝鑾鼻是也，爲本島的最南端。

【04】

無話，講傀儡。

Bô oē, kóng kā-lé.

Bō oē, kong kā-ló.

無聊的閑講。

　　形容閑來無事，經過長聊後，無話可說，而又談興高昂，於是隨意把一些無關緊要的傳說、舊聞，拿來助談。

　　本句，陳修解釋做：「無聊了，亂說番族之事。」❹但是，王灝和李嘉鑫在「南投人才會講的話」有進一步的解說，並把這句話寫成「無話，講加駱」，不是「傀儡」。他們說：「加駱國字寫成茄荖，是草屯一處平埔族舊地名，以前因爲各種族雜處其中，容易孳生事端，成爲鎮民無事閒聊的話題，流傳全省以後，凡是無意義的扯談，都稱爲『無話，講加駱。』」(《中國時報》1997(9.17):45)王李所舉，頗有參考的價值，因爲在口頭上流傳的是[ka-ló]，不

是[ka-lé]，雖然這句俗語大多俗成地用「傀儡」一詞。

　　傀儡：泛稱木、布、皮等等製成的人形娃娃。藝者操縱這些傀儡
尪仔，來演傀儡戲。舊時，平地人欺負原住民，豈有此理地叫他們做
「傀儡仔」。還有，任人操縱的人，叫做傀儡[kui-luí]*，例如，滿洲政*
府曾是日本的傀儡政權。

【05】

牽尪仔，補雨傘。

Khan ang-á, pó hō͘-soàⁿ.

Khān āng á, po hō͘ soàⁿ.

用法和意義類似上一句。

　　用來形容漫長的閒話，其長談有如藝者牽動長線來表演傀儡
戲，其雜談也像補傘匠密密麻麻地縫縫補補著一枝破雨傘。

【06】

講鱟杓，講飯籬。

Kóng haū-hia, kóng pn̄g-lē.

Kong haū-hia, kong pn̄g-lē.

無味的閒談。

　　舊時用來形容家庭主婦之間的無聊閒談。這句俗語用「鱟杓」
和「飯籬」，二件煮飯用具暗示著一般婦女談的，還是離不開廚房
的瑣碎雜事——從這句話，我們不難想像女老先人的日常生活和
談話，是多麼單調乏味。啊，可憐！

　　鱟杓：杓取鼎底湯水的器具；舊時用鱟殼，故名。　飯籬：用來
濾泔糜，做乾飯的器具；圓錐形，多孔的竹器。

　　（參看，「呣識，鱟杓抑飯籬。」231.25）

【07】

講天講地，講高講低。

Kóng-thiⁿ kóng-tē, kóng-koân kóng-kē.

Kong-thiⁿ kong-tē, kong-koân kong-kē.

高談闊論。

　　形容二三知己好友聚集，自由自在，漫無邊際地抱膝長談。

　　講天講地：如古人所謂的「上至天文，下至地理」，無所不談。

講高講低：不論聖賢英豪，販夫走卒，凡是言之有味的，都活躍在笑談中。

【08】

閒人，挨有粟。

Êng-lâng, e phàⁿ-chhek.

Ēng-lâng, ē pháⁿ-chhek.

無聊的閒講。

　　用來諷刺無所事事的人，集在一起說長道短，製造了一大堆空話。比喻用的是昔日農家勞而無功的「挨有粟」。

　　挨有粟：年多不順，稻子不實，收成後，土礱碾磨的是無米的空稻穀。挨，推動，轉動。　土礱：舊時由人力推動的碾米器。

【09】

閒嘴，嚙鷄腳。

Êng-chhuì, khè ke-kha.

Ēng-chhuì, khé kē-kha.

打發無聊的閒談。

　　用來嘲笑無事可做的人，以聊天來排遣無聊。本句用鷄腳無肉可吃，棄之又覺可惜，於是閒人撿來罔嚙為譬喻，來比擬閒人

的閒談。先人的觀察力萬分銳利，竟然能夠應用閒人「嚙鷄腳」來做譬喻形像，實在是太妙了，令人讚嘆再三！

　　閒嘴：指閒人也，雖字面是閒人的嘴巴。　嚙鷄腳：喻指講閒話。

【10】

食閒米，講閒話。

Chia̍h êng-bí, kóng êng-oē.

Chiā ēng-bí, kong ēng-oē.

閒人的閒話。

　　忙於工作的艱苦人，用來譏刺無憂無慮，游手好閒的小姐公子，整天「挨冇粟」而不倦。本句是用，因為有「閒米」可吃，所以有「閒話」可說，來構成諷刺。同時，這句俗語含有這麼一層怨嘆：「你若親像我頂頓逐無下頓，恁爸看你還有啥閒話通講！」

　　食閒米：生活安定，不愁衣食的人；本分句是「有閒米可吃的人」的略句。　頂頓逐下頓：三餐不繼；逐，音[jiok]。

【11】

一日食飽，激戇話。

Chi̍t-ji̍t chia̍h-pá, kek gōng-oē.

Chi̍t-ji̍t chiā-pá, kek gōng-oē.

用法和意思類似上一句。

　　但是，本句的譏刺強度來得猛些，說他：整天吃得飽飽的，只是為了「激」一些無聊的笑話——顯然，這裏又有升一級的恥笑，說：這個飽食終日的傢伙，IQ多低啊！連幾句「戇話」，還得用力「激」個大半天。

　　激：用力用心，辛苦地擠壓出（東西或笑話）來。　戇話：廢話和

粗糙的笑話的綜合。

　　對於這種「一日食飽，激戀話」的人，就是至聖先師孔聖人也是束手無策的。他曾感慨萬千地說出了這麼一句名言：「群居終日，言不及義，好行小慧，難矣哉！」(《語‧衛靈公》)當然，孔夫子固執著「有教無類」才會有「難矣哉！」的感受。要是效法今日台灣各級學校的分班制度，也就「無啥難也！」編入「激戀話班」不就萬事OK了？哀哉！

【12】

一日無講膣，三日無生理。

Chi̍t-ji̍t bô-kóng chi, saⁿ-ji̍t bô seng-lí.

Chi̍t-ji̍t bō-kóng chi, saⁿ-ji̍t bō sēng-lí.

另類的商情。

　　這是好談色情的商人的自我解嘲。老闆自己性趣高，顧客可不一定都是臭味相投的「好漢」。怎麼可以說，不開黃腔，就沒有生意做？不過，從文學形式看，此一對偶句，對得相當成功：「一日」對「三日」，是少對多，無對有；但是「無講膣」對「無生理」，卻對得相當意外，對得非常荒謬粗野，也對出了昔時男一色市井的特有氣氛！

　　無講膣：喻指不說色情的笑話。膣，女人的陰部。　生理：生意，買賣也。

【13】

北港廟壁——畫仙。

Pak-káng biō-piah——oē-sian.

Pak-kang biō-piah——oē-sen.

此仙話彼仙。

　　用指三五成群，聚首認眞閒談。本句是用厥後語的形式來表現的：「北港廟壁」是譬喻，「畫仙」是其解釋。這句的精彩處就是成功地把「畫仙」經過擬音，再加上語意的轉變，理會出「話仙」來——婿無比的台灣話，由此可見！

　　北港廟壁：係指北港朝天宮媽祖廟的廟壁。該宮始建於康熙30年(1691)，是古今台灣香火鼎盛的媽祖廟。　畫仙：廟壁上所畫的神仙故事。　話仙：胡扯一通。一般人以爲神仙故事傳說是不可信的，可能由此引申：無稽之談爲話仙。

【14】

餾過來，餾過去。

Liū koè-laî, liū koè-khì.

Liū koé-laî, liū koé khì.

常談餾古。

　　用來譏刺人講話總是離不開那幾句酸話，人家已經聽得不耐煩了，還是一直愚昧地，或倚老賣老地一再重播。句裏的譬喻是「餾」：食物多餾了，營養和滋味大失；老話「餾過來，餾過去」，必然無味，難以入耳。

　　餾：一再重煮沒吃完的食物，例如，餾清菜。　餾古[aù-kó˙]：發酸發臭的故事。

　　輸入了上面這幾句話之後，筆者忽然記起多年前，在府城聽過：有人專門收集「菜尾」，把萬百種剩菜餘湯放進大鼎，「餾過來，餾過去」之後，高價賣出，而又供不應求。據說，這種餾菜尾非常好吃。之所以好吃，是因爲摻雜了大量的大衆口水。哈，衛生？好食上要緊啦！

　　今午元月間，我國發生了比餾菜尾更沒有衛生的事：大餾蔣

經國。在他逝世十週年(1998)，蔣的家臣、遺黨，把他餾熱了起來；據說，爲的是要「揚蔣打李」。這種餾法，對於民主政治大有妨礙。不過，這一餾，全體國民再次記起蔣家父子對台灣的政治迫害，喚起了人民更積極要維護民主自由的決心。這一餾，發現獨裁者的陰魂尚未散盡，突顯民選的政府尚未完全驅淨專制舊勢力的邪祟。這一餾，餾者始料未及的，加深人民對獨裁者的厭惡！

這句俗語對現代人要說的是：不要「餾」腐敗的，有毒的意識型態，必要趕緊消毒清除，以免毒害人民，污染環境。

【15】

一百句，五十雙。

Chi̍t-pah kù, gō͘-cha̍p siang.

Chi̍t-pá kù, gō͘-cha̍p siang.

老鷄婆是也。

用法有二：一、對講話囉嗦的人表示厭煩，說他餾來餾去，酸話一大堆。二、空費口舌的怨嘆：家長或長輩苦口婆心規勸晚輩，但人家少年郎毫不領情。這句俗語是說：講來講去還是那些話，雖然費了那麼多精神，但是發生不了說服或勸解的作用。字面上的意思是：一百句等於五十句的雙倍；前句無異於後句，喻指講話囉嗦，了無新義。

老鷄婆[lāu ke-pô]：*苦口婆心的人。這種人往往被對方覺得「壓迫感」大於他的豐富的關心，例如，頻繁接觸，或問東問西，或指南點北。*

【16】

三句，不離本行。

Saⁿ-kù, put-lī pún-hâng.

Sāⁿ-kù, put-lī pun-hâng.

專家本色。

　　用來嘲諷開口閉口總是大談自己的「專業」，不會尋求共同的
話題來談的人；刺他自大，缺乏社交常識，老是推銷那一帖狗皮
膏。眞臭屁！

　　三句：每一句話。　本行：自己的行業。

【17】

咸豐三，講到今。

Hâm-hong saⁿ, kóng kaù-taⁿ.

Hām-hōng saⁿ, kong kaú-taⁿ.

講古！

　　用來嘲笑喜歡一再講述同一個「古早古早」的故事的人。言下
之意是，我們聽厭了，別再囉嗦！

　　歷史背景：咸豐三年(1853)六月，住在艋舺一帶的漳州人和
泉州人，發生一場空前的分類大械鬥，雙方死傷慘重。本事是這
樣的：早期唐山過北台灣的先人，有來自漳州和泉州的，他們住
集在艋舺一地，從事商業。漳州三邑人據有萬華河濱公園一帶的
碼頭，在那裏經商；泉州同安人，在萬華地區老松國校一帶發
財。由於泉州人的貨物出入必須經過漳州人的地盤，因而時常發
生口角。終於在咸豐三年，爆發了這大械鬥事件。結果，勢力比
較薄弱的同安人，被迫帶著他們的守護神海霞城隍，到大稻埕另
闢新天地。❺漳泉歷代的父兄，為了要子孫們「毋忘在莒」，把這
次「咸豐三」事件，流傳至今。

　　看到這句俗語，筆者深有感焉：先是，我們要傾聽自己的歷

史故事。好多重要的史事不一定動聽，大多是「咸豐三」講到現在的老故事。但這些故事往往是民族的生命歷程，也有指向未來的命運的功用。所以應該一再來宣講，忍耐地仔細來聽。以色列的經典中的首要部份是「歷史」，其中一句重要的叮嚀是：「以色列啊，你們當聽[這些歷史故事]！」

　　其次是，要從歷史學習教訓。咸豐三慘事是族群和經濟利益衝突的鬥爭，我們可由此事學習什麼？難道不是族群和平同居，不是經濟資源和利益的公平分配嗎？當然，這是很困難的功課，不過歷史給人類的總是嚴肅的挑戰，只有經得起挑戰的人民，才能安身立命於無常又痛苦的世界。

　　最後，大家來講台灣人的故事。到目前為止，大多數台灣人不知道台灣本身的歷史，其實有非常豐富動人的台灣故事有待宣揚。特別是近代史，應該趁著那些親登台灣角鬥場的英雄安息之前，好好地傳講，仔細地整理自己的故事。

　　還有，講故事的人若能學一點點「講古」的技巧，配上世界性的長廣鏡頭來取材，效果一定更佳。啊，快樂又自信，充滿希望，大聲來講自己的人民的故事，是多麼幸福，何等爽快的代誌！

【18】

三千年的狗屎乾，也扰起來餾。

Saⁿ-chheng-nî ê kaú-saí-koaⁿ, iā khioh-khí-laî liū.

Sāⁿ-chhēng-nî ē kau-sai-koaⁿ, iā khió-khit-laī liū.

溫故知新？

　　用來恥笑人愚昧地強調，古老的，錯誤的，已經被遺忘的事。句裏有不敢領教的譬喻：用「餾」古老的乾狗糞，來比擬講古

的人的「講法」和「內容」。噫！這話利口有餘，衛生大大不足！我們眞不懂，先人何來這種諷刺的「靈感」？

【19】

老壽星唱曲──老調。

Laū siū-seng chhiùⁿ-khek─laū-tiāu.

Laū siū-seng chhiúⁿ-khek─laū-tiāu.

老歌好唱。

　　用來譏刺人，說他開口閉口，講的都是那些老話。老壽星的「老調」天成，原無可議之處，但是一個所謂「靑年才俊」的大老，或是一個叫做「博士博」的專家，也哼起「老調」來，那就不但可議，必有什麼不對的了。

【20】

好話三遍，連狗也嫌。

Hó-oē saⁿ-piàn, liân-kaú iā hiâm.

Ho-oē sāⁿ-pèn, lēn-kaú iā hiâm.

狗屎不如的好話。

　　用來警告人，不可隨意用無心的「好話」來稱讚人。這句話的重點是：像答錄機一再重現的「好話」，連狗都嫌棄，何況是人！本句俗語很美妙，表現出先人入微的觀察力和人心通狗意的非常的想像力。實在有夠厲害哦！

　　好話：祝福、稱讚或恭維的話。　三遍：連續多次。　連狗也嫌：喩指，絕難接受。民間一般認爲，狗是最不會棄嫌的動物，牠連糞便都當做珍饈來享受；「連狗也嫌」棄的好話，人會覺得怎樣？

　　這是一句很有啓發性的俗語，筆者有好多感想：

　　──好話不可多說，不可說盡。好話聽多了，聽慣了，令人

產生驕傲。又把自己扭曲成一個「馬屁精」，真划不來！

——說好話，沒有師傅，也沒有秘訣，其份量、內容、語詞、等等，存乎一心。不過，清楚理解，誠實肯定，是製造好話的根本心態。

——對於修養到好話歹話都不痛不癢，安如玉山的聖男聖女，沒有對他／她說好話的必要！但那些能夠感受好話，配受好話的人，應該勇敢大方的獻呈好話給他／她們。

——好話比「壞話」難說，有好多情況下，只覺得「好」，但不知道「好處」何在。最難說出口的是，被迫隨眾大喊「萬歲！」那是多麼無奈的自欺，是何等粗魯的諷刺。

——說好話要求一種「自知之明」：社會地位幾英里？身份重量幾公噸？彼此之間平等的差距幾毫釐？參數不相容，好話可能變成惡口，頌讚變咒詛，祝福變禁忌，虔誠的祝詞淪為臭狗屁。

——好話必需是真而美，先把這種感受盛滿自己的心房，然後自然地傳播給所敬愛的人。但是，MIT(Made in Taiwan)的好話，被中國文化的馬屁嚴重污染，摻雜了超量的阿諛、諂媚，甚至詭詐。這是不可不注意消毒的。

——我國有很多矛盾可笑的「好話」，例如，「青年才俊的大老」，考上第一志願的「IQ139的秀才！」前句不難見其窘態，後一句則是酸秀才參加一種有問題的測驗的數字！

——真正好的好話很難找到現成的，因為她必要加進個人獨到的了解，純度高的感情和祝福的想念。不過，某種電腦文書軟體中《問候精靈》的好話，印來寄給「本人拒收廣告」的信箱確實是很適合的。

——說好話的機會必定有，因為一生當中必定會遇見令我欣

賞，叫我尊敬，堪受我稱讚的人，雖說世上沒有完人。然而，俗語說：「好話，𣍐過三人耳！」真可憐啊！

　　——台灣人要心靈改革的話，應該從說好話開始！

【21】

扱人話粕。

Khioh lâng oē-phoh.

Khió lāng oē-phoh.

拾人牙慧。

　　用來批評人，譏刺他所說的缺乏自己的見解，是竊用別人的理論或主張。

　　扱：拾起，採取。　　話粕：話語或意見的末流，不得其菁華，僅收其殘渣。

【22】

聽未人布袋耳，就掄得走。

Thiaⁿ boē-jip pò·-tē-hīⁿ, chiū koaⁿ-teh-chaú.

Thiāⁿ boe-jip pó·-tē-hīⁿ, chiū koaⁿ-teh-chaú.

線民症候群。

　　譏刺人傳話誤差之大，速度之快。本句玩了一個雙關語，用物件尚未放進布袋裏，就拎走，來譬喻話還未聽清楚，不明真象，就急著打小報告，耍獨家報導。按照孔夫子的聖訓，「道聽而塗說，德之棄也。」(《論語‧陽貨》)來檢驗這句俗語的話，其失德的程度，何只「德之棄也」？真三腳仔也！

　　三腳狗：日據時代大小台奸、走狗、線民的總稱；那時，在台灣的日本人被罵成「四腳仔」，犬也；台奸一群的，是缺一腳的呣成狗仔，鄙稱「三腳仔！」

注釋

1. 吳瀛濤寫做「有嘴，無捾。」解釋成：「器物有口，卻没有把手。事物不會事事完整。類同『有一好，無二好』。或解爲，戒人不要長舌，須守口。」見，吳瀛濤《台灣諺語》(台北：英文出版社，1975)，頁72。

2. 陳冠學《台語之古老與古典》(高雄：第一出版社，1974)，頁242。

3. 本句引用的數字，見，陳冠學《老台灣》(台北：東大圖書出版公司，1993)，頁77。

4. 陳修《台灣話大詞典》，頁85。

5. 參看，連橫《台灣通史》(北京：商務印書館，1983)，頁62；坡農「五月十三…」《中央日報》(1995, 9.6):8。

第五節　亂彈、臭彈

本節分段：

胡說八道01-07　語無倫次08-12　誇大其詞13-18
言不可信19-26

【01】

無食酒，講酒話。

Bô chiảh-chiú, kóng chiú-oē.

Bō chiā-chiú, kong chiu-oē.

另類的言論自由。

　　用來阻止熟悉的人，要他不可再胡說一些傷人的話。這句俗
語的意思是：君非醉漢，不應該講「酒話」。拜託咧，少開尊口，
請勿亂彈！

　　食酒：喝酒也。　酒話：酒精鬆弛了神經以後的口不擇言。

【02】

食紅酒，講白酒話。

Chiảh âng-chiú, kóng peh-chiú oē.

Chiā āng-chiú, kong pē-chiu oē.

用法和意思類似上一句。

　　但是本句借用：喝「紅酒」，不應該講「白酒話」的「邏輯」，來
譬喻酒後的胡說八道！這是假設：「食紅酒」，「講紅酒話」，為眞
話；那麼，他「食紅酒」，「講白酒話」，就是假話。

　　白酒話：酒話也，喻指隨便的，不正確的話。

【03】

一嘴，雙頭出。

Chit-chhuì, siang-thaû chhut.

Chit-chhuì, siāng-thāu chhut.

胡說八道。

　　用來責備人，散播不實在的壞話，使別人的名譽、利益、心靈受到傷害。譬喻用了一個咒罵：「雙頭出」來發洩心裏的氣憤。當知，「一嘴」之有雙頭出的可能性，概在這個嘴，同時是糞口。可見，這個譬喻形像是嚴重損人的。請讀者小心應用。

　　雙頭出：同個嘴巴，是也說，非也說，胡說一通。字面的意思是：上吐下瀉，如患霍亂。

【04】

一枝嘴，恰若鷄母尻川。

Chit-ki chhuì, kah-ná ke-bú kha-chhng.

Chit-kī chhùi, ká-na kē-bu khā-chhng.

反起覆倒。

　　責備的話，指責人隨處散播別人的閒話，一開口就是講人家的是非。句裏用來形容這種德性的人的嘴巴，宛如鷄仔屁股，無時無地有屎則拉。如何？罵得好！

【05】

講到有一字八字。

Kóng-kaù ū chit-jī pat-jī.

Kong-ká ū chit-jī pat-jì.

彈得有形有狀。

　　用來表示懷疑，或反駁煞有介事的一派胡言。講是風，是聲

音，不可能有字有形；本句用這種不可能性來表示，對方所說的話，是不可能的，是不可信的。

　　有一字八字：有「八」這一字形。

【06】

唐合宋，無全朝代。

Tông kap Sòng, bô-kāng tiâu-taī.

Tông kah Sòng, bō-kāng tiāu-taī.

唱錯了國歌。

　　用來諷刺時代倒錯的人，他把清楚可知的事件的時間或背景弄錯了。

　　（不同用法和注釋，請看「唐合宋，無全朝代。」234.11）

【07】

豬母，牽對牛墟去。

Ti-bú, khan-tuì gû-hi khì.

Tī-bú, khān-tuí gū-hi khì.

離譜的臭彈。

　　譏刺講話脫線得太離譜的人。豬母要配種的話，應該牽到「豬哥寮」，但被牽到「牛墟」去。

　　豬哥寮：飼養種豬，專營配豬的寮舍。（→「愛嬈，著去豬高寮。」16.03)　牛墟：牛的市集，牛販仔在那裏買賣牛隻，其他攤販也隨之趕集。我國的牛墟，以北港鎮的爲最有名；有句俗語，「北港牛墟──闊范蕩視。」來形容其規模之大。

　　（參看，「豬哥牽對牛稠去。」15.12）

【08】

三講，四交落。

Saⁿ kóng, sì ka-lauh.

Sāⁿ kóng, sí kā-laū.

是謂老子。

　　用來恥笑人，講故事，或說明事情，前前後後，有許多遺漏。這句話造成一種印象：講話的人，已經患了相當嚴重的老人癡呆症。

　　三…四：多也，三中有四。　交落：因遺忘而致於漏掉，如物件之被遺失。

【09】

三講，四呣著。

Saⁿ kóng, sì m̄-tioh.

Sāⁿ kóng, sí m̄-tiō.

錯話氾濫。

　　用法類似上一句，但強調點在於：所講的話，錯誤連篇。

　　呣著：錯誤也，不對。

【10】

人講天，你講地。

Lâng kóng thiⁿ, lí kóng tē.

Lâng kong thiⁿ, lí kong tē.

另有話說。

　　用來嘲笑人。大家一起談話的時候，他竟然離開話題，扯上極不相干的事——為甚麼會這樣？是否他不了解大家所談的，或者故意攪局？

　　天…地：遙不相及的兩端。

【11】

講對十三天地外去。

Kóng-tuì chåp-saⁿ thiⁿ-tē-goā khì.

Kong-tuí chåp-sāⁿ thīⁿ-tē-goā khì.

太空人。

　　常用來嘲諷演講者，離題發揮，講詞脫線；也用來形容，毫無邊際的閒談。

　　十三天地：喻指天外天，遙遠的世界。古代漢人的天，只有九：鈞天（中央）、蒼天（東方）、變天（東北方）、玄天（北方）、幽天（西北方）、昊天（西方）、朱天（西南方）、炎天（南方）、陽天（東南方）等等。❶

【12】

豬哥牽對牛稠去。

Ti-ko khan-tuì gû-tiâu khì.

Tī-ko khān-tuí gū-tiâu khì.

亂點鴛鴦譜。

　　譏刺人嚴重地把話題扯到極不相關，極不可思議的方向。而用來諷刺的譬喻是相當荒謬，令人哭笑不得的：有一個「牽豬哥」的人，把「豬哥」，牽進「牛稠」來配牛小姐——豬哥牛姊同房，後果不堪想像，眞是老糊塗！

　　牽豬哥：帶領種豬到府和母豬配種的人。　豬哥：種豬也。　牛稠：牛舍也。

　　（參看，「豬田，牽對牛墟去。」15.07）

【13】

四兩人，講半斤話。

Sì-niû lâng, kóng poàⁿ-kin oē.

Sí-niu lâng, kong poáⁿ-kīn oē.

自訴罪狀。

　　用來譏刺缺乏自知之明，而又喜歡大吹牛皮的人。本句直述他的社會身份重量不足，只有三、四兩，但專講重又大的話。相似句有：「三兩人，講四兩話。」

　　我們社會的遊戲規則，主要的原理是，幾兩人講幾兩話，話不許說滿。按此原理不難看出「話和人」的關係是：

　　「四兩人」講「一兩話」：這種人可能自卑感深重，因爲他「不敢表現」。他很容易被認爲是愚笨的人，他的社交生活一定困難重重。

　　「四兩人」講「二兩話」：對外保留得太多了，令人覺得是一種虛僞的謙遜。因爲留給自己稍嫌過多的這「二兩話」，使他成爲「城府深」，很不好相處的陰鳩人。

　　「四兩人」講「三兩話」：應該是一種有自信心，而又謙虛的人。他時時維持「一兩話」的空間，來做爲人間關係的安全距離。這是很好的態度。

　　「四兩人」講「四兩話」：這是喜歡把話講得滿滿的人，是專業「發言人」一類的。這種人有一張利口，但已經停止吸收新的知識，也拒絕從經驗的反省來獲得智慧，所以「鷄規弄破」是遲早的問題。

　　「四兩人」講「半斤話」：是政治、經濟、宗教、科學、教育、各界自封「大師」一類人物的大牛皮，也是台灣社會種種亂源的所在。

【14】

三分病，諍死症。

Saⁿ-hun pēⁿ, pòng sí-chèng.

Sāⁿ-hūn pēⁿ, póng si-chèng.

郎中的診斷！

　　用來嘲笑人，因為知識不足，或成性喜歡誇張，或有什麼不良企圖，以致於把小事一層，說成極為嚴重的災害，例如，傷風感冒斷成愛滋病。

　　三分病：喻指輕微的症狀。　諍死症：誇大地說是絕症。

【15】

泛到，繪穿得蚊罩。

Hàm kaù, boē chhēng-tit báng-taù.

Hám kⁿh, bē chhēng-tit bang-taù.

莫非巨人。

　　用來諷刺，說他所說的話非常誇張，宛如一個巨無霸穿不上一床大蚊帳。

　　泛：非常得誇張的言語或行動。泛，不實的膨大，如大汽球之膨漲。　蚊罩：蚊帳也。

【16】

一隻虱母，諍到水牛大。

Chi̍t-chiah sat-bú, pòng kaù chuí-gû toā.

Chi̍t-chiah sat-bú, póng kah chui-gū toā.

白髮三千丈。

　　用法類似上一句。但本句誇張的譬喻的強度更高：把牛體上的一隻小蝨，說成有水牛那樣大。

謗：言詞極端的誇大。這裏不當做「毀謗」解釋。

【17】

山高，水牛大。

Soaⁿ koân, chuí-gû toā.

Soaⁿ koân, chui-gū toā.

天花亂墜。

形容言詞誇張，他所說的山，比聖母峰高；牛，比台灣水牛大千萬倍。

【18】

講到會飛閣會遁。

Kóng kaù oē-poe koh oē-tūn.

Kong ká ē-poe koh ē-tun.

飛遁的仙人。

形容誇大不實的話語，宛如「講古仙仔」把我國陽明山的練氣士，吹噓成得道的天仙，說什麼身輕似鳥能飛翔太空，化身爲氣可穿大地。

遁：鑽地而逃脫。相傳，中國的老仙都有「土遁」的功夫。

這句俗語很有警世的功用，也相當寫實。君不見，近年來我國出現好多詐術無邊的「神仙」和失落人性的「黑道殺手」，騙得數以億萬計的「供養金」和「血錢」以後，這些禪師，大師、老仙、敎主，盟主、壇主、殺手，飛得了的，乘飛機飛走美洲、中國、天涯海角；來不及飛的，暫時入獄，再想辦法來表演「金遁」，或「病遁」，或「尿遁」。偷渡回國或是保外就醫，莫不逍遙自在，化身成飛來遁去的「神棍」或「民代！」

凡是吹到能飛能遁的政治、宗敎、醫學、工藝，等等各界人

士，一概視同鷄規仙或騙鼠可也。

【19】

三句定，二句冇。

Saⁿ-kù tēng, nñg-kù phàⁿ.

Sāⁿ-kú tēng, nñg-kú phàⁿ.

虛虛實實。

　　用來譏刺人，所說的話，混雜著大量謊言。

　　三…二：三中有二，多數也，人量也。　定：在這裏是指「實話」，字義是「硬」。　冇：冇話也，指虛假的話語。

【20】

紅姨仔嘴，糊縷縷。

Âng-î-á chhuì, hô·-luì-luì.

Āng-ī-a chhuí, hō·-luí-luì.

胡說，不可信。

　　用來譏刺人，說話時常前後不一，多有矛盾。而諷刺的譬喻表象是：懷疑「紅姨仔」的神諭，因為她所說的話「糊縷縷」。

　　紅姨：女靈媒也；在嶽帝廟即可看到紅姨的巫術活動。　紅姨仔嘴：說話的不可靠宛如紅姨。　糊縷縷：喻說話的方式隨便，內容矛盾百出，不能相信；糊縷縷，如二歲小孩吃雪糕的嘴巴。

【21】

媽生孫──公暢。

Má seⁿ-sun—kong thiòng.

Má sēⁿ-sun—kong thiòng.

無稽之談。

　　用來責備人，散播不實的歹話。這句俗語的文學形式非常巧

妙,是開懷式的厥後語,在「公暢」和「講暢」之間,大玩擬音和雙關意義的遊戲。如衆所周知,阿媽和阿公所生的這個小孩,他和阿公的關係是「囝」。但,先人卻說,阿媽給阿公生的這個小孩是「孫」字輩的孩子;又說,阿公糊里糊塗的非常「暢」快。──阿公一聽,忽然驚覺,流了一身臭汗,猛叫:「講暢!」

　　媽生孫:影射母子亂倫生子。　公暢:阿公心涼脾土開,高興得不得了。　講暢:開什麼玩笑,內容荒謬的笑話。　阿公:祖父也。　阿媽:祖母也;母親,叫做阿母。

【22】

有應公童乩──講鬼話。

Iú-èng-kong tâng-ki──kóng kuí-oē.

Iu-éng-kōng tāng-ki──kong kui-oē.

言多不實。

　　用來指責人,公然撒謊,如同「有應公」的乩童,傳講的是滿腔「鬼話」。這句厥後語很妙,用「講鬼話」一語道盡「有應公童乩」的話語的可信度。

　　有應公:無主收埋的枯骨的鬼神。　童乩:乩童。

　　(參看,「少年若無一擺戇,路邊那有有應公。」122.14)

【23】

閻羅王出告示──鬼話連篇。

Giâm-lô-ông chhut kò-sī──kuí-oē liân-phian.

Giām-lō-ông chhut kó-sī──kuí-oē lēn-phen.

用法和意思類似上一句。

　　十殿閻羅的文宣,不是鬼話是什麼?

【24】

火燒銀紙店──劃互土治公。

Hoé-sio gîn-choá-tiàm──oē-hō͘ Thó͘-tī-kong.

Hoé-sio gīn-choa-tiàm──oē-hō͘ Tho͘-tī-kong.

亂畫一通。

　　用來譏刺人，責備他說話不實在，把責任推卸給無辜的人。句裏的譬喻是「銀紙店」的火災，而解釋句是：諷刺地把失火，說成「劃」「銀紙」給「土治公」的獻祭。

　　火燒銀紙店，銀紙店大都屯積大量的易燃物品，火災的機率比一般行業都高。　銀紙店：販賣冥紙的商店，有時也兼製造金銀紙。劃：是「話」和「匯」的雙關語；話，卸責，藉口也；匯，匯錢，這裏是指燒紙錢。

【25】

老道士放屁──句句眞言。

Laū tō-sū pàng-phuì──kù-kù chin-gên.

Laū tō-sū páng-phuì──kú-kù chin-gên.

自然之道也！

　　刁侃人說話句句虛言。試想，「眞言」如「放屁」的話，那麼「普通話」會是什麼？──這句歇後語的諷刺力在此！

【26】

臭彈，免納稅。

Chhaù-toāⁿ, bén la̍p-soè.

Chhaú-toāⁿ, ben la̍p-soè.

另類的言論自由。

　　用來責備肆無忌憚，開口亂彈的人。諷刺他的「臭彈」好像沒

有人能控制或驗證，而對於自己又沒有什麼損失。

　　臭彈：不負責任的胡說。比較「亂蓋」而言，臭彈是較爲公開的，更有負面影響的言談。　免納稅：喻指不必付出代價，而對自己又有利益。

　　過去台灣民間的「臭彈仙」，大概是所謂「臭頭仔博」，或是「王祿仔仙」一類的人物。他們彈放出來的臭味和毒氣有限而稀薄，談不上構成社會和人民的大災害，因爲他們臭彈的動機單純，要的是露一手博學多聞，求的是賣一些萬應膏藥，既無招徒詐財的顧慮，也無扮演中國統戰的應聲筒的奸險。

　　然而時代不同了，近年來滿天飛的「政治臭彈」有極可怕的殺傷力：它的美麗包裝混淆著大是大非，它的狂暴亂彈麻痺著人民的靈魂。我們僅舉出衆所周知的，緊急必要消毒的臭彈於下：

　　臭彈領土：台灣是中華人民共和國神聖不可分割的領土。

　　臭彈國號：TAIWAN是TAIPEI, CHINA！

　　臭彈統一：一個中國是現在進行式，將來進行式也行。

　　臭彈侵犯：中國不准台灣獨立；獨立，就開戰。

　　臭彈投降：在「一個中國」之下，其他什麼都可談。

　　臭彈三通：趕快三通四降，良機千載難逢。

　　臭彈西進：中國土地廣大，人民購買力強，台商要大膽急進。

　　臭彈經濟：只要保持經濟繁榮，台灣的國際地位就安全。

　　臭彈外交：金援，購買邦交；有錢，進得了聯合國。

　　臭彈教育：留學中國和留學英國…，通通一樣，通通造就建國人才。

　　……

　　不必多舉，就這幾顆大臭彈已經嚴重傷害了台灣人的心靈，搞亂了國家政策和社會安寧。覺醒，消毒，自救，是當前急務！台灣人還在觀望什麼？

注釋

1. 引自，小口偉一等修《宗教學詞典》(東京：東京大學出版，1974)，頁562。查了不少資料，尚未查到「十三天」或「十三地」，雖然有真言宗的陰府十三佛．不動明王，釋迦，文殊，等等。見，W.E. Soothill等編《中英佛學辭典》(高雄：佛光山出版社，1977)，頁42。

第六節 惡口、咒罵

本節分段：

性的褻瀆01-03　咒生咒死04-13　惡見惡口14-24
嘴硬心軟25-27

【01】

三八膣，放尿粘黐黐。

Sam-pat-chi, pàng-jiō liâm-thi-thi.

Sām-pat-chi, páng-jiō liām-thī-thi.

三八女。

　　舊時中老年婦女用來臭罵儍氣重，胡亂講話，喜歡散播人家醜聞的女人。句裏就是把對方壓縮成「膣」，又把她的講話醜化做「放尿」。如此罵人，非常失德！

　　三八：請參看247.01-12。　三八膣：三八的女人；膣，鄙夷地喻指女人，原爲女人的陰部。　放尿粘黐黐：用來罵她講話不乾不淨，好像是小孩學習如廁亂撒一通。

【02】

狗母膣， 芳到三鄉里。

Kaú-bú-chi, phang-kaù saⁿ hiong-lí.

Kau-bu-chi, phang-kaú sāⁿ hīong-lí.

招蜂引蝶。

　　被橫刀奪愛，受害的婦女，用來辱罵「拐誘」自己的丈夫，或情夫的女人。這句惡口的表象是用發情播春，放「芳」招引各地

「狗公」的「狗母」，來比擬那個臭賤人。罵詞「狗母膣」，醜化人格成爲母狗的性器——這種罵法無比醜惡，免用最好！

狗母膣：母狗的私處也。　芳：發情期母狗散發出來的體臭，用來「邀請」狗郎君入閨。　三鄉里：喻指到處，處處；用來形容那個女人勾引浪子野漢的範圍是多麼廣闊。

（參看，「狗田若無搖獅，狗公呣敢來。」211.10）

【03】

愛嬈，著去豬哥寮。

Aì-hiâu, tioh-khì ti-ko-liâu.

Ai-hiâu, tiō-khí tī-kō-liâu.

娼女的材料！

舊時用來詈罵那些比較勇於表現女性美的女人。句裏惡意扭曲女性美和女人的魅力爲「嬈」，而再進一步諷刺她去「豬哥寮」展現、滿足「嬈」的慾望。當然，這種「豬哥寮」的咒罵應該禁止。

愛：欲求需要滿足的衝動；要也，欲也。　嬈：這裏是指，性慾的衝動和要得到滿足的欲求。　豬哥寮：譏刺地泛指私娼寮，原是種豬交配的豬舍。❶

這句俗語頗能反映舊時代，男性中心的「性的惡霸」心態，把女人「性趣」這回事完全抹煞。而對於比較「先進」的女士，則將之抹黃成淫穢下賤的「豬哥寮」貨色。這種人比起孔夫子「食色性也」的純生物學的性觀念，猶落後五千年。

然而，急進的性解放運動高潮陣陣，豈是孔夫子所能預料，所敢想像的？看，我國的女性運動，女將走上大街高喊「只要性高潮，不要性騷擾」。大學女教授登報發表「女性性生活規劃」，力主女性有多樣性伴侶和性經驗。女大學生宿舍放映A片，高倡

「女人連線，情慾無限，爽啊！」(→若如「性的認知」《中央日報》1995(7.9):4)

　　總之，高喊「爽啊！」的興奮過後，一些「性」的後續問題，是必要認眞考慮的！

【04】

古井，無蓋蓋。

Kó·-chíⁿ, bô khàm-koà.

Ko·-chíⁿ, bō khám-koà.

去死好啦！

　　舊時缺乏修養的老母，眼見不肖兒女做出嚴重歹事，或長久游手好閒，在憤怒難忍之下咒罵的惡口。本句是隱喻，指的是：如此無路用的歹囝，去投井自盡算了！

　　古井：人工挖掘的水井，跟「古」無關。　蓋蓋：以遮蓋物遮蓋。首字蓋當動詞，次字是名詞。　無蓋蓋：喻指投井方便得很，馬上可爲，沒有人惋惜，也沒有人來阻止。

【05】

溪無欄，井無蓋。

Khe bô-noâ, chíⁿ bô-koà.

Khe bō-noâ, chíⁿ bō-koà.

用法和意義類似上一句。

　　欄：欄杆，障礙。

【06】

淡水河，無蓋蓋。

Tām-chuí-hô, bô khàm-koà.

Tām-chui-hô, bō khám-koà.

用法和意義類似上一句。

但本句特別指出「淡水河」做為投水自殺的所在。這至少有二層歷史意義：首先是，反映著當時淡水河一定有很多人來自殺；她河寬水深，多有隱密處，決心一死的，容易如願。其次是，昔日的淡水河有美麗的青山為臂膀，有清幽綺麗的河岸為地毯，有潔淨甘甜的流水來撫慰，有五彩紛繽的情人魚來陪伴，乃是浪漫殉情者的聖河──可惜，今日的淡水河被我們「破壞了了」，垃圾和蚊蟲多，水髒又臭，已經不是自殺殉情的聖地了。

淡水河：這條河是北台灣最重要的河道，但是她的年紀不大，僅僅誕生在清代初期。因為桃園地方大地震，大嵙崁溪改變河道，沖到台北盆地來，與新店溪，基隆河合流，而成為淡水河。淡水河流經的平原都是魚米之鄉，並曾造成昔日繁華富裕的港埠：八里，新莊，艋舺，淡水，大溪。❷這條河的流域長有328.4公里，流域裏包含台北縣市，基隆市，桃園縣，以及部分新竹縣。流域的人口（1994年）高達六百餘萬人。我國已經投入四百億經費來整治淡水河。❸願她快快起死回生，恢復昔日的明媚風光！

【07】

留目睭，看你拖屎連。

Laû bȧk-chiu, khoàⁿ lí thoa-saí-liân.

Laū bȧk-chiu, khoáⁿ li thoā-sai-lên.

病苦而死。

身心遭受凌辱酷刑的人，用來對仇人發洩怨恨的咒詛。意思是說，我會好好的活下去，好來看你身患奇病頑疾，劇痛煎熬久久不死。

留目睭：意指我會健在；字義是留有眼睛。　　拖屎連：喻指遭受

痛楚惡疾的折磨；字面是長久大便失禁淋漓四處。

【08】

要死去死，唔死食了米。

Beh-sí khì-sí, m̄-sí chiah-liáu-bí.

Beh-sí khí-sí, m̄-sí chiā-liau-bí.

該死的米蟲！

舊時沒有修養的老母，憤怒難禁之時，用來咒罵整日飽食，無所事事的「死囡仔」——當然，這是很兇的氣話；不過，這個阿母是「刀仔嘴，豆腐心。」(16.27)愛罵罔罵而已。

【09】

夭壽短命，路旁屍。

Iau-siū té-miā, lō͘-pông-si.

Iau-siū te-miā, lō͘-pōng-si.

短命凶死！

舊時代的婦女，用來咒詛侵犯她的男人，例如，性騷擾或吃豆腐等等。這句劇毒惡口是否古文人「姦近殺」的極化？記得小時候偶而聽到女人大罵什麼：「⋯路旁屍，車糞箕！」

夭壽：年輕而死。❹ 路旁屍：出外橫禍慘死，因無人收埋以致屍體棄置路邊。台灣民間祀神之中，有無數「有應公」是可憐的路旁屍。

當我們聽到這句咒詛的時候，有何感想？厭惡嗎？當然！悲憫凶人惡口嗎？不錯！這樣的心態，可能是潛意識的：現代台灣社會，治安大壞，在家出外生命難得保障；加上污染嚴重，健康的衛生環境難得，「老康健，食百二」的美夢，「壽終正寢」的福氣，越來是越稀罕難求了。

　　雖然，極大多數人不致於成爲「路旁屍」，但現代人要得個寧靜的「壽終」的機會也不可多得。我國平均每年有25000名癌症患者死亡，但其中僅有一千個有錢又有辦法的人才能獲得「安寧照顧」。因爲這種病房十分有限：像台大、馬偕、榮總等，中心級的醫院，各自擁有不到二十床而已，其他數以萬計的癌症患者，怎麼辦？(→楊陸學「安寧照顧」《中央日報》1997(6.21):4)

　　現代人了解這句俗語，當然不是要用來咒人，而是要禁戒「夭」字頭的咒詛，進而積極參與建造平安的，人人可安享天年的好社會。

【10】

要死著初一十五，要埋著風及雨。

Beh-sí tioh chhe-it chap-gō˙, beh-taî tioh hong kap hō˙.
Bé-sí tio chhe-it chap-gō˙, bé-taî tiō hong ká hō˙.

凶煞死！

　　這是舊時惡少的順口溜，有意或無意地用來嘲笑惡人之死於大凶惡的時日。也許，昔日含冤難申，性情又潑辣的婦女，對於「仇人」極可能用此毒咒來詈罵一番。句中「初一十五」是斷氣大凶惡的日子，而「風及雨」是埋葬大惡的氣候。啊，咒得有夠狠毒，眞無捨施！

　　初一十五：應該特指農曆七月初一日和十五日。按台灣民俗，前者是大開鬼門，萬千餓鬼衝出地獄，出來到處索食的日子；後者，是中元大普餓鬼的日子。在這凶煞日斷氣，亡靈自必遭受鬼害。　風及雨：民間相信，陰雨之時，若是墓壙積水，則死人入土不安，不利埋葬──保持壙穴乾燥清潔，是人之常情，但毒咒都是滅剎人情常理的。

【11】

歹心肝，烏腸肚，要死著初一十五，
　　要埋著風及雨，要扱骨頭尋無墓。

Phaíⁿ sim-koaⁿ, o͘ tńg-tō͘, beh-sí tioh chhe-it chap-gō͘,
　　beh taî tioh hong kap hō͘, beh khioh-kut-thaû chhoē-
　　bô bōng.

Phaiⁿ sim-koaⁿ, ō͘ tñg-tō͘, bé-sí tiō chhē-it chap-gō͘,
　　bé taî tiō hong ká hō͘, bé khió-kut-thaû chhoē-bō
　　bōng.

用法和意思類似上一句。

　　但本句的咒詛強度，提高得太多了。而又特別介紹死者遭受
凶煞是罪有應得的，那是他「歹心肝，烏腸肚」的報應。最後，心
有未甘，再加一咒：「要扱骨頭尋無墓！」

　　*歹心肝：心思邪惡也；心肝，思想的官能，例如：「咱心肝若無
想邪，雨傘著來合伊公家遮。」　烏腸肚：做法奸詐惡毒；腸肚，指
對待人的態度和方法，例如，「伊做人是有名的鷄仔腸鳥仔肚。」　要
扱骨頭尋無墓：喻指從此淪爲無主枯骨，變成孤魂野鬼來乞食人間；
字面是，墳墓失踪，無法洗骨遷葬。*

【12】

死到，無人通燒香點燭。

Sí-kaù, bô-lâng thang sio-hiuⁿ tiám-chek.

Si-ká, bō-lāng thāng siō-hiuⁿ tiam-chek.

全滅！

　　極恨之人的惡咒！咒詛一人慘死，心有未甘，還咒及全家，
並咒他永遠在陰間爲餓鬼，因爲已經慘到「無人通燒香點燭」，鬼

在陰間無人供養，萬萬不能超生。實在是很可怕的毒咒啊！這種咒法好像附了中國抄家滅族的幽靈。

　　無人通燒香點燭：喻指絕嗣，祖先沒有子孫來祭祀；燒香點燭，指祭拜。

【13】

拍落，十八重地獄。

Pah-lŏh, chăp-pe̍h-têng tē-ge̍k.

Pá-lō, chăp-pé-têng tē ge̍k.

地獄火柴！

　　用來咒詛大惡不赦的人，死後應該被監禁在最深的第「十八重地獄」受苦。

　　拍落：被打入，被丟下到（某地方、處所）。　十八重地獄：民間佛教所了解的最深，最痛苦的地獄，那裏有刀山劍海，滾砂沸糞，熔鐵灌喉等等刑罰——道教的地獄是十殿閻羅。

　　當我們聽到「地獄火柴！」，或是「拍落，十八重地獄！」的時候，請勿反應過早，大發恨心！此時，花一點時間來「默想地獄」比較有益。為什麼？因為當今世界，無數有資格最後「道駕西天」，飛升「我主天堂」的好男女，其實目前是身陷地獄，深受煎熬而不自覺！

　　數年前中元普度，大開地獄門，萬千餓鬼登陸我國之時，有一群現代藝術工作者，把這樣的種種地獄實況展示出來，那是：「精神緊張地獄」，「生活擁擠地獄」，「大河獄地獄」，「塞膠污染地獄」，「填鴨教育地獄」，「工業噪音地獄」等等。（→劉峰松「從鬼道到人道」《中央日報》1995（8.14）:4）

　　所以，我們有理由共勉，往生極樂天堂之前，多多關心，多

多參與消滅現世人間地獄的工作！

【14】

惡人，放臭屎。

Ok-lâng, pàng chhaù-saí.

Ok-lâng, páng chhaú-saí.

言行一致！

　　用來譏刺性情暴躁的人。說他嘴巴排出的惡言惡語，穢氣如「臭屎」，眞是人糞一如。如此譬喻，氣死「惡人」的機會頗高。

　　惡人：性情急躁，有容易引起動粗的傾向的人；這裏不指奸鬼惡毒之徒。　放臭屎：放臭屁之終極也。

【15】

七歲罵八歲，夭壽。

Chhit-hoè mē peh-hoè, iau-siū.

Chhit-hoè mē pé-hoè, iau-siū.

有志一同。

　　用來譏刺失德不知改過的人，竟然扮演起道德裁判來亂罵比他更有修養的人。譬喻是用年紀小的，竟然罵起年歲較大的「夭壽」，眞是「龜，笑鱉無尾！」(→235.27)

【16】

烏鴉嘴，串講串對對。

Oʹ-a-chhuì, chhoàn-kóng choàn tuì-tuì.

Ōʹ-a-chhuì, chhoán-kóng choán tuí-tuì.

凶言成眞。

　　用來表示感嘆，那不吉祥的話，意外地一言成讖。

　　串講串對對：愈是(不可以)說的(忌諱)偏偏被說中。串…串：

愈…愈，例如：「串驚串拄著。」

【17】

烏鴉嘴，講唔畏。

O͘-a-chhuì, kóng m̄-uì.

Ō͘-a-chhuì, kong m̄-uì.

凶言不足畏！

　　用法有二：一、阻止無禮粗人，肆無忌憚地臭彈人家厭惡和忌諱的事。二、在吉慶的場合，萬一有人講了不吉利的話，就得緊急祭出本句，用來化解凶言。句裏，把惡口譬喻做「烏鴉嘴」。

　　烏鴉嘴：喻指吐凶言禁忌的嘴巴。民間相信，烏鴉哀鳴報喪，牠若飛越人家上空時悲鳴，而該家又有病患，那麼這個病人將不久人世。　講唔畏：所說的話，不算數；字面義是，不足畏懼。

【18】

屎礐仔嘴，提屎杯來加你拭嘴。

Saí-ha̍k-á chhuì, the̍h saí-poe laî kā-lí chhit-chhuì.

Sai-ha̍k-a chhuì, the̍h sai-poe laī kā-li chhit-chhuì.

用法和意義類似上一句。

　　但是，責備的口氣比上一句強烈：把口吐忌諱的嘴巴譏刺成「屎礐仔嘴」，而消毒的工具是「屎杯」。真粗，用屎杯擦嘴巴是什麼話？然而，按民俗信仰，要破除禁忌，話不粗就缺乏解忌的能力。總之，這句話吐露出我國舊時農村的生活習俗，相當有趣，也含有重要的民俗訊息。

　　屎礐仔：老式的毛廁、糞坑。　屎杯：大便後用來刮清肛口的物件，通常是五六寸長，五六分粗的乾麻枝對剖而成者。鄉下屎礐裏面，通常都吊有一桶屎杯備用——筆者小時到庄下迌迌的時候，雖然

都帶有粗紙，但因好奇，試用過屎杯；結果頗不理想，不得不用粗紙善後。　拭嘴：擦嘴巴。

　　這句土味十足的俗語，雖然令人產生「不衛生」的感覺，但它原是「衛生的」工具。此外，先人用它來教化愚頑小子，要他們注意禮貌。這種教法很有禪味——文偃禪師問：「佛是什麼？」雲門禪師答：「乾屎橛。」就是清除糞便的木片。嘻，乾屎橛能激發開悟，屎杯能戒止惡口，智慧一心妙用。善哉！

【19】

開嘴蚶，粒粒臭。

Khui-chhuì ham, liảp-liảp chhaù.

Khūi-chhuí ham, liảp-liap chhaù.

滿口惡言。

　　用來譏刺人，所說的每一句話，既不正經，又不吉利，宛如腐敗了的蛤蜊，裂開可憐的嘴巴，吐散出陣陣惡臭。

　　開嘴蚶：民間認為，蛤蜊一旦貝殼鬆開，不但已死多時，而已經是餡臭了。　粒粒：每一粒。單位字的疊詞，含有「每」的意義，例如：一一、人人、日日、月月、年年、時時、件件、雙雙、個個。

【20】

未死，嘴內先生虫。

Boē-sí, chhuì-lāi seng siⁿ-thâng.

Boē-sí, chhuí-lāi sēng siⁿ-thâng.

用法和意義類似上一句。

　　不過，譏刺強度更高，而且用的是白描，來直述惡口惡言的人。雖然身未死，但言詞已經腐臭至極。真厲害哦！句裏暗藏著一個「臭死人！」

【21】

毋驚落下頦。

M̄-kiaⁿ laù ē-hoâi.

M̄-kiāⁿ laú ē-haî.

毀謗的惡報。

　　舊時女人用來咒罵散播閒言閒語的人。本句修辭用的是反語式，是說：你說了人家這麼多壞話，當心「落下頦！」

　　落下頦：下巴脫臼也。落，脫臼；下頦，下巴。

【22】

相罵無好嘴，相拍無好手。

Sio-me bô hó-chhuì, sio-phah bǒ hó-chhiú.

Siō-mē bō ho-chhuì, siō-phah bō ho-chhiú.

鬥爭的真相。

　　用來勸解人不要口角或打架，因為一旦發生，雙方無不用其極，「無好嘴」地鬥臭，「無好手」地攻打對方。

　　無好嘴：惡臭的口舌。　相拍：打架也。　無好手：重拳暗招，專攻照門也。

　　（參看，「相拍毋拍頭，相罵毋罵食。」241.10）

【23】

龜笑鱉無尾，鱉笑龜粗皮。

Ku chhiò pih bô-boé, pih chhiò ku chho͘-phoê.

Ku chhió pih bō-boé, pih chhió ku chhō͘-phoê.

彼此彼此！

　　譏刺口角雙方，半斤八兩，彼此的人格類似，德行高度差不了一毫米。譬喻是用形體和習性類似的龜和鱉為形像來暗諷的。

本句諷刺的用意大於勸架，因爲大家是「龜龜鱉鱉」的同志，社會形像已壞，其實沒有什麼好鬥爭的。

　　龜笑鱉無尾：*缺乏自知之明，缺點類似，因何互翻底牌來獻醜呢？這個分句，可獨立應用，是相當有名的台灣俗語。*（→235.27）
龜龜鱉鱉：*龜祟[ku-sui]，鬼祟。*　　鱉笑龜粗皮：*此二者的皮都同樣粗皺，實在沒有互相譏刺的本錢和必要。*

【24】

指鷄，罵狗。

Chí ke, mē kaú

Chi ke, mē kaú

指桑罵槐。

　　指出罵人的一個招數。大凡舊時代有修養，又很厲害的大家[ta-ke]，在不得不指教的時候，對她的賢新婦[sin-pū]使的都是「指鷄，罵狗」的功夫。例如，賢媳婦偶爾晚睡晚起，早餐延誤了幾分鐘。隔日，大家「歡頭喜面」，有意無意地在新婦面前唸經：「隔壁阿山仔眞福氣，娶著彼個大學卒業的某，閣眞骨力，粗幼會；要食頭路，也要煮三頓…」

【25】

烏鴉，嘴歹心無歹。

O·-a, chhuì phaíⁿ sim bô-phaíⁿ.

Ō·-a, chhuì phaíⁿ sim bō-phaíⁿ.

知道就好。

　　用來替「嘴歹」傷人的親友，向受到傷害的人表示慰問和疏解。要他不要生氣，因爲對方雖然「粗嘴野斗」，但心肝是何等善良，絕無心肌梗塞，也沒有肝癌一類的惡疾，大可安心，不會傳

染的。

嘴歹：惡口，說壞話成習，例如，動不動就「幹」的口舌。　粗嘴野斗：話語粗野；嘴斗，嘴巴也。

在句裏，我們再一次看到用「烏鴉」來做爲惡口的譬喻形像。這種用法在舊文學和民俗傳統有顯然不同的地方。文學上，表現的重點大多放在「烏鴉」的悲鳴，用其音色來關聯詩人所體驗的，想像的人間世。例如，李白的「烏夜啼」：

　　黃雲邊城烏欲栖，

　　歸飛啞啞枝上飛。

　　機中織錦秦川女，

　　碧紗如煙隔窗語。

　　停梭悵然憶遠人，

　　獨宿空房淚如雨。

寫的是，在專制帝王統治下，製造了無數「閨怨」，而烏鴉的哀鳴，正好類比孤守空房，相思征夫之怨婦的暗泣哀嘆。

民間對烏鴉的觀感，卻是從牠的外貌，來做想像，來附會迷信的：說牠身披重喪黑衣，悠游於野地墓壙，獵食死蛇腐鼠，而悽楚的鳴叫是報喪的凶兆。冤枉啦，大人！烏鴉並不是這種沒有衛生的凶鳥，就是從農民的利益來看，也是功過參牛古意的野鳥：牠雖然偷吃田野的五穀，但牠也獵食農作物的害蟲。

至於，把烏鴉看成「慈鳥」，則是古典文學和民間文學共有的想像，譬如說，「羊有跪乳之德，烏有反哺之恩。」但，這不是我國一般的農民經驗。

【26】

烏鴉嘴，客鳥心。

O͘-a chhuì, kheh-chiáu sim.

Ō͘-a chhuì, kheh-chiau sim.

用法和意義類似上一句。

　　但是，第二分句用「客鳥心」來譬喻心意良善。句裏用「烏鴉嘴」和「客鳥心」做比對，確實是很美妙的想像。然而，客鳥心能妥當地做爲良善的譬喻形像嗎？我們若注意一下客鳥的生活習性，會發現牠的「操行成績」比烏鴉差得太多了！

　　客鳥：台灣藍鵲也（Kitta caerulea. Formosan blue magpie）。一般的「客鳥」是頭黑，身白，尾巴藍黃，成鳥有18英吋長；牠吃昆蟲、種子、別種幼鳥和蛋、動物的腐屍。

【27】

刀仔嘴，豆腐心。

To-á chhuì, tau̅-hū sim.

Tō-a chhuì, tau̅-hū sim.

用法和意義類似上一句。

　　嘴利傷人如刀，而心軟像豆腐，連無牙缺齒的老翁幼嬰都可吞食。

　　我們不難了解，心思和言語是互相影響的：如此思想，如是言說，反之也然。假如「豆腐」般的善心，無能造成善言善行，我們就難免懷疑善心的存在和功用了。因此，我們覺得這句俗語所支持的道理頗難成立，並且有「雙重人格」的嫌疑。心行如此不一致，令人不安！試想，「刀仔嘴」傷了人，他的「豆腐心」要幹什麼？療傷止痛嗎？公開道歉嗎？利口的傷害，是他的「豆腐心」所能彌補的嗎？

　　總之，「刀仔嘴」是要不得的。應該把「豆腐」般的善性化成善

心善願；再把善心願變成善思想、善動機，然後來激發善行善言。我們相信，溫和的嘴是上帝美好的禮物。

注釋

1. 我們從譏刺的用法解釋「豬哥寮」為「私娼寮」，但不可不知其可能的淵源，按曹甲乙的解釋是：「豬哥寮在現蓬萊國民學校與靜修女學校間的民生路，原稱田寮仔，原有一個專為人殖種豬的寮即俗稱『牽豬哥』的寮，其附近古時私娼甚多，故罵女人淫奔者多指往其處可達其目的。」（曹甲乙「台北有關男女的俚語」《台北文物》(1960年8卷4期)，頁94。)

2. 參看，林衡道「一條河的歷史」《自立週報》1994(3.20): 16。

3. 參看，呂理德「整治淡水河…」《中國時報》1994(9.20):18。

4. 到底幾歲以前亡故謂之「夭壽」？其說紛紛不一，辭書在「夭」字下的相關詞有不同說法：三十歲(三民書局《大辭典》)，四十歲(楊青矗《國台雙語字典》)，五十歲(陳修《台灣話大詞典》)以前死亡為夭折、夭壽。而洪進鋒從民俗的立場說，三十六歲以前死為夭壽，理由是人的「本歲為三十六」。(洪著《台灣民俗之旅》(台北：武陵出版社，1993)，頁335)筆者從台灣人的語言現象來說，認為把「夭壽」解釋做「年輕而死」，才能夠把握此詞的意義和用法——一般人對「夭壽」的感覺是印象的，感性的，無須「三十而立，四十而不惑…」或「本歲」之類的標準來界定。

第七節 空話、吹牛

本節分段：

空言大話01-13 自吹自擂14-26 只會吹牛27-38

【01】

風聲，謗影。

Hong-siaⁿ, pòng-iáⁿ.

Hōng-siaⁿ, póng-iáⁿ.

灌風之言。

用指誇大傳聞的空話。原是小事一層，卻因為一再傳述，任人捕風捉影，終於誇大得非常離譜。

風聲：附會的，不實的傳聞。 謗影：誇大失真，如影之於實物。

【02】

空雷，無雨。

Khang luî, bô hō˙.

Khāng luî, bō hō˙.

空器巨響。

用來諷刺講空話的人。說他把話講得非常響亮，但內容空虛，很不實在，宛如滴不下雨的隆隆雷聲。

【03】

講的比唱的，卡好聽。

Kóng--ê pí chhiùⁿ--ê, khah-hó thiaⁿ.

Kóng--è pi chhiùⁿ--è, khah-ho thiaⁿ.

空話卡婧。

　　用法有二：一、譏刺對方所說的話，所答應的事，盡是華而不實。二、批評說話或行事，避重就輕。本句的修辭是反語式，用來表示「講的」不會比「唱的」好聽。

　　講的：講話也。　唱的：唱曲也。

【04】

無貓，無鵁鴒。

Bô niau, bô ka-lēng.

Bō niau, bō kā-lēng.

空話的真象。

　　對於空話，或不能兌換的允諾的感嘆。本句的意思是：什麼都沒有，既無貓，也無鵁鴒。

　　鵁鴒：鸚哥、鸚鵡也。頭圓鼻勾，羽毛艷美，教之，能模倣話語。

【05】

前頭講，後頭無。

Chêng-thaû kóng, aū-thaû bô.

Chēng-thaū kóng, aū-thaū bô.

空是没有時間性的。

　　批評人講話沒有信用，剛剛答應的，允諾的，轉眼間，一盡成空。

　　前頭…後頭：用指短暫時間中的「先…後」，也用指空間的「前面…背後」。

【06】

講話，無貼郵票。

Kóng-oē, bô tah iû-phiò.

Kong-oē, bō tah iū-phiò.

空話的本質。

　　用來諷刺人，說話隨便，旣不實在，又不負責。用做譬喻的是：沒有貼上郵票的信件。其結果如何，不言可喻！這是指有關「利害關係」的「講話」，那顯然的「開玩笑」應無「郵資」問題。

　　這句新俗語要提醒我們的是：開口說話，要言之有物，要能夠負責，如同寄信貼足了郵票；付了代價，也能達成目的。

【07】

一石，九斗冇。

Chı̍t-chiȯh, kaú-taú phàⁿ.

Chı̍t-chiȯh, kau-tau phàⁿ.

滿口空言。

　　用來發洩被人欺騙的怨嘆：對方所說的話幾乎全部是空話，宛如「一石」帶殼的土豆，其中的「九斗」，要不是核仁細小，就是有殼無仁。

　　石：十斗爲一石。　斗：乾物的量器，一斗有10.04公升(li-ters)。　冇：五穀不實，核仁、球根等作物中空。「冇」的字型很妙，她是「有」字中空。

【08】

嘴呼，二萬五。

Chhuì hoˑ, ñng-bān gōˑ.

Chhuí hoˑ, ñng-bān gōˑ.

信口無憑。

　　用來批評人，滿口空話，虛與委蛇，應付場面。譬喻是：有人在拍賣市場，爭相叫價，但實際上沒有購買的能力或意願。

　　嘴呼：指空口喊價，暗指不一定要買，不一定有錢可買。　　二萬五：指高價位。

【09】

放屁，安狗心。

Pàng-phuì, an kaú-sim.

Páng-phuì, ān kau-sim.

「虛望」的慰藉。

　　譏刺人亂開「空頭支票」，來企圖安慰缺乏，須要幫助的人。

　　可能的背景：昔日的台灣農家，大多養犬來看守家園。有錢人家的福犬有肉有飯，有狗糧狗食；赤貧的家庭，主人三餐不繼，薄命狗飢不擇食，只好認命吃屎療飢。某日，有個小男孩見家犬飢腸轆轆，想要在庭前厝後解放施捨，但偏偏方便不來，久久只能施以陣陣響屁，用來安慰飢犬，要牠們稍安勿躁，解放在即，民生無慮！

　　附帶一提，中國文化影響下的狗兄弟實在有夠可憐，爲犬的尊嚴喪盡，且別說被製成香肉的威脅長相左右，就是飲食也得依賴小主人的方便施捨，有俗語爲證：

　　　　老狗，記久長屎。（212.10）

　　　　未放屎，先呼狗。（224.09）

　　　　做狗，無認路食屎。（242.18）

【10】

畫龍畫鳳。

Oē lêng, oē hōng.

Oē lêng, oē hōng.

花言巧語。

　　諷刺人滿腹虛僞，但是很會畫山畫水，畫龍畫鳳，應許好多虛無縹緲，無能兌現的事。句裏是用神話中所謂的靈物「龍鳳」，來譬喻美言有餘，實際全無。

　　畫：雙關「話」字，說話如可見美麗的畫，其實是空虛的美話。

【11】

講到，好味好素。

Kóng-kaù, hó-bī hó-sò˙.

Kong-ká, ho-bī ho-sò˙.

用法和意思類似上一句。

　　句裏強調，虛言雖然頗能刺激慾望，吊足胃口，但缺乏療飢的實際。

　　好味好素：指那花言巧語的人，如廚子之善於調烹山珍海味。

【12】

講話，恰若得唱曲。

Kóng-oē, kah-ná-teh chhiùⁿ-khek.

Kong-oē, ká-na-té chhiúⁿ-khek.

用法和意思類似上一句。

　　但是，用「講話」比「唱曲」動聽，來襯托出他的畫山畫水，畫龍畫鳳的高超。

　　附帶一提，台灣話音韻之美眞如唱曲，陳冠學記載的那段「軍中的起床號角」的語曲譜，可以清楚體會得到：

　　　未震燴動，初三初四，

初四初三，八月十五。❶

【13】

望梅止渴，畫餅充飢。

Bōng-moê chí-khat, oē-piáⁿ chhiong-ki.

Bōng-moê chi-khat, oē-piáⁿ chhiōng-ki.

動心的「虛望」。

　　用來譏刺美麗不實的理想或應許。本句，是由「望梅止渴」和「畫餅充飢」二句成語合成，用來加重空言虛妄的強度。

　　「望梅止渴」和「畫餅充飢」的典故，分別出自：《世說假譎》和《三國志‧魏志‧盧毓傳》。(→227.13)

【14】

家己呵，卡燴臭臊。

Ka-kī o, khah-boē chhaù-chho.

Kā-kī o, khah-be chhaú-chho.

自我推銷。

　　嘲諷往自己臉上貼金，來推銷自己的人——用自我吹噓要來釋稀臭味，可能適得其反！

　　本句的可能背景：魚販仔叫賣魚鮮，當然要呵咾自己的魚貨是上等的，生猛無比，絕非「臭臊」餲魚。

　　家己：自己也。　呵：在這裏是一字雙關：呵，呵咾「o-ló」，稱讚也；呵，叫賣物件也。　臭臊：強烈的魚腥味道。

　　古以色列的賢人有言：「要別人誇獎你，不可用口自誇；等外人稱讚你，不可用嘴自稱。」(《聖經‧箴言》27:2)這句箴言實在非常可愛，萬分實在，點出人類心裏深處的強烈欲求：等待別人來稱讚！

　　君不見，就是在至高之處，不食人間煙火的上帝和我主基督，還是照樣須要無數天使，日夜恭獻「哈利路亞大合唱」(Hallelujah Chorus)來頌讚祂們，何況我們用呵咾養大的赤子？那些須要依靠自己呵咾才能活下去的人們，可憐！

【15】

家己鍋，卡燴臭火烙。

Ka-kī ko, khah-boē chhaù-hoé-lo.

Kā-kī ko, khah-bē chhaú-hoe-lo.

自吹所有物。

　　嘲笑喜歡稱讚自己的所有物的人，不論它是什麼破銅爛鐵。句子是說，他的萬能寶鍋，無論如何大火，如何久燒，都不會燒焦鍋裏的東西。

　　臭火烙：過度烤燒的物質，焦黑的鍋巴。

【16】

家己呵咾，面無貓。

Ka-kī o-ló, bīn bô-niau.

Kā-kī ō-ló, bīn bō-niau.

孤芳自賞。

　　譏刺人自信滿滿，老是喜歡稱讚自己的能力、儀容、品格等等。按本句俗語所暗示者，他離開自讚自稱的那種程度是相當遙遠的——目前，他不但面貓，又兼黑斑、雀斑、柱仔籽一大堆，需要掛急診整容！

　　面…貓：麻面也，例如，天花劫後的痕跡。

【17】

家己擔鮭，呵咾芳。

Ka-kī taⁿ-kê, o-ló phang.

Kā-kī taⁿ-kê, ō-lo phang.

另類的賣瓜者言。

　　用來諷刺他不顧自己顯然可見的缺點，反而自讚有加。這句俗語的譬喻是：挑著一擔「鮭」的小販，不停地自誇他的鮭是多麼芳香。問題是，鮭雖然不一定惡臭，但一定不香！這句俗語要警戒世人的，乃是「愚昧人張揚自己的愚昧。」《聖經·箴言》13:16）

　　鮭：重鹽漬成的小海產，例如，珠螺鮭、蚵鮭、丁香鮭，等等。鮭，一般都有臭腥味，給人的印象是有點臭臭的。

【18】

家己騎馬，家己喊路。

Ka-kī khiâ-bé, ka-kī hoah-lō͘.

Kā-kī khiā-bé, kā-kī hoá-lō͘.

沒有內場的無奈。

　　譏刺放不下身段的人，用獨言獨語，來維持面子。這宛如敗軍之將，騎著殘傷老馬入城投降，既沒有馬前卒，更沒有小嘍囉開路，只好…。

【19】

家己開路，家己喊伊阿。

Ka-kī khui-lō͘, ka-kī hoah-i-o.

Kā-kī khuī-lo͘, kā-kī hoá-ī-o.

用法和意思類似上一句。

　　喊伊阿：警告人馬讓路的喊聲。

【20】

展若廍亭，攝若針鼻。

Tián ná phō͘-têng, liap ná chiam-phī͘ⁿ.

Tén na phō͘-têng, liap na chiām-phī͘ⁿ.

吹噓大仙的原型。

　　嘲笑善吹者。先人挖出吹者的脹縮係數來加以消遣：膨脹展大，有「廍亭」之巨；「見眞」攝細，則有「針鼻」之微。

　　展：張也，凸也，如吹泡泡糖。　廍亭：昔時，台灣舊式製糖工廠榨甘蔗的機房，高有五六丈，圓盤型的建物。❺　見眞：→17.34。　攝：龜縮，因爲見不得眞，不得不暫時「戒展用攝」。　針鼻：針孔也，喩極細。

【21】

嘴巧，不如手巧。

Chhuì khá, put-jû chhiú-khá.

Chhuì khá, put-jū chhiú-khá.

巧手勝花言。

　　用做警語，提醒人不要耍嘴皮，愛吹牛，而重要的是多多動手來實踐。先賢有言：「百言百當，不如擇趨而審行也。」(《淮南子‧人間訓》)正是如此，言行之難，就在於如何審慎力行當行之事。

　　嘴巧：能言善道。　手巧：喩指美善的行動，不是巧妙的手腕。

【22】

毋成鷄仔，拍咯鷄。

M̄-chiâⁿ ke-á, phah-kok-ke.

M̄-chiāⁿ ke-á, phá-kok-ke.

黑卒仔吹牛。

　　譏刺喜歡把話講得滿滿的，牛皮吹得大大的無名小輩。可

憐，這個小卒仔被動物化，而變成「姆成鷄仔」，他的大話被貶成「拍咯鷄！」

　　姆成鷄仔：喻指沒有地位或身份的晚生小輩。字面是，養不大的，皮包骨的鷄仔。　　拍咯鷄：指令人輕視厭惡的話。字義是，鷄仔的咯咯叫聲。

【23】

挖肉，嘴內哺。

Ó·-bah, chhuì laī pō·.

Ó·-bah, chhuí-laī pō·.

自甘獻醜。

　　說他竟然吹上了自己的弱點，說了自己的壞話。譬喻是：嚼自己的肉！誠然，鼓吹自己的短處是不可思議的——有看精神科醫生的必要哦！

【24】

冇蟳，夯籠。

Phàⁿ chîm, giâ láng.

Pháⁿ chîm, giā láng.

衝不了的！

　　用來諷刺僞裝飽學，肆意亂吹，如「冇蟳」在被監禁的竹籠裏，不時高舉著軟弱的雙螯想要衝出牢籠。

　　說到「冇蟳」，我有難忘的往事：

　　三十多年前，夏天某日。筆者在東港教會實習，日日眼見禮拜堂外面的路邊攤，賣著無數生猛的紅蟳，蠘仔，沙蝦，小管，蚶仔，等等。尤其是紅蟳，是我的最愛。食慾難禁，於是，走往路邊攤買蟳。紅蟳貴，買不起；要小販的給我選一隻「定的」菜

蟳。我買的那隻,蟳面可有六七寸大,雖然全身五花大綁戒護,但鼻孔勃沫有力。心想,是一隻好蟳,大可慢慢享受一番。

好不容易,熬到半夜。把牠洗淨了,放入滾水煠來宵夜。煠好,擘殼,一看:海沙一肚,濁水滿殼,蟳肉沒有。啊,可憐的冇蟳,可憐的饕餮!

【25】

無師不說聖, 無翁不說健。

Bû-su put-soat sèng, bû-ong put-soat kiān.

Bū-sū put-soat sèng, bū-ong put-soat kēn.

大師和老翁的專利。

舊說,老師自信爲本行聖手,老人自吹身體硬朗。語見,《注解昔時賢文》。

這句俗語的另一個極端是,宋朝黃升的「風流不在談鋒健,袖手無言味最長。」(《鷓鴣天》)試想,老師和老翁都真的袖手無言的話,還有什麼有趣的學習和快樂的「講古」呢?我們願意天下的老師們,個個充滿真才實學的自信;每一位資深的男女長老,勇健似龍公龍婆!

【26】

路尾出世, 代先白頭毛。

Lō͘-boé chhut-sì, taī-seng peh thaû-mn̂g.

Lō͘-boe chhut-sì, taī-sēng pē thaū-mn̂g.

用腦過多嗎?

嘲諷年輕小輩,不自量力,敢在老前輩面前賣弄學問或經驗。

路尾出世：後生也。　代先：先於，超前。　白頭毛：白髮，喻
指學問，經驗，智慧；民間相信，多用腦筋的，易生銀髮。

【27】

狗，拍咳嚏。

Kaú, phah kha-chhiùⁿ.

Kaú, phá khā-chhiùⁿ.

但練廢話。

　　用來譏刺人，少說廢話，多做些事。譬喻是：用狗「拍咳嚏」
來比擬愛說閒話，無所事事的人。看來，狗的正言是吠，廢話是
拍咳嚏了。

拍咳嚏：打噴嚏。

　　道家大師莊子說過這樣的話：「狗不以吠爲良，人不以善言
爲賢。」(《莊子‧徐無鬼》)三十幾年前，台灣流行養「小北京狗」，說
是很會看家。有個鄰人也養了一條，牠不論有無人影，不分日夜
猛吠，叫到沙啞，還是照吠不誤，大大擾亂了四鄰。顯然，狗不
以吠爲良，遑論「拍咳嚏」的小犬。

　　至於，人之「善言」是否爲賢，撇開傳統道德敎條來看，善
言、巧言、智言，包含詭言、驚世之言、駭俗之語，在語言上都
堪稱爲「賢」！都是智性優美的一面。——有時，幾句幽默的善
言，比板起臉孔來說敎，更有道德的感動力，更有創造的的啓迪
作用。

【28】

五錢豬仔，掛一個嘴。

Gō͘-sén ti-á, koà chi̍t-ê chhuì.

Gō͘-sén tī-á, koá chi̍t-ē chhuì.

噭豬不肥。

　　譏刺只會吹牛，沒有能力，又不求長進的人。❷

　　五錢豬仔：喻指皮包骨的小豬；字面是，值它五個小錢的豬仔。　掛一個嘴：指能吃善噭；字面是，豬身架著一個大豬嘴。

　　《老子》載：「善者不多，多者不善。」這種「善人不吹牛，吹牛人不善」的箴言，頗值得讓活在以「廣告宣傳」，「打知名度」為成名手段的現代人，做一番批判的了解和適應。

【29】

膨大海，歕鷄規。

Phòng toā-haí, pûn ke-kui.

Phóng toā-haí, pūn kē-kui.

都是膨脹東西。

　　刁侃人吹噓成性，說話誇張不實。有趣的是，先人竟然動用了漢藥材「膨大海」和鷄仔的器官「鷄規」來做譬喻的表象。

　　膨大海：梧桐科植物的種子，形似橄欖，長有二、三公分；皮質鬆，遇水膨大成海棉塊狀。藥性甘涼，可治乾嗽失音，咽喉燥痛等症。主要產地是越南、泰國、印尼等熱帶地區。❸　歕：吹氣（入器物、樂器）；講大話，吹牛也。　鷄規：鷄鳥類的嗉囊。❹

【30】

要放屁，走去風尾。

Beh pàng-phuì, chaú-khì hong-boé.

Bé páng-phuì, chau-khí hōng-boé.

別吹了！

　　粗陋地當面用來「消毒」亂彈得口沫橫飛的人。本句把他的吹噓，鄙夷做「放屁」──放毒氣的人，怎能讓他站在上風？趕到

「風尾」，算是相當客氣的了。

　　風尾：流風的末端，下風也。　　消毒：喻指拒絕不愉快的，不歡迎的，或有害的人物或言詞。

【31】

放尿做水災，放屁做風颱。

Pàng-jiō chò chuí-chai, pàng-phuì chò hong-thai.

Páng-jiō chó chui-chai, páng-phuì chó hōng-thai.

宇宙大原人也！

　　用法有二：一、譏刺喜歡吹大牛皮的人，總是把小事無限誇張。二、嘲笑有夠力的政棍，政黨或黑社會的大老；他們自誇一言可以變天，一令可能呼風喚雨。當然，這都是貶義的。試想，用「尿」和「屁」來譬喻他們的談話，會有什麼褒揚？

【32】

食大麥糜，講皇帝話。

Chia̍h toā-be̍h-moê, kóng hóng-tè-oē.

Chiā toā-bē-moê, kong hōng tè oē.

人微語壯。

　　恥笑講大話的「匹夫匹婦」。諷刺點在於：「食大麥糜」的貧窮嘴巴，竟然大開金口，講起「皇帝話」；令人覺得匹先生賢亢儷，精神大有異狀。

　　食大麥糜：貧民的食物，喻指小老百姓。　　講皇帝話：大開所謂的「金口」頒布「聖旨」，吹大牛也。

【33】

有聽著聲，無看著影。

Ū thiaⁿ-tio̍h siaⁿ, bó khoàⁿ-tio̍h iáⁿ.

Ū thiāⁿ-tiō siaⁿ, bō khoáⁿ-tiō iáⁿ.

唯吹宗大師。

　　用來譏刺只有嘴巴講話，而沒有能力，或不情願行動的人。
本句的形式是白描，直述隱身的唯吹大師的厲害。

【34】

嘴講猴齊天，見眞無半步。

Chhuì kóng Kaû-chê-thian, kìⁿ-chin bô-poàⁿ-pō·.

Chhuì kong Kaū-chē-then, kíⁿ-chin bō-poáⁿ-pō·.

破功的行者。

　　本句的諷刺是：在宣傳上，功力勝過神通廣大的孫大聖悟空
禪師；但「見眞」，功夫盡失，連半步圓山猴拳都耍不了。

　　*見眞：眞刀、眞槍、眞劍、眞人上陣對抗，必要功夫盡展的緊要
關頭。*

【35】

歸身軀死了了，只有剩一枝嘴未死。

Kui sin-khu sí-liáu-liáu, chí-ū chhun chi̍t-ki-chhuì boē-sí.

Kuī seng-khu si-liau-liáu, chí-ū chhūn chi̍t-kī-chhuì boē-sí.

僵屍之言。

　　嚴厲地罵只會吹噓，毫無行動能力的人。通常是憤怒難禁，
失去理性的老母，咒罵「一日食飽，激戇話」(→14.11)的後生；對
於外人，這句話可能是宣戰的訊息。——身死嘴活的人物，總是
難逃無情的譏刺。元前第一世紀，桓寬批評道：「卑而高言，能
言而不能行者，君子恥之矣。」《《鹽鐵論・能言》》

　　歸身軀：全身也。

【36】

敗軍之將，不可言勇。

Paī-kun chi chiòng, put-khó giân-ióng.

Paī-kun chī chiòng, put-kho gēn-ióng.

可吹逃命之速。

　　用來譏刺事事失敗，而又好吹噓的人。鄙夷的表象是：自吹神勇的轉進大元帥。語見，《吳越春秋》：「范蠡曰：『臣聞亡國之臣，不敢言政；敗軍之將，不敢言勇。』」

【37】

手掠布袋根，走到八里岔。

Chhiú liȧh pò͘-tē-kin, chaú-kaù Pat-lí-hun.

Chhiú liā pó͘-tē-kin, chau-kaú Pat-li-hun.

偉哉！台灣的Atlas。

　　用來諷刺吹牛大王。試想，凡是能夠由鄉下的曬穀場，雙手拎著「布袋根」，提著百來斤重的一麻袋五穀，來到「八里岔」的人，要不是希臘神話中的Atlas，中國古代的楚霸王項羽，就是台灣的膨風大仙了。

　　布袋根：布袋角也。把五穀或雜糧裝進布袋，用麻繩將袋口縫合後露出來的兩個布袋角。　　八里岔：喻指好遠的一段路程；她是台北縣八里鄉的舊名。　　Atlas：按古希臘詩人Homer的神話，Atlas因反抗天帝Zeus，而被罰來扶載撐開天與地的諸柱的英雄。

【38】

能說，不能行。

Lêng-soat, put-lêng hêng.

Lēng-soat, put-lēng hêng.

吹易行難。

用來批評唯吹宗師徒。

姑且不談「知難行易說」如何，在道德實踐和修養的功夫上面，「能說，不能行」是普遍的事實，也是修道者常有的嚴肅反省。原來，道德是一種艱難的事業，須要持續的善的「堅持」和愛的「付出」，比近日東南亞金融風暴更難對付萬倍，吹不得也！難怪宋朝鳥窠禪師回白居易的話，說：「三歲兒雖得道，八十老人行不得。」(釋普濟《五燈會元》)

這句俗語的眞諦是：用力行善，免吹道行。

注釋

1. 陳冠學《台語之古老與古典》，頁49。這當然是台灣話發音的，筆者用分解的方式標音之，更能讀出其「音響」來：〔Boē-ti-in boē-ta-āng, chhe-saⁿ-aⁿ chhe-ē-sì, chhe-sì-ì chhe-ē-saⁿ, peh-gō-ē-cha-ap-gō·.〕

2. 這句俗語，邱冠福的注解是：「永康地方家豬，屠小而善鳴。喻諸人不長進。」(邱冠福《南台灣的俚語探討》台南：大溢出版社，1993，頁77)

3. 參看，江蘇新醫學院編《中藥大辭典》(上海：科學技術出版社，1985)，頁1714。

4. 鷄規，坊間有寫做「鷄歸」等等的。按陳冠學的研究，「胃」之於鷄鳥，發音做〔kui〕，而人胃則讀做〔uī〕。(參看，陳冠學《台語之古老與古典》，頁204)按此，〔ke-kui〕應該以「鷄胃」屬正字。

5. 參看，陳修《台灣話大詞典》，頁1473。

第八節　聽話、講話

本節分段：

聞聽要訣01-06　聽不懂也07-12　聽不入耳13-17　有益之言18

問答應對19-20

【01】

聽話頭，知話尾。

Thiaⁿ oē-thaû, chai oē-boé.

Thiāⁿ oē-thaû, chaī oē-boé.

盡在不言中。

　　用法有二：一、舊時的，形容人成性聰明靈巧，一聽對方的「話頭」，就曉得他所要說的話。二、現代的，特別是用在各級政府機關：長官那些攸關利害，不願又不能直說的事，安下了「話頭」，屬下就得揣摩出「話尾」，以便「體上行事」。顯然，後一個用法是諷刺的。

　　話頭：一席話的開頭或引語，但本句俗語所指的是話語中的暗示或要求的事項，即所謂的「踏話頭」。　話尾：一席話的結尾，句裏是指不願意盡言，故意留下「參商」的尾巴，環轉的餘地是爲「留話尾」。

　　（參看，「講頭，知尾。」231.02）。

【02】

會聽聽話頭，燴聽聽話尾。

Ē-thiaⁿ thiaⁿ oē-thaû, boē-thiaⁿ thiaⁿ oē-boé.

Ē-thiaⁿ thiāⁿ oē-thaû, boē-thiāⁿ thiāⁿ oē-boé.

所謂善聽。

　　用法有二：一、指出聽話的要訣，乃是要把握住「話頭」，才能聽懂人家講話的緊要處。二、用來譏刺心性單純的人，話聽了老半天，到最後還是聽不出究竟來——沒有把握住對方所預設的「話頭」。

【03】

擔水擔水頭，聽話聽話尾。

Taⁿ-chuí taⁿ chuí-thaû, thiaⁿ-oē thiaⁿ oē-boé.

Tāⁿ-chuí tāⁿ chui-thaû, thiāⁿ-oē thiāⁿ oē-boé.

話尾重要。

　　強調「聽話尾」的重要性。可能是性格複雜，機心深重的人交涉麻煩的代誌時，比較喜歡應用的一種說話的方式吧。本句的文學形式是異義對偶：用「擔水」對「聽話」；用「水頭」流清水，來對「話尾」藏玄機。

　　擔水：挑水也。　　水頭：近水源的一端，其水質可能比水尾的潔淨。

【04】

博繳，聽尾聲。

Poa̍h-kiáu, thiaⁿ boé-siaⁿ.

Poā-kiáu, thiāⁿ boe-siaⁿ.

輸贏在話尾。

　　強調「聽話尾」的重要性，如同善賭之徒能夠聽懂骰子的「尾聲」，並由之決定下注。

　　博繳：賭博也。　　尾聲：滾動的骰子(骨或牙製的賭具)停息滾動的餘音。

　　上面四句俗語，對於聽話的要領，有不同的強調：有主張聽「話頭」的，有強調聽「話尾」，「尾聲」的。但是僅能聽懂這些「話頭」或「話尾」，還不算善聽，而必要能夠聽懂「話骨」、「話縫」[oē-phāng]和「話意」。簡言之，講的人有所企圖，不好明說，只好鬼鬼祟祟，龜龜鱉鱉，宛如乩童肆放暗語，桌頭猜測會意，弟子體會神諭，奉行如儀。真是「合作無間」，詭譎得很啊！

　　台灣官場談話，滿是「話頭」、「話尾」，講者輕輕「暗示」，聽者就要紛紛的「猜測」，想辦法執行了。例如，風聞已久的「警界吃案」，便是上級暗示，基層會意；當然，明令吃案是絕對沒有的。報載，有一位分局長的示意吃案的話頭是這樣的：

　　　　他經常說，「轄內『不可以』發生案件」，「有事你們就倒大
　　　楣」，「怎麼辦你們應該懂」，「有些東西要控制好」。基層很快就
　　　聽出「學問」，派出所和刑事主管不方便去詳問，他們得表現出
　　　「上道」的樣子，反正一切盡在不言中。(《自由時報》1997 (12.15):6)

看來，要消除社會亂源，是不能不正視「聽話頭，知話尾」的問題了。不但是政府的基層人員，就是人民都不應該「自作聰明」來善體「官意」，猜測「國事」。大家要堅持清楚的「知的權利」。再說，不講正確可知的話，就算沒有違法行為的暗示來抹煞良知，但造成了聽「話骨」、「話縫」、「話意」的習慣，已經嚴重地紛亂了思維和語言的一致性，撕裂了整全的人格！

　　放話頭，猜話尾，其社會必亂，人民必然不安。說要改善治安，改革心靈，提升文化，大家豈不應該一起來修練「正言」，戒止暗示邪行，拒絕揣摩惡意！耶穌說了一句很重要的話：「你們說話，是，就說是；不是，就說不是；再多說便是出於那邪惡者。」(《聖經·馬太福音書》5:37)

【05】

三七講，四六聽。

Sam-chhit kóng, sù-lio̍k thiaⁿ.

Sām-chhit kóng, sú-lio̍k thiaⁿ.

講聽大拍賣。

　　用來彼此消遣，擺明這一席話都是閒談，是不算話的，因為講者虛虛幻幻地談，聽者自然是襯襯採採地聽了。

　　語源：清國時代的銅錢，每六千文貫作一串，而其中總有偷銅減料的。若是一串銅錢混雜了三成薄的呆錢[phaíⁿ-chîⁿ]，其中還有七成乾隆、寬永、康熙等等，銅量尚足的銅錢，就算差強人意。若是一串錢，呆錢佔四成，好錢六成，其價值太低，難以接受。後來，這種好錢和呆錢的成數，用來比擬說話的可信度和接受性的關係，而留下了「三七講，四六聽」這句俗語。❶

　　三七講：打折的話詞，話中摻雜了不少閒話，或是言多曖昧。

四六聽：姑妄聽之，因為廢話太多。　襯襯採採[chhìn-chhìn chhái-chhái]：隨隨便便也。 ❷

　　明智的人說的話一定很不願意被大折扣的，因為他講話也不會是拍賣式的。古以色列的智者說：「明智的人三思而後言；他的話更具說服力。」(《聖經‧箴言》16:23)

【06】

你罔講，我罔聽。

Lí bóng-kóng, goá bóng thiaⁿ.

Lí bong-kóng, goá bong thiaⁿ.

用法和意思類似上一句。

　　罔：隨便，任意。　罔罔仔是：什麼都是，都一樣，都不必計

較。

　　不難想像，幾位好友偶而嘻嘻哈哈，來一場打發時間的「罔講」和「罔聽」，是很快樂的。私下的「罔罔仔是」，一定有鬆弛緊張的療效。

　　與其說「罔聽」是「聽」，不如說是「罔猜」，因為「罔講」沒有打出精確的溝通訊號。我們發覺到，一個族群的講話和聽話的可猜測成分高時，他們的思維也變得朦朧不確；彼此了解無須文本文法，自由心證也能進行人間的遊戲；複雜又利害攸關國家的事務，更是不必明言，故意弄得非常模糊，反正人們已經習慣於猜測，認為自己揣摩比媒體報導正確！

　　活在「你罔講，我罔聽」的社會，人所呼吸的是「模糊」和「罔是」，大眾的感覺是眠眠仔睏：國號、國旗、國歌，在國內和國外可以不同；火車、汽車的行車時間可以自由脫班延誤；食品過期可售可食；媒體報導事件不必要求真相；中國打來的飛彈都是空炮彈，是頑童的玩笑！「罔罔仔是」真好！政府三七講，人民四六聽！

　　中國人和部分台灣人，總認為歐美「番邦」的人戇，呆板，不知變通，樣樣要求明確、精密、通透、普遍。什麼食品過期不准偷賣，也沒有人敢買來吃！火車公車不敢誤點，故障了又得道歉！可憐，連國號國旗也只有一種，又得要求世界公認！大小議會開會全場實況轉播，金牛黑道難以「漂白」！連媒體也沒有通敵傳聲的自由！大小官員，各級民代，講話都得貼足郵票！

　　啊，爽啊！罔罔仔是的台灣人民！那怕明晨高掛的是五星紅旗。

【07】

鴨仔，聽雷。

Ah-á, thiaⁿ-luî.

Á-á thiāⁿ-luî.

聽而不聞。

多用來自嘲，聽不懂某一種語言，宛如鴨仔但聽得隆隆雷聲，而不知其意義，也可用來譏刺那些不通己言的人。本句，許成章寫做「啞兒聽雷。」❸

這句俗語含有一股「無捨施的」美：但見乖乖安靜踞在寮裏的草綑上，避雷雨的鴨群，脆雷一陳，衆鴨就一陣震驚；閃爁一陝，衆鴨就打抖不停。——眞歹勢啦！鴨仔聽台灣的「脆雷」已經夠受了，何其忍心要牠們聽懂台語！鴨言鴨語是天賦鴨權，人不可侵犯。

假如，鴨仔，聽雷，是天地不仁；那麼，台灣囝仔，燴曉聽台灣話，就是國民黨「國語政策」的不義！看那荷蘭殖民者甚至給平埔話製成羅馬拚音文字，日本領台前期的四十餘年台灣話、漢文通用無阻，但國民黨政府來台就消滅了台灣原住民的語言，矮化客家話，醜化福佬話，造成父母子女、祖孫之間的「鴨仔，聽雷。」這是多麼嚴重的，殘酷的毀壞啊！

當今台灣人緊急要做的，應該是歡喜又自信心地學習自己的母語。台灣話不但是美妙的生活語言，而且可做爲精密的學術語言，您是否聽過，這一百三十餘年以來，台灣長老教會的南北二所神學院，授課的語言主要的是台灣話！您是否知道，二年前台大敎授楊維哲用台灣話講授「數學方法與推理」，又用台文寫講義！

　　失落母語的民族是斷根的人民。政府真的要推行心靈建設的話，應該從發展台灣各個族群的母語開始。落到母語滅亡的民族，還有什麼資格來高談闊論心靈建設？

【08】

番仔，番嘰咬。

Hoan-á, hoan-kí-kà.

Hoān-á, hoān-kí-kà.

漢人的惡見！

　　用來恥笑不通吾人漢語言者，譏刺對方是番邦之人，其心必定「番嘰咬！」這是由於種族和語言的優越感或自卑感，所產生的誚話。應該停止使用！

　　番嘰咬：理性缺乏，思維系統混亂。番，沒有理會的能力；嘰咬，一團糟。

　　這「番仔，番嘰咬」一語，可恥地吐出入侵台灣的唐山人唯我獨尊的臭味。說那些操我所聽不懂的外語的人是「番仔」，這種人絕非文明之士。話我聽不懂，必要的，可以去學；不學，也沒有理由來輕視對方。

　　當然，人口多，歷史久，經濟、政治、文化強的語言，其人民頗為方便，可用其普通話來通行無阻，例如，講英語的人民。然而，這樣的方便也頗有缺點：二次大戰後，世界成為美國的天下，她的大多數公民因此過份「自大」，以美國內部為自足，對於外國的語言，地理，事物的知識相當貧乏，而贏得「超級鄉巴佬」的頭銜。其中特別受到批評的是，一般美國人從來不想去學習美語以外的語言。在美國的歐洲人之間流傳這樣的笑話：

　　會說二種語言的叫做 bilingual。

　　那麼，只說一種語言的叫什麼？

　　美國人！

　　美國人雖然自大，還不至於像逃命來台灣的中國人謀殺台灣話一般地消滅菲律賓人的母語。國民黨政府說什麼：「說台語，沒有水準；講台語形像差；校內外，不准講台語！」在小學裏，用罰錢、罰站、吊牌子等等酷刑來推行「國語」，往心靈的深處徹底來傷害台灣人，毀滅他們的語言。

　　做爲島國的台灣人，雖有優越的能力來學習日語、美語、英語、西語、歐洲各種語言或北京語，但是絕對不能在歧視，監視，鞭笞，凌辱之下來學習任何語言，北京語也不能例外。那是褻瀆人性尊嚴，侵犯人權的大代誌！

　　現在，雖然大多數的台灣人是雙語人、三語人或N語人，但維護，發展攸關台灣民族的生命和尊嚴的「母語」，卻是當前急務。

【09】

爾講，吾不懂。

Ní kóng, ngó˙ put-tóng.

Ní kóng, ngó˙ put-tóng.

聽無啦！

　　用來刁侃對方，說，你講的話，我聽不懂。這個「不懂」可能是語言的隔閡，也可能是溝通不良。本句的文學形式取的是，台灣漢字音的北京語擬音。

　　已經半世紀了，隨國民黨政府撤退來台灣的大小官吏，以及大部分吃台灣水米長大的台灣中國人，鮮有願意學習或講說台灣話的。他們面對台灣話大多用「莫宰羊」來敷衍。❹這是世界上難

得一見的怪事，此一心態難道不比殖民地的侵略者更惡劣嗎？

　　不懂本地話的人，憑什麼資格要來服務本地的人民？

【10】

扠無貓仔毛。

Sa-bô niau-á-mn̂g.

Sā-bō niau-a-mn̂g.

難以了解。

　　用來自我解嘲，說，對方的談話或討論的問題太困難或太麻煩，宛如貓毛之多而細，無從把握。有謂，本句是「扲無寮仔門」的訛解。❺

【11】

臭耳人，聽加話。

Chhaù hīⁿ-lâng, thiaⁿ ke-oē.

Chhaú hīⁿ-lâng, thiāⁿ kē-oē.

曲解。

　　譏刺人，加油添醋地了解或傳述自己的話。把這個曲解者，刺成「臭耳人」；而他所聽到的是他自己「加」進去「臭耳」的話。

　　臭耳人：聽障者。

【12】

講到你識，嘴鬚拍結。

Kóng-kaù lí bat, chhuì-chhiu pah-kat.

Kong-kah lí bat, chhuí-chhiu pá-kat.

多費口舌。

　　用來諷刺對方覺識遲鈍，何必多言。意思是：這個問題太困

難，要說到你能明白，我的鬍鬚就要打結了──講的人也許不很
高明吧！雖然，語氣是那麼樣地有自信。

【13】

對風，講話。

Tuì hong, kóng-oē.

Tuí hong, kong-oē.

置之不理。

　　父母或長輩因不聽教訓的兒女後輩所發出失望的感嘆。這句
話包含著對不肖子弟不知感恩，拒絕寶貴訓勉的責備的意思。

【14】

耳孔，塞破布。

Hīⁿ-khang, that phoà-pò˙.

Hīⁿ-khang, that phoá-pò˙.

拒聽的怪招。

　　氣憤的父母，用來責備屢叫不應的子女。句裏，用來責罵的
表象是多麼不可思議：一個蓬頭垢面的少年郎，雙耳緊塞著髒又
臭的破布。

【15】

耳孔，互牛踏塌去。

Hīⁿ-khang, hō˙-gû tảh-lap-khì.

Hīⁿ-khang, hō˙-gû tā-lap-khì.

不聞不問。

　　用法和意思類似上一句。

　　但，這一次的罷聽，激發父母滾滾怒氣，斥罵他：腦袋是否

被牛蹄踏碎了，不然爲什麼不能回應！

　　素來，把上面這二句俗語，關聯在不聽教訓，品行不好的孩子上面來解釋。這樣了解是對的，不過，我們應該注意另一個重要問題：孩子們「聽覺」的健康！父母不可忘記，孩子聽障，不僅有先天，更有後天感染引起的。馬偕耳鼻喉科醫生林鴻淸表示：「近七十％到九十％的學齡兒童曾經罹患過的中耳炎，若未妥善治療，也有可能引發聽障。」(《自由時報》1998(2.7):43)所以，當我們有叫而不應的孩子的時候，不要老是往什麼不肖，什麼品性方面來氣惱，還是先細心注意，關心他們的「聽的健康」爲要。沒有問題的話，也要檢討一下，「呼叫」孩子的方式和態度等等問題。

　　毒罵子女「塞破布」，「牛碎腦」來凌辱人格，只能增加他們心靈的聽障；這同時是造成口孽來傷害罵者自己。以色列的智者規勸世人說：「懇切的話有如蜂蜜，使心靈愉快，筋骨健壯。」(《聖經‧箴言》16:24)

【16】

管，若米升。

Kóng, ná bí-chin.

Kóng, na bi-chin.

講有何用！

　　表達父母對於子女規勸無效的失望。句裏玩了一手「管」字的擬音雙關法：「管」[kóng]是通導器具，不能做爲「升」的用途來量米；似此，父母雖然有所「管」[kóng]（擬音「講」[kóng]），但是沒辦法達到「管」[koán]教的效果——其實，眞的要把「管」變成「量器」也不難，安上一個管底就是了；不過，要安這個「底」，還須要一點點耐心和方法。

【17】

這耳入，彼耳出。

Chit-hīⁿ ji̍p, hit-hīⁿ chhut.

Chit-hīⁿ ji̍p, hit-hīⁿ chhut.

馬耳東風。

　　老師用來責備不用心聽課的學生，父母怨嘆不理叮嚀再三的子女。句式用直述白描，來表示聽者，話入話出，話不留耳。

　　當然，這是一句氣話。認眞一想，要是子弟們把話句句留在耳中，記在腦筋，那會怎樣？結果可能比我們所能想像到的還慘！所以，遇到「這耳入，彼耳出」的子弟，先須稍安勿躁，然後引發信心，緊記：只要話語「有道」，那麼「道種」必然萌芽，生長，開花，結果。以色列的詩人就有這樣的信心，吟道：

> 那些流著眼淚攜帶種子出去的人，
>
> 必要歡呼快樂地抱著禾捆回來！

（《聖經・詩篇》126:6）

【18】

與君一夕話，勝讀十年書。

Ú-kun it-se̍k oā, sèng-tho̍k si̍p-liân su.

Ú-kun it-sek oā, séng-tho̍k se̍p-lēn su.

謝了，受教良多！

　　請益過後，用來恭維感謝對方的寶貴的指導或意見。句裏的修辭雖然是誇張，但在實際上是可能的；好多概念或訣竅不一定「讀十年書」可通，老師、專家，高手之重要性在此。理學家程頤說過這樣的話：「古人有言曰：『共君一席話，勝讀十年書。』若一日有所得，何止勝讀十年書耶？」（《程伊川語錄》）

【19】
好嘴好斗，去問著一個啞口。

Hó-chhuì hó-taú, khì mn̄g-tио̍h chi̍t-ê eⁿ-kaú.

Ho-chhuì ho-taú, khí-mn̄g-tiō chi̍t-ē eⁿ-kaú.

踢著鐵板。

　　用來發洩未得回應的怨氣：原來虛心下氣，「好嘴好斗」的問話，竟然遭到對方的白眼，眞是遇見「啞口！」

*　　好嘴好斗：好嘴也。此句暗示問話有「稱呼」，有「禮貌」，語詞淸晰可懂；正常的情形下，應該可以得到對方的回應。　啞口［eⁿ-kaú］：啞巴也。這裏指的，不一定是語障者，很可能是惱羞成怒地罵對方啞然不應。*

　　按常情而言，問話、問路、問問題，多是「好嘴好斗」的。在適當的時空，一定的情景之下，說要遇到或眞或假的「啞口」的機會實在不多。

　　至於「問路」，可能和民族性，年齡有關。現代的新人類三五成群，手持「地圖」、「旅遊手冊」，等等資料，邊走邊檢來自助遊覽，極少問路。其實，不論何人，只要多花一點點準備的工夫，都有足夠的，淸楚的資訊來避免問路的。——看來，問路這回事已經是古早人的代誌啦！

　　工作和生活上難免問話問事，所以應該把「問」當做「藝術」來學習，來實踐。檢討一下，自己是如何發問的：這一問是否必要，或是另有用意？問的態度優美嗎？像法官、特務、考官，或像什麼？語詞淸楚嗎？不淸楚的，有沒有先查一下辭典！聲調合適嗎？會不會太粗，太嬌，太三八？

　　至於，家庭裏的好問好答，秘訣可多了！

【20】

無名無姓，問鋤頭柄。

Bô-miâ bô-sìⁿ, m̄ng ti-thaû-pìⁿ.

Bō-miā bō-sìⁿ, m̄ng tī-thaū-pìⁿ.

老廢仔，來問咧…

　　用來責備沒有禮貌的少年郎，問話沒有稱呼，或喂喂喂，或亂叫一通。

　　無名無姓：問話沒有稱呼。特別是對師長，對前輩要注意敬稱。　問鋤頭柄：是說，沒有禮貌的人，去問鋤頭柄好了，看它會不會理你。　老廢仔：是「老歲仔」一詞的誤寫。請注意，此二詞都是粗話，對資深公民非常無禮，應該禁用。

　　乍聽我們的少年人，稱呼老人做「老廢仔」之時，心裏相當燴爽。爲甚麼看來滿面聰明俊秀，講話竟然「粗嘴野斗」，眞如中國人所謂的「沒有文化」。後來一想，悲從心生，我們的資深公民，被侮辱做「老廢仔」是言者無意，那是國民黨教育當局謀殺台灣人的母語的惡果；應該受到嚴格責備的，是國民黨的教育者；而我們可憐的第二三代，究竟也是被害者啊！

　　我們呼籲台灣的年靑人禁用「老廢仔」一詞，台灣話有豐富的尊稱，並非無話可用！例如：對七十歲左右的，稱呼「先生」、「太太」、「女士」，應該不會失禮。七十歲以上，而外表有老態的，再加上一個「老」字來稱呼；但是女的，則不宜冠上「老」字。至於，問者是靑少年，則用「阿伯啊」、「阿姆啊」，或「阿叔啊」、「阿嬸啊」來稱呼，都是很合適的。至於，用「喂喂喂」來亂叫的，是自貶爲野人，眞是不足爲訓。

　　另一個問題是，假如遇到了一個無禮又愚昧的人來問話時，

要如何是好？答案沒有一定的標準，我們抄引幾句《聖經·箴言》
的話供做參考：

　　　一句良言，使心歡喜。(12:25)

　　　回答柔和，使怒消退；言語暴戾，觸動怒氣。(15:1)

　　　口善應對，自覺喜樂；話合其時，何等美好。(15:23)

　　　不要跟愚昧人講道理，因為他不會重視你明智的話。(23:9)

　　　回答愚蠢的問題，等於跟愚蠢的人一樣愚蠢。(26:4)

　　　要用愚蠢人的話回答愚蠢人。(26:5a)

注釋

1. 林本元「台北人講台北話」《台北文物》(1957年5卷4期)，頁79。

2. 參看，「覘採」楊青矗《國台雙語辭典》，頁871。

3. 見，許成章「台灣諺語賞析(三)」《台灣文化》(1986年3期)，頁59。說「啞
   兒聽雷」，從字義上看是正確的，但一般流傳的「鴨仔聽雷」則有更美
   妙，更強烈的諷刺，同時是比較流行的寫法。

4. 莫宰羊：台語「唔知影」[m̄-chai-iáⁿ]的台灣外省人的發音。

5. 李仁智，認為「揳無寮仔門」比「扱無貓仔毛」來得貼切。因為人無緣無故
   去抓貓摸幹什麼？同時，舊時看守草寮的工人，半夜出寮方便，惺忪的
   眼睛摸不到寮門，因而用「揳無寮仔門」來譬喻「臨事摸不著門路，無從
   著手。」(參看，「台灣精諺」《自由時報》)這樣了解也頗有道理，然而「扱
   無貓仔毛」是通俗的用法。

脱線的行動

第二章

第一節　逍遙、急躁

本節分段：

逍遙自在01-05　習以爲然06-10　急躁壞事11-19

【01】

鳥仔，放出籠。

Chiáu-á, pàng-chhut láng.

Chiau-á, páng-chhut lang.

我自由了！

彤容人脫離束縛，獲得自由的歡喜快樂。句裏把自由人比擬做脫離樊籠的鳥，可以隨意飛翔。

做爲一個台灣人，面對這句俗語有非常深刻的感嘆：

從懂事以後，沒有經驗過眞正活在自由的國度，沒有清楚感覺到我是一個自由的國民。生逢日支戰爭，幼時常常眼見鄰近的叔叔們被送到南洋當日本的軍伕炮灰。不久，經驗到美機轟炸，畏懼過盟軍登陸台灣的威脅。之後，所謂「台灣光復」，看到趕上卡車迎向被屠殺的二二八鬥士。其後三十餘年間，年年有「反攻大陸」的緊張，有「中國攻台灣」的驚懼。此間，中國更是窮兇惡極地要滅絕我國生存的空間；擺起宗主國的嘴臉，文攻武嚇，滲透擾亂，要逼我投降。

窺探台灣歷史，我們害怕地看到一股頑強的力量在扭曲台灣人：似乎任何強權都可能宰制台灣，把台灣人民當做他們的主義、政策的祭牲。於是，英勇無援的台灣人，反抗鬥爭而走上獻

身爲烈士的祭壇，而被貪婪利己者和出賣台灣的奸人來褻瀆他們馨香的燔祭。這難道是台灣人的宿命嗎？爲甚麼百年來的歷史，一直在重演這齣悲劇？

奇怪的是，「聰明的」台灣人藐視「不自由毋寧死」，說她是狂人夢魘。台灣人的「有力者」相信在黑牢裏有辦法經商致富，能夠「保外就醫」，甚至「土遁」「尿遁」都可能，至少也有扮當獄卒的線民的機會。自由的地牢，嘻！

安啦！鳥仔，在鳥籠裏照常喙食、交尾、繁殖、唱歌、撲翅！

【02】

來無聲，去無影。

Laî bô-sia[n], khì bô-iá[n].

Laî bō-sia[n], khì bō-iá[n].

如來如去？

現代，用來調侃親密的朋友，來去自如；別人的家，比自己的「狗岫」更加溫暖自在。來，不必說「Hi！，我來了！」；去，也無須一聲「多謝！Bye-bye！」

舊時，用來責備整日無所事事，總是進進出出，來來去去的年輕子弟。言下之意是，要他多多待在家裏，做些有路用的代誌。

狗岫：狗竇也。台灣人認爲狗岫是溫暖舒適的窩，俗語說：「豬岫唔值著狗岫隱，狗岫燒滾滾。」

【03】

要東就東，要西就西。

Beh-tang chiū-tang, beh-sai chiū-sai.

Bé-tang chiū-tang, bé-sai chiū-sai.

任意遨遊。

　　舊時，有錢人家，得到父母寵愛的少年人，輕易如願地到處遊覽。這異於現代單身貴族，自力經生所創造的自由。

　　要東…要西：隨意地要往東就往東，要往西就往西；意思是說，自由自在，到處迌迌；這不是要求「東西物件」。

【04】

十二月風箏——猾到無尾。

Chȧp-jī goȧh hong-chhoe—siáu-kaù bô-boé.

Chȧp-jī goȧ hōng-chhoe— siau-kah bō-boé.

放逸的青春。

　　用來譏刺少年人，不理會傳統社會習俗的制約，按照新時代的自由思想來行動。這是一句很漂亮的俗語，用廠後式來表現：譬喻句「十二月風箏」喻指新潮派的行動，就像頑皮的孩子，不按時令，不怕寒冷，在十二月天，放風箏；解式句「猾到無尾」，雙關地說他們放肆不羈的行爲，就像飄潛入雲的風箏。

　　十二月…風箏：十二月不是放風箏的月份，九月才是，有俗語爲證：「九月風箏，滿天飛。」「九月九，風箏滿天吼。」和「九月風箏，猾到無尾！」等等。　猾：心意、精力、時間，集中來從事某種活動，例如，纏綿於(情愛)，熱衷於(趣味)，浸淫於(K書)等等。這裏用「猾」字，來發發神經病，做雙關的諷刺。　到無尾：無所止息。

【05】

悾氣，在人激。

Khong-khì, chaī-lâng kek.

Khōng-khì, chaī-lāng kek.

自由表現。

舊時，用來挪揄行動與衆不同，打扮，穿著或裝飾獨樹一幟的很有個性，極有影像效果的人物。這在舊時代是相當負面的說法，句裏暗批他「激悾」。

悾氣：外向而帶傻氣的性情。 *在人：隨意，按個人的喜好。*
激悾：裝瘋賣傻。

【06】

慣勢，成自然。

Koàn-sí, sêng chū-jiân.

Koán-sì, sēng chū-jên.

第二天性。

用法有二：一、莊重地，指出習慣有塑造個人行爲的影響力，使之成爲無意識的動作，並用以鼓勵人培養好習慣，克服壞習慣。二、詼諧地，回答對方的道歉，好像是說；「慣了，就好！」──順便刺他，出錯是你的習慣動作。

這句俗語以多種類似句，而廣泛地流傳著：例如，「少成則若性也，習慣若自然。」(《孔子家語·七十二弟子解》)，又見，《漢書·賈誼傳》和《紅樓夢》等等章回小說。

慣勢：習慣也。 *成自然：自動的，無意識的反應，表現於行爲或適應。*

這是一句現常用的，也是很容易被忽略的重要俗語。她正確地指出習慣的力量：習慣規範了人的行爲，使之成爲一種慣性的，無意識的動作。而慣性行爲久而久之，塑造了個性，也就是人的「第二天性」。衆所周知的，個性和命運息息相關，幾乎註定了個人的成敗禍福。

　　平淡的一句「慣勢，成自然！」好不令人畏懼！大凡社會規範所「稱許的行為」顯然地不是天生自然的！要做一個所謂「文明人」，自幼至老，莫不掙扎著在調整「先慣勢的自然」和「後慣勢的自然！」

　　對於嚴肅的人生，「慣勢，成自然！」是莫大的挑戰啊！

【07】

小和尚念經，有口無心。

Sió hoê-siūⁿ liām keng, iú khaú bû-sim.

Sio hoē-siūⁿ liām keng, iu khaú bū sim.

習慣：無心之心。

　　有新舊二種用法：一、新的，強調「慣勢」的重要性，反覆練習使之習慣以後，就能牢固記憶，造成有效的學習。❶二、舊的，譏刺人「有口無心」，待人虛偽，僅是一種口水招待，沒有善意的實際。──舊說，小和尚不懂艱澀的經文，而又道行不足，因而念起經來「有口無心」。語見，《格言諺語》。

　　我們覺得上面的「新用法」很有意思，反覆背誦，使文字銘刻於腦裏、心裏。我們很難預測儲存在頭腦，在心靈的「符號」，何時會釀造出相關的，或是超越的，或是更精純的概念──當然，孕育禍胎也頗有可能。

　　顯然，不是一切「習慣」的塑造都是好的；習慣要有所根本，有所規範。而先人提出來的規範是小和尚所念的「經」！經者，經典也，不論是儒道釋的經典，或是「古典」（classics）名著。這些「正派的」規範，正在影響著小君子、小道徒、小沙彌，來塑造其具有特色的人格。

【08】

捷見官唔畏，捷飲酒𣍐醉。

Chia̍p-kìⁿ-koaⁿ m̄-uì, chia̍p-lim-chiú m̄-chuì.

Chia̍p-kíⁿ-koaⁿ m̄-uì, chia̍p-līm-chiú m̄-chuì.

勾結乎？中毒乎？

　　用來諷刺，也舉出「習慣」的影響力。諷刺的是：說他不怕「見官」。爲甚麼不怕見官？句子暗示，他並不是地方大老，官吏的朋友，而是衙門的慣犯，牢獄的常客。譬喻是：捷見官衙大人，已經「慣勢，成自然」了。

　　這句俗語，在第二分句，指出人若頻頻接觸具有「影響力」的東西，而習慣以後，先前所感覺到的震撼力，好像就消逝了。例如，捷飲酒的「酒徒」。

　　捷：常常，頻繁。　見官：訟案、嫌犯、受審等等衙門的代誌；不是大官接見，或友誼的拜訪。　唔畏：不畏懼也。

【09】

師公哄死鬼，和尙唔畏佛。

Sai-kong háⁿ-sí kuí, hoê-siūⁿ m̄-uì pu̍t.

Saī-kong haⁿ-si kuí, hoē-siūⁿ m̄-uí pu̍t.

司空見慣。

　　是說，屬害的、偉大的人物見慣了，也就不覺得害怕或敬畏！句子用的譬喻是：師公常常接觸鬼神，也就膽敢向祂們作威作福，要驅鬼，要壓煞。和尙也是如此，只因常接觸了佛陀，也就失落了敬畏的心。

　　這句俗語的形式是同義正對，「師公」對「和尙」，都是宗教人；「哄死鬼」對「唔畏佛」都表示不畏懼，不敬畏。眞是對得工

整，也對出了深沉的爲人的軟弱。實在眞讚！

哄死鬼：把鬼嚇得要死，因爲道士要驅除祂們。　　唔畏：不怕，不敬畏。

看了這句俗語，我們想到孔子的一句話：「唯女子與小人爲難養也！近之則不孫，遠之則怨。」(《論語·陽貨》)師公之不怕鬼是可以理解的，不論是職業的勇氣或是「正邪」的相剋。但是，和尙要是眞的不畏佛的話，豈不是自貶爲難養的「小人」了？

接觸偉大的人格，愈久愈了解他，愈了解他，則愈尊敬他！鬼怪，有讓師公抓住「弱點」的地方，所以愈了解鬼怪，則愈不怕他。但是，佛陀是超凡入聖的偉人，沒有被那個和尙「看破腳手」的缺陷；所以不畏佛的和尙，實在是放逸驕縱，沒有「司空見慣」的理由來「唔畏佛！」

【10】

演武亭的雀鳥仔，唔驚鎗。

Ián-bú-têng ê chhek-chiáu-á, m̄-kiaⁿ chhèng.

Ian-bu-têng ē chhek-chiau-á, m̄ kiāⁿ-chhèng.

狼來了！

用來斷言，習慣會麻痺危機感，使人誤解危險是可以「習慣」而處之泰然的一回事。這個譬喻是說，「演武亭」上面的雀鳥，不因爲打靶而飛去。——實際上，演習的時候雀鳥仔被嚇飛了，過後再飛回亭上的。

人和動物都須要一定的安全距離，有此保障才有安全感，才有免於恐嚇的權利和自由；超越這個界限，即使沒有被飛彈打死，生命已經是受到威脅了。

人生在世的重要責任之一是：消滅任何危險的威脅，以建設

平安的生活！

【11】

食緊，摃破碗。

Chiȧh-kín, kòng-phoà oáⁿ.

Chiā-kín, kóng-phoá oáⁿ.

躁進的代價。

　　斷言欲速則不達，因爲要達到目的，都有一定的過程，都有按步就班的限制。本句，誇張地用急著吃飯的人太毛躁，而打破了飯碗爲譬喻。宋朝理學家有言：「事以急而敗者，十常七八。」

(楊時《二程粹言‧論事》)

【12】

車盤鷄母，生無卵。

Chhia-poâⁿ ke-bú, seⁿ bô-nñg.

Chhiā-poâⁿ kē-bú, sēⁿ bō-nñg.

滾石無苔。

　　譏刺人成性浮躁，喜歡與人爭吵，不能安於一事，而終於事事無成。譬喻是應用「車盤」的母鷄，生不了卵來比擬。

　　車盤：因爲意見相左，或是利害衝突，而爭執吵鬧。

【13】

靑狂豬仔，食無潘。

Chhiⁿ-kông ti-á, chiȧh-bô phun.

Chhīⁿ-kōng tī-á, chiā-bō phun.

盲衝之害。

　　用來諷刺行動猛浪躁進的人，恥笑他的一事無成宛如「靑狂」

的豬仔，吃不到「潘」。爲甚麼？因爲衝得太猛，推翻了盛潘的潘桶。可憐，豬和人有同樣的限制，「食緊，摃破碗！」

　　青狂：盲目猛衝。　　*潘：煮乾飯時籬出的米湯。農家用潘混合其他雜穀來養豬。*

【14】

青狂狗，食無屎。

Chhiⁿ-kông kaú, chiảh-bô saí.

Chhī-kōng kaú, chiā-bo saí.

用法和意思類似上一句。

　　爲甚麼牠食無屎？大概是狗太「青狂」，驚嚇了小主人，迫得他難以進行捨施吧。

【15】

猶狗，掙墓壙。

Siáu-kaú, chēng bōng-khòng.

Siau-kaú, chēng bōng-khòng.

另類的盜墓。

　　罵人的話。責備在大庭廣衆，眼中無人地自顧便利而猛衝的人。這句話把人罵得太離譜了：「掙墓壙」的狗！

　　狗：發瘋的狗。　　*狗掙墓壙：成群發瘋的野犬爲要吃死屍，發掘新近而埋得較淺的棺木，然後用犬體衝破它，來搶食腐肉。據說，此時群犬眼睛血紅，輪番一面衝棺，一面哀嚎，場面非常恐怖，人不敢近。*

【16】

穿雙領褲，要隨人走。

Chhēng siang-niá khò͘, beh toè-lâng chaú.

Chhēng siāng-nia khò˙, bé toé-lāng chaú.

忙於私奔！

　　用來諷刺行動慌張，以致於態度乖異，衣著不整的人。句子的意思是：穿了這麼多褲子，是急著要跟人私奔嗎？古人多戒慌張，如宋呂祖謙所說的：「天下之事，成於懼，而敗於忽。」(《東萊集》卷一)按此說，「穿雙領褲」的人，一定是私奔不了啦！

　　穿雙領褲：急於逃走，沒有時間裝扮，只好重穿一件外褲。　隨人走：私奔也。

【17】

未曾燒香，先拍折佛手。

Boē-chēng sio-hiuⁿ, seng phah-tñg pu̍t-chhiú.

Boē-chēng siō-hiuⁿ, sēng phá-tñg pu̍t-chhiú.

敗事有餘。

　　嘲笑人，莽莽撞撞，弄糟了重要的事，而未能達到最後的目的。本句是用白描，將這個莽撞漢描寫成，未曾燒香拜佛，就先弄壞了莊嚴的佛像。顯然，這個香客忘記了孔夫子的教訓，聖人說：「無欲速，無見小利；欲速則不達，見小利則大事不成！」(《論語·子路》)

　　拍折：打斷。　佛手：廣義地指神像的手，不一定是三寶佛像。

【18】

平時毋燒香，急時抱佛腳。

Pêng-sî m̄ sio-hiuⁿ, kip-sî phō Pu̍t-kha.

Pēng-sî m̄ siō-hiuⁿ, kip-sî phō Pu̍t-kha.

效果可疑！

　　用來諷刺人，平時散慢，不願準備，臨陣馬虎磨槍應急，其

結果如何不想可知。

　　抱佛腳：張雲龍在「典故小品」說，「抱佛腳」一詞首見於唐孟郊詩：「垂老抱佛腳，敎妻讀黃庭。」意思是：垂老而懺悔平生過失。又引張世南撰《游宦記聞》：「雲南之南一番國，專尚釋敎，有犯罪應誅者，捕之急，趨往寺中，抱佛腳悔過，便赦其罪。今諺云：『閑時不燒香，急來抱佛腳。』乃番僧之語流於中國也。」(《中央日報》1995(7.9):5)

【19】

魏延，車倒七星燈。

Guī Iân, chhia-tó chhit-chhiⁿ-teng.

Guī Iân, chhiā to chhit chhiⁿ teng.

用法和意思類似上一句。

　　但是，本句應用了家喻戶曉的故事來譬喻人妄動壞事。故事是這樣的：一日孔明昏倒於地，醒來自知命在旦夕，於是應姜維的建議，在帳中祈禳北斗。說，七日內主燈不滅，則可延命一紀；若燈滅，必死。於是：

> 孔明在帳中祈禳以及六夜，見主燈明亮，心中甚喜。姜維入帳，正見孔明披髮仗劍，步罡踏斗，鎮壓將星。忽聽得寨外呐喊方欲令人出問，魏延飛步入告曰：「魏兵至矣！」延腳步急，竟將主燈撲滅。孔明棄劍而嘆曰：「死生有命，不可得而禳也。」(《三國誌演義》第103回)

　　魏延：第三世紀(?-234)，蜀漢的將領，以勇猛聞名，屢升爲征西大將軍。孔明死後，和楊儀爭權，兵敗被儀所殺。魏延撲滅七星燈是小說家之言。但是，「魏延」因此成爲「莽漢」的代名詞。　車倒：意外地撞倒，打翻(物件)。　七星：北斗七星也。在道教信仰中她們被神化爲「神君」，鑒察人的道德生活，以決定人的壽數，此所以孔明祈

禳七星以求延命。　　七星燈：七星的斗燈也。祈禳時，用「斗燈」來象徵天上的星斗。

注釋

1. 參看，邱冠福《南台灣的俚諺探討》，頁147。該句的原來注解是：「反覆練習，才能助長記憶。」這種見解符合教育心理學的理論和實際，給這句俗諺以新的意義，真讚！

第二節　遲鈍、過時

本節分段：

懶散遲鈍01-07　　爲時已遲08-14　　誤時之害15-23

【01】

水，流破布。

Chuí, laû phoà-pò͘.

Chuí, laū phoá-pò͘.

隨處擱留。

　　舊時父母常用來斥罵行動懶散的子女，例如，他好奇地隨處停下來聽人家開講，或是插上一腳來談天。先人觀察入微，將如此散漫的人，譬喻做圳溝裏被緩慢的流水帶著走的破布，它可能擱淺在葦檨裏，迴盪在旋渦中，留逮在閘前，或被吸進涵洞。眞像啊，這樣的比擬！雖然，把一個好孩子類比做「破布」，心裏總覺得難過。

【02】

歹戲，拖棚。

Phaiⁿ-hì, thoa-pîⁿ.

Phaiⁿ-hì, thoā-pîⁿ.

笨手笨腳。

　　責備人做事笨拙緩慢，應該很快就能做好的事，老是拖拉遷延，宛如演技差的伶人，劇齣散慢，演不出氣氛來。

　　歹戲：不上道的伶人。戲，舊稱戲子，戲劇人員也。　　拖棚：遲

遲未能開鑼，難得開演，但接下來的又是幕幕冷場。棚，原是野台戲的板搭戲台，喻指戲齣。

拖，人之惡疾大病，它謀殺時間，搶奪青春，破壞工作行事，製造失敗的苦果。拖，腐化積極的人生觀，紛亂生活的韻律，沖壞人際間良好的互動關係。拖有百害而無一用，除非貪官污吏的「拖字訣」──鼓勵人「提前」[錢]來辦。

拖的毛病一籮筐，毋庸詳述，但應該特別小心在意拖的連鎖效應：「拖崩一切」和「拚命衝趕」。現代人的生活，時間和工作都是環環緊扣的，鬆脫了其中一環，整個工作進程將散亂難行，有時並非拚命趕工所能補救的，何況又有不少潛在的危險隱伏在匆忙趕快，例如，趕吃，趕路，開快車，別說趕出個不吉利，就是逼出消化不良，食而不知其味，或趕出一身臭汗，都是何苦來哉？

面對拖的毛病，緊急要做的是斬斷拖垮的連鎖，騰出較長的假日來償還累積的「拖欠」。劉墉常給他善拖的學生講這麼一個故事：

> 記得我有一次看學生在體育館的地上搭骨牌，幾萬張骨牌。一張張小心排列好，再等到展示那天，撥倒一塊，看成片的骨牌紛紛躺下。
>
> 學生們每排一段距離，就隔幾塊不排，讓它空著。我好奇的問：「為甚麼不一次排好？」
>
> 「不能一次排好。」學生說：「否則可能排好百分之九十，不小心弄倒一張，只有全倒了。所以只有在演出之前，才把關鍵的排滿。」

又對他們說：

> 你們不是會在排骨牌的時候，留個保險的空間嗎？那麼，

把放假的時間留下來，別貪著去玩。讓惡性的骨牌效應，到此爲止。❶

【03】

腳緊，手呣緊。

Kha kín, chhiú m̄-kín.

Kha kín, chhiú m̄-kín.

慢鈍有理。

戲謔地用這句話來回答對方的催促。例如，有人急著說：「拜託，卡緊咧！」那時，可能聽到的回答是：「腳緊？手呣緊！」。這裏玩了「腳緊」擬音「卡緊」的雙關詞，並且幽默地把快不來說是因爲「手呣緊！」

腳緊：卡緊也。快！快一點！ 手呣緊：手中有事做，快不來的。

【04】

無工，做細粿。

Bô kang, chò sè-koé.

Bō kang, chó sé-koé.

忙碌的真象。

用來嘲笑人，不會善用時間來處理事務，嘴裏老是喊著忙忙，忙得不可開交，但是手裏總是做一些不必要的，費時費力的代誌。本句，把這種忙人比擬做不識時務的人，沒有閒功夫又要做「細粿」。

無工：沒有時間，忙也。 細粿：細小的紅龜粿。做小紅龜比做大紅龜費時。

【05】

尻川，卡壯城門。

Kha-chhng, khah chòng siaⁿ-mn̂g.

Khā-chhng, khá chóng siaⁿ-mn̂g.

安坐不動。

　　譏刺沒有時間觀念的訪者，他一坐就是大半天。先人鄙夷這種人的「尻川」像笨重的城門，安坐閒適，有話，罔講罔聽；沒話，飲茶噗烟，也能自得其樂。

　　尻川：屁股也。　　卡壯城門：比城門更加牢固安穩。

　　（參看，「面皮，卡厚城門。」218.03）

【06】

荏牛，厚屎尿。

Lám-gû, kaū saí-jiō.

Lam-gû, kaū sai-jiō.

所以是荏牛。

　　舊時父母用來責備很會找藉口來逃避做家事或工作的小孩——他整天無所事事，要他幫忙的時候毛病就多了。把這種孩子譬喻做：多便溺的軟弱牛仔，用來發洩父母親的無奈！

　　荏：軟弱無力。　　厚屎尿：喻指毛病多，藉口多；厚，頻繁，這裏不指「厚度」。

【07】

慢牛過溪，厚屎尿。

Bān-gû koè-khe, kaū saí-jiō.

Bân-gû koé-khe, kaū sai-jiō.

用法和意思類似上一句。

　　看到這句俗語，眼睛一亮，心花朵朵盛開，憶起讀國小那幾年的暑假，阿母常帶我去三省庄阿姨的家迌迌。有一次，臨行我發覺忘了攜帶磨得非常鋒利的士林牛角刀，自製的彈弓和小圓石袋，等等，打野外的行當，就說：

　　「阿母，等咧！」

　　「啥代？…慢牛過溪，厚屎尿。」阿母取笑我是慢牛。

　　「安呢講，緊牛過溪，著緊放尿？……」我直覺地反駁她。

　　「囡仔人…」阿母說著，滿面歡喜，顯出很滿意，很欣賞的樣子。如今，久隔天人，但永記阿母說這幾句話時的音容。啊，我的阿母！

【08】

生米，煮熟飯。

Chhiⁿ-bí, chú sek-pn̄g.

Chhīⁿ-bí, chu sek-pn̄g.

晚了？完啦！

　　用來斷言為時已晚，時過境遷，要恢復先前的狀態已經是萬萬不可能的了。而這樣的改變是用米成飯為譬喻的。言下之意是，要對方接受既成的事實，不要癡想其他的可能性。

　　（參看，「米成飯，則講唔。」226.03）

【09】

火過，則炰芋。

Hoé-koè, chiah pû-ō͘.

Hoé-koè, chiá pū-ō͘.

已經降溫了。

　　責備人不及時乘勢做事，等到有利於工作的條件都消失了，

才要開始工作。當然，熱度不夠的炭灰是不能刨芋的。

火過：熄火，或降到常溫的火柴、火炭、火灰等等。　刨：食物（芋、蕃藷、栗子、鷄鴨，等等）掩埋在燙熱的火灰中來燜熟。

【10】

要嫁，則縛腳。

Beh-kè, chiah pàk-kha.

Bé-kè, chiá pàk-kha.

嫁不出去囉！

譏刺人極重要的事未能趁早辦理，到了最後一秒鐘，要趕著辦已經來不及了。用來嘲笑的譬喻是天足小姐，出嫁前夕才要纏足。顯然，是太晚了。正如元曲所唱：「船到江心補漏遲！」（關漢卿《救風塵》）

縛腳：纏足也。起源於五代南唐，李後主命其宮女用帛纏足，舞於金蓮之中。不過，此前中國人可能認為女人小足為美。宋代以後，開始由宮中傳到民間；到了明朝，成為社會地位的記號。清朝雖曾禁止纏足，但卻是纏足最瘋狂的時代，女人沒有纏足，也就嫁不出去了。❷

說到「縛腳」，筆者頗有感觸：

我家雖非務農，但是在二次大戰中，卻曾種有一區蕃藷。每次和先慈扛水肥去蕃藷園，她總要感謝上帝：為了她有一雙健康有力的天足，今天才能夠扛肥挑水——先慈誕生在清代，曾經纏了幾天腳，在痛不欲生之時，外祖母一家信耶穌教，聽受英國宣教師的規勸而解開纏足，因此雙足得救，終身感激。

那麼，為甚麼清朝禁止女人纏足，而中國人卻反而更加熱烈來實行纏足呢？是否「反清復明」的意識在作祟？是的話，中國人

「反今復古」的弊病實在是為害深遠了！君不見，鄭成功把一切投入「反清復明」，在台灣毫無建設。似此，蔣介石說要「反攻大陸」，因此沒有好好地建設台灣！──迷信政治意識形態，而藐視人民的幸福者，難逃敗亡的命運。

【11】

上轎，則縛腳。

Chiūⁿ-kiō, chiah pa̍k-kha.

Chiūⁿ-kiō, chiá pa̍k-kha.

用法和意思類似於上句。

> 上轎：出嫁也，坐花轎出閣。

【12】

屎緊，則要開屎礐。

Saí-kín, chiah-beh khui saí-ha̍k.

Saí-kín, chiá-bé khuī sai-ha̍k.

遲得太難看了！

　　昔時的父母用來責備平時不準備，到時候才拚命趕工補救的少年人。這個譬喻也是用得非常粗陋又誇張的：內急的時候，才想要開毛坑。古人有言：「猶渴而掘井，鬥而鑄兵，不亦晚乎？」

(《素問》)

【13】

上轎，則縛腳；屎緊，則要開屎礐。

Chiūⁿ-kiō, chiah pa̍k-kha; saí-kín, chiah-beh khui saí-ha̍k.

Chiūⁿ-kiō, chiá pa̍k-kha; saí-kín, chiá-bé khuī sai-ha̍k.

用法和意思類似於上句。

　　實際應用時，幾乎沒有用上全句的，而是前後分句獨立使用。

【14】

人來則掃地，人去則煎茶。

Lâng-laî chiah saù-tè, lâng-khì chiah choaⁿ-tê.

Lāng-laî chiá saú-tè, lāng-khì chiá choāⁿ-tê.

遲來的禮貌。

　　這是賢明的阿母給戇查某囝的隨機教育。

【15】

慢牛，食濁水。

Bān-gû, chiah lô-chuí.

Ban-gû, chiā lō-chuí.

落伍者的刑罰。

　　用來勉勵人，動作要敏捷；遲鈍的話，事事不利。譬如那走得快的水牛，喝得到清淨的水，姍姍來遲的，只好飲下混含泥漿的濁水了。

【16】

慢鈍，搶無份。

Bān-tūn, chhiúⁿ bô-hūn.

Bān-tūn, chhiuⁿ bō-hūn.

用法和意思類似於上一句。

　　慢鈍：行動遲鈍。　　搶無份：搶不到東西，沾不到利益。

【17】

做鬼，嘛搶無食。

Chò kuí, mā chhiúⁿ-bô chiảh.

Chó kuí, mā chhiuⁿ-bō chiā.

用法和意思類似於上一句。

　　這句俗語有個民間信仰背景：七月大開地獄門，千萬餓鬼周游四處，搶吃善男信女普度的供物。因爲祭物有限，動作慢的餓鬼，也就搶不到食物了。

【18】

鹽到，鮭餲。

Iâm kaù, kê aù.

Iâm kaù, kê aù.

太遲了！

　　用來警戒人，說，需要的東西一定要及早準備好，否則臨急一定壞事。譬喻是：「鮭」已齊備，但遲遲得不到食鹽，等到有了鹽巴，鮭也已經腐臭了。

　　鮭：重鹽漬成的小海產，例如，珠螺鮭等。

　　（參看，「家己擔鮭，呵咾芳。」17.17）

【19】

過關，送文憑。

Koè koan, sàng bûn-pîn.

Koé koan, sáng būn-pîn.

提「前」來辦！

　　諷刺沒有預先準備，到時手忙腳亂，成不了事。譬喻是：人已經到了關卡，才要辦理出境證。這當然是太遲了。

　　看了這句俗語，使我聯想到一段故事：話說，玄奘大師西行取經，未知何故，並未辦妥文憑護照，就辛辛苦苦行到甘肅武

威。當地都督李大亮聞報:「有僧從長安來,欲向西國,不知何意?」大驚,心雖敬佩取經大願,無奈盛唐「行人往來,皆有公文」,於是只好把身無文憑的玄奘逼回長安。

不知經過多久,玄奘大師得到河西慧威法師義助,把大師「竊送西向」,從此,只好「晝伏夜行,不敢公出。」繼續西行到甘肅安西,此時政府的「訪牒」也到,上寫「有僧字玄奘,欲入西番蕃,所在洲縣,宜嚴候捉!」可憐的大師竟然成爲到處捉拿的通緝犯。

最後,幸有州吏李昌的理解,同情和尊重,偷偷撕去捉拿玄奘的文牒,而得以繼續西行取經。❸

專制統治下,人民的出國困難重重古今皆然。其原因,據傳統的說法是:各級有關官員爲要鼓勵旅行的人,趕快「提前」[錢]辦理的緣故!

【20】

賊去,則關門。

Chhåt khì, chiah koeⁿ-mng.

Chhåt khì, chiah koēⁿ-mng.

以防再來!

指責沒有隨時注意防範危險,而遭受到損失。用失竊後才關門,譬喻來不及預防,沒有適時的行動。

【21】

出山了,請醫生。

Chhut-soaⁿ liáu, chhiáⁿ i-seng.

Chhut-soāⁿ liáu, chhiaⁿ ī-seng.

入土爲安吧!

斥責散慢敷衍，壞了重要大事的人。暴躁地說：病人都已經死了，埋葬了，請醫生幹嗎？本句，也有接「火過了，則烳芋」（22.09）來做為第二分句的。

【22】

米成飯，則講唔。

Bí chiân-pn̄g, chiah-kóng m̄.

Bí chiāⁿ-pn̄g, chiá-kong m̄.

太晚了！

　　責備人沒有事先做周詳的考慮，以致於後悔莫及。

　　米成飯：喻指既成的事實。字面的意思是：生米已經煮成熟飯。　則講唔：才說不要。

　　（釋義，見226.03）

【23】

水潑落地，難得收。

Chuí phoah-lȯh tē, lân-tit siu.

Chuí phoá-lō tē, lān-tit siu.

空費心力。

　　令人後悔的事已經發生，補救無門，如水入地。《增廣昔時賢文》有言：「成事莫說，覆水難收。」

　　典故：據《拾遺記》：「太公望初娶馬氏，讀書不事產馬求去。太公封齊，馬求再合，太公取水一盆傾於地，令婦收水，惟得其泥，太公曰：『若能離更合，覆水定難收。』這是最早的故事，但最有名的卻是朱買臣「馬前潑水」的戲劇。❹

注釋

1. 劉墉「掌握時間的骨牌」《中央日報》1995(3.31):4.

2. 詳見，徐秉愉「正位於內：傳統社會的婦女」《吾土吾民》(台北：聯經出版社，1982)，頁177。

3. 參看，梁丹丰「違法旅行的玄奘」《中央日報》1995(4.21):4.

4. 引自，馮作民《增廣昔時賢文[譯注]》(台北：偉正書局，1987)，頁98。

第三節　膨風、敢死

本節分段：

【01】

膨風龜，食豆餡。

Phòng-hong ku, chia̍h taū-ā".

Phóng-hōng ku, chiā taū-ā".

屁龜的糧食。

　　用來譏刺吹牛者吸收的是一些不實的資訊，虛謊的思想，以致於言行誇張，臭屁肆放。句裏的譬喻是說，這一隻「膨風龜」吃了不容易消化，而又容易產生瓦斯的「豆餡」，來指出他變成屁龜的所以然！❶

　　膨風龜：吹牛仔也，喜歡吹牛的小人物；龜，有鄙小之意。膨風，也寫做「凸風」。　豆餡：包在紅龜粿裏面豆料的餡子；民間相傳，豆成風，是製屁的最佳原料。

【02】

膨風龜，無底蒂。

Phòng-hong ku, bô té-tì.

Phóng-hōng ku, bō té-tì.

但有龜殼。

　　嚴肅地斷言膨風的人不會有根底。爲甚麼？因爲這種人注重

表面工夫，從來不做根本的努力和建設，求的是急功近利，正如仿製盜版「王國」都是短命的集團。

無底蒂：空虛不實也，字面是缺乏基礎和根本。例如，不學無術的「專家」，計劃要惡性倒閉的大商行等等。

【03】

膨風龜，擋無久。

Phòng-hong ku, tòng-bô kú.

Phóng-hōng ku, tóng-bō kú.

龜腳難收。

斷言膨風的人不久自會露出「龜腳」，揭穿虛華的僞裝，顯露其醜相。

擋無久：維持不久也，是說虛張的聲勢，吹捧起來的面子，維持不了多久，自會消逝。

【04】

褪褲，圍海。

Thǹg khò˙, uî-haí.

Thńg khò˙, uī-haí.

大膽圍海。

用法有二：一、用來譏刺不知量力而爲的人，其好大喜功有如「褪褲，圍海」，旣徒勞又難看。二、用做警語，戒人不可虛浮，做事要務實，因爲能力、財力、時間等等都有限制。這個譬喻很妙，那是完全把褲子的根本作用和限制，放在狂人的幻想的世界，由此製造出對於「膨風龜」的諷刺。

褪褲：脫掉褲子。 圍海：包圍海洋。

【05】

半桶屎，擔得泄。

Poàⁿ-tháng saí, taⁿ-teh choah.

Poáⁿ-thang saí, tāⁿ-té choah.

膨風龜的資本。

　　譏刺沒有實力的人都喜歡賣弄，而他這樣做只能自暴其短，獻醜示眾。譬喻是，挑半桶水肥的農夫，因為桶輕而搖擺，把桶裏的水肥盪激而溢出桶外。孔夫子說：「君子病無能焉，不病人之不己知也。」(《論語·衛靈公》)膨風龜「擔得泄」的宣傳方式，又能製造多少「己知」？

　　擔得泄：挑著的(流體物)溢出來；泄，因為搖動而溢出。

【06】

無穿褲，喊大步。

Bô chhēng-khò͘, hoah toā-pō͘.

Bō chhēng-khò͘, hoá toā-pō͘.

忘我的呼喊。

　　形容不知量力，而喜歡空談大計劃，大作為的人。這種人，先人將之比擬做穿著開襠褲，還在學步的小孩，叫著要邁開大步行走。❷

　　無穿褲：其實，穿的是「開腳褲仔」(開襠褲)，喻指小孩子；字面是沒有穿褲子。

【07】

膨風水蛙，刣無肉。

Phòng-hong chuí-ke, thaî bô-bah.

Phóng-hōng chuí-ke, thaī bō-bah.

原來如此！

　　用來譏刺沒有實力，缺乏本錢的吹牛者，他宛如一隻皮包骨的青蛙，滿腹空虛，只裝空氣。

　　無肉：取不出肉來吃，形容非常瘦小。

【08】

膨風無底，蕃藷隨斤買。

Phòng-hong bô-té, han-chî suî-kin bé.

Phóng-hong bō-té, hān-chî suī-kīn-bé.

實力一斤！

　　譏刺自吹有錢，但實際上是甲級貧民。君不見，這個膨風龜，連最便宜的糧食，蕃藷，也只能夠分梯次買一斤半斤的。

　　無底：不實在，沒有本錢。　隨斤買：每次買一斤。舊時，蕃藷是粗俗的食物，只能買一斤的，一定是窮漢無疑。

【09】

膨風龜，行路看身軀。

Phòng-hong ku, kiâⁿ-lō· khoàⁿ sin-khu.

Phóng-hōng ku, kiāⁿ-lō· khoáⁿ sēng-khu.

自我欣賞。

　　嘲諷膨風龜行路的樣態：他走起路來，不是往前看，而是往自己的身上瞧，注意看自己穿的戴的，惟恐得不到行人的注目禮。

【10】

便所蠟燭──臭火。

Piān-só· la̍h-chek──chhaù-hoé.

Pēn-só· lā-chek──chhaú-hoé.

無名火氣。

　　罵人的話。刺人一派自大，惡炎炙人，其實是小人一個，沒有什麼了不起。他的這種氣勢，被比擬做廁所裏的燭光：黯淡而又有臭味。這句厥後語，實際應用時，只用單一分句，而以「臭火！」較爲常用。

　　臭火：沒來由的火氣，粗陋的派頭；跟物件燒焦的臭味無關。

【11】

進頭香。

Chìn thaû-hiuⁿ.

Chíⁿ thaū-hiuⁿ.

虔誠的濫用。

　　譏刺人凡事要佔第一，出風頭，來製造自己的名與利，而這種動作就用民俗中的「進頭香」來形容。

　　進頭香：元旦開廟門，第一個上香拜神的行動。台灣民間相信，在大年初一最重要的行事是拜神。尤其是搶在眾香客之先，入廟上香的，將可求得神的特別眷顧。每年這天大清早，有許多虔誠的信徒擠在廟門，等候門一開，立即搶進頭香。據悉，因爭進頭香而大打出手的時有發生，不過近來有不少廟宇爲避免搶進頭香的紛爭掃興，而開門前已由廟方自行上香。但是，還有許多廟宇保持進頭香的古俗，例如，台北市的行天宮。（→《自由時報》1998(1.29):3）

【12】

豬屎籃，捾出來品捧。

Ti-saí-nâ, koāⁿ-chhut-laî phín-phóng.

Tī-sai-nâ, koāⁿ-chhut-laī phin-phóng.

最後的展示。

用來譏刺人死愛面子，炫耀粗俗的東西的舉動。先人把這種行動鄙夷做「豬屎籃」大展。

豬屎籃：盛豬屎的小竹籃也，舊時豬是放牧的，「撿豬屎」的人手拎此籃以裝豬屎。 揞：拎著（物件）。 品捧：貶義的指個人驕傲地展示（物品等等）。

【13】

唔成鷄仔，閣放五色屎。

M̄-chiâⁿ ke-á, koh pàng ngó͘-sek saí.

M̄-chiāⁿ kē-á, kó páng ngó͘-sek saí.

特異功夫。

譏刺不自量力的小角色，誇示自己的技能。可憐，這個小人物和他所展示的被鄙夷做「唔成鷄仔」和「五色屎」！——對這隻「唔成鷄仔」而言，「五色屎」已經是大師級的特異功夫了。當然，諷刺也就產生在這個節骨眼。

唔成鷄仔：軟弱的小鷄仔。 閣：又要，指沒有能力而又要做超力量的事情。 五色屎：喻指不堪入目的事物（作品、表演，等等）。

【14】

臭柑仔，排面攤。

Chhaù kam-á, paî bīn-than.

Chhaú kām-á, paī bīn-than.

丟入資源回收桶吧！

用來罵人沒有自知之明，能力不足，身份卑微，而又喜歡出風頭，當先鋒。例如，攝團體照要擠進第一排，宴會要坐上貴賓席或上位。這一類的動作，先人說是如同愚昧的水果小販，在一籠好柑橘的最上層，擺著爛柑來示衆。

（參看，「浸水蠔，排面攤。」244.03）

【15】

坐轎無人知，騎馬卡搖擺。

Chē-kiō bô-lâng chai, khiâ-bé khah hiā-pai.

Chē-kiō bō-lāng chai, khiā-bé khá hiā-pai.

另類的下馬威。

　　舊時用來諷刺性喜顯耀官威的文官，或愛展示威風的富人。騎馬是武官的常事，而一般文官或富豪是坐轎的。先人把棄轎騎馬的人說是刻意招搖。這句俗語的造句工整，採取異義對偶句式：「坐轎」對「騎馬」，「無人知」對「卡搖擺」，而「知」和「擺」的[-ai]韻也對得整齊好聽。

　　搖擺：展示氣勢派頭，耀武揚威也。

【16】

知你腳細，則要夯起來弄。

Chai lí kha-sè, chiah-beh giâ-khí-laî lāng.

Chaī lí kha-sè, chiá-bé giā-khí-laī lāng.

展寶？

　　譏刺展示自以為美麗或珍貴的物件。譬喻是用舊時婦女纏足為背景：某小姐足下裹成三寸金蓮，因不甘埋沒金足，於是高高地舉起來向「大腳婆」的姊妹們示威。

【17】

閒人閃開，老人要展威。

Êng-lâng siám-khui, laū-lâng beh tián-ui.

Ēng-lâng siam-khui, laū-lâng bé tén-ui.

老牛展春草？

　　用來揶揄喜歡在大庭廣衆耍一手功夫的老人。句子說要觀衆讓個場地，以便老英雄來展示威風。

　　展威：示威也，如孔雀開屏。　老牛展春草：老牛的展威。這是一句很可愛的台灣俗語，本書卷一有釋義（→124.23）。

【18】

有的唔講，無的假品捧。

Ū--ê m̄-kóng, bô--ê ké phín-phóng.

Ū--è m̄-kóng, bô--è ke phin-phóng.

空器巨響也。

　　恥笑「無的」人，性喜無聊的誇口或展示粗俗的物件或平庸的技能，而那些眞正「有的」人卻保持沈默。

　　有的：指擁有實力，智識，珍寶等等價值的人。　無的：「有的」反義詞。　唔講：不說，不吹，不做聲。　假品捧：缺乏品捧的條件；品捧，見23.12。

【19】

破雨傘──興展。

Phoà hō͘-soàⁿ──hèng-tián.

Phoá hō͘-soàⁿ──héng-tén.

獻醜了！

　　譏刺敝帚自珍的人，在展示著他的「無價之寶」。本句，「展」字，用得很妙：所「展示」的寶貝，「展開」一看，竟然是一枝破雨傘。

　　興展：熱衷於誇耀展示。

【20】

敢放屁，唔敢做屁主。

Káⁿ pàng-phuì, m̄-káⁿ chò phuì-chú.

Kaⁿ páng-phuì, m̄-kaⁿ chó phuí-chú.

食屁者。

　　用來批評，無的放矢踴躍，亂彈的意見特多，說話不算話的人。先人把這種人譏刺做：「放屁」敢，做「屁主」不敢——啊，稀奇古怪的名詞，「屁主！」

　　屁主：放瓦斯的「主人」，「主犯」。

【21】

敢死驚做鬼，敢做匏杓驚滾泔燙。

Káⁿ-sí kiaⁿ chò-kuí, káⁿ choè pû-hia kiaⁿ kún-ám thǹg.

Kaⁿ-sí kiāⁿ chó-kuí, kaⁿ-chó pū-hia khiāⁿ kun-ám thǹg.

敢的真面目。

　　諷刺寡廉鮮恥，做秀勇往直前，而真正要行動時就趕快逃避的人。本句的諷刺都放在「矛盾」上面：害怕做鬼而「敢死」，懼怕滾泔燙傷而「敢做匏杓」。

　　敢死：有二義，厚臉皮也，勇敢也。　做鬼：台灣民間相信，人死為鬼。　匏杓：用老熟的匏仔裁半為杓。舊時廚房取滾湯的器具。　泔：米湯也。

　　看了先人提起匏杓「驚滾泔燙」，心裏產生莫名的恐懼，腦海裏浮現出四十多年前的一幅景像：鄰居有個七八歲的小男孩，攀倒了一坩剛煮好的滾糜。他嚴重地燙傷，下半身的表皮紅腫爛熟，大水泡處處，躺在大香蕉葉上哀哼。家人用「茶仔油」混合「桐油」來敷塗他的傷處。醫了好久，才算沒事。

　　我們應該知道，我國兒童燙傷的案例頻多。而家人臨急當頭大多不知所措，有的給燙傷的抹醬油，有的塗凡士靈，有的敷草

藥等等，不一而足。結果使傷勢惡化，也有因此而不治的。

於是，我國「兒童燙傷基金會」引進國外的新觀念，敎人燙傷急救五步驟：沖、脫、泡、蓋、送。據說，經此急救而後立即送醫的，救了好多燙傷兒童的性命。（→《中央日報》1994(2.14):6）

嘻，菀杓怕燙，何況血肉之軀？共勉吧，安全第一，避燙爲先！

【22】

胡蠅，舞屎杯。

Hô͘-sîn, bú saí-poe.

Hō͘-sîn, bu sai-poe.

蚍蜉撼樹。

用來恥笑人做事不自量力，想憑藉微小的能力來做大事，來改變不可能改變的事實。其結果不但徒勞無功，又是難看出醜。譬喻是用逐臭的「胡蠅」想要舞動「屎杯」。對啦，這句俗語使我們聯想到韓愈的名句：「蚍蜉撼大樹，可笑不自量。」(《調張籍》)眞是異曲同工，但本句的生動、幽默、諷刺尤勝韓句太多了！

　　屎杯：本詞注解，見16.18。　　舞：舞動，舞弄。

背景：在那農村人人踞屎礐(毛廁)的時代，每到夏天，大小蒼蠅，特別是大號「金頭胡蠅」，熱烈光顧大礐。亂丟在四圍的屎杯更是沾滿著胡蠅，牠們來來往往，認眞吸取營養。群蠅如此集中精神，專力鑽營，仍然未能搬動屎杯。先人一看，憤世疾俗之心大動，創造出「胡蠅，舞屎杯」來譏刺膽大妄爲的人。

【23】

田嬰，扶石頭。

Chhân-in, hû chioh-thaû.

Chhān-iⁿ, hū chiō-thaû.

用法和意思類似上一句。

　　軟弱又細小的田嬰是沒有力量，也沒有理由扶石頭的，要是有朝一日突發精神病要誓死一試，結果是力盡而亡。先人以此為譬喻來諷刺。

　　田嬰：蜻蜓也。

【24】

牛屎龜，撐石枋。

Gû-saí ku, thèⁿ chioh-pang.

Gū-sai ku, théⁿ chiō-pang.

用法和意思類似上一句。

　　撐石枋的牛屎龜和扶石頭的田嬰，乃是狂妄的同志。

　　牛屎龜：糞堆的硬殼甲蟲。

　　背景：早期的屎礐仔極其簡陋，只在地面挖個坑，再放置兩塊石版，茅草隨便搭圍一下便算了事。裏邊不但有屎礐仔蟲，石板縫也會出現「牛屎龜」在石縫中鑽動，看起來就像要把石板撐起來一樣。❸

　　（參看，「扱無屎，損死牛屎龜。」215.13）

【25】

軟人，要企硬地。

Nńg-lâng, beh-khiā ngī-tē.

Nng-lâng, bé-khiā ngī-tē.

另類的死豬鎮砧。

　　用來譏刺那軟弱無能的人，滿有自信地強佔著重要的位置。這樣，對於「軟人」和他們所做的事工都有根本的損害，因為「硬

地」承載著大部分的重量，那不是無能的人所能支持的，可預見的結果是崩盤！

軟人：喻指智識和能力不足的人。　企：立也，指佔據。　硬地：喻指重要的職位；字面是，堅硬的地面。

【26】

草人打火——自身難保。

Chhaú-lâng phah-hoé——chū-sin lân-pó.

Chhau-lâng phá-hoé——chū-sin lān-pó.

如油添火！

　　真是大膽妄爲！抱薪救火不但自身難保，而且助長火勢，顯然增加災害。這種「草人」式的誤用愛心和勇敢的行動，是應該加以嚴禁的。從文學表象看來，「草人打火」是很美妙的想像：曾幾何時站在稻田中央的草人，意識到自己驚鳥的能力已經喪失，於是不惜冒險患難，赴湯蹈火來擔當起救火的先鋒。

【27】

唔知路，夯頭旗。

M̄-chai lō͘, giâ thaû-kî.

M̄-chaī lō͘, giā thaū-kî.

眼障的嚮導。

　　譏刺無知，愛出風頭，凡事要扮演「領袖」的人。本句用的是白描，直述「夯頭旗」的，是一個不識路的人。

夯頭旗：隊伍前導撐隊旗的人。

【28】

無肝無胘，食一把膽。

Bô-koaⁿ bô-kiān, chiȧh chȧt-pe táⁿ.

Bō-koaⁿ bō-kēn, chiā chȧt-pe táⁿ.

所謂戆膽。

　　恥笑有膽無識的人。句裏指出這個人「無肝無胘」，原是胸無城府，不會權謀術數的人；他唯一的依憑是，一個膽囊。

　　無肝無胘：喻指心機單純。字面是指鷄鴨的肝和胘；胘是胃囊，家禽消化器官之一。　食：依靠，依賴。例如，「做人是食一點氣，無俗伊拚燴用得。」

【29】

給個祖公，借膽。

Kā in chó·-kong, chioh táⁿ.

Kā īn cho·-kong, chió táⁿ.

大膽小子！

　　斥罵小人物大膽的侵犯或侮辱。語氣帶著意外的驚嘆：想不到這個小子竟然如此妄動，莫非借用他的「祖公」的膽量？——暗罵「死人膽！」

　　祖公：祖先，死人也。

【30】

乞食，講仙話。

Khit-chiȧh, kóng sian-oē.

Khit-chiā, kong sēn-oē.

大言不慚。

　　譏刺小人物撒大謊。本句說，這個「丐食」幻想自己是「仙人」，大膽地說起「仙話」來——警告人，當明辨是非，不要聽信乞食假仙的亂彈！爲甚麼把「丐食」和「仙人」相提並論呢？據民間

傳說，神仙有時化身爲骯髒襤褸的乞丐。

講仙話：無稽之談或謊言。

【31】

乞食，閣飼貓。

Khit-chia̍h, koh chhī-niau.

Khit-chiā, koh chhī-niau.

捉野鼠吧！

恥笑人的行動不適合身份。譏刺者認爲：貓是家鼠的剋星，乞食無家藏鼠，何須養貓？何況乞食自顧無暇，那來養貓的餘糧呢？

看到這句俗語，令我感覺我們台灣人對於「乞食」一類的「艱苦人」，欺負，侮辱的多，給與了解，同情，溫暖的少。爲甚麼連飼貓也受批評？難道養貓來做伴，來捉借宿的荒野破廟的野鼠，不可以嗎？

君不見，人家德國的乞食，不少養有健美的狼犬者：廣場街角坐忘入定的乞者，身旁躺著懶洋洋的大犬；乞牌明示：「我和愛犬斷糧，請幫助！」說來叫人感動，這類「乞食，閣飼狼犬」的，德國大眾不但沒有恥笑他們，而大有駐足來欣賞，來撫摸那隻深有「生命共同體意識」的忠犬。同時，他和牠也得到比較多的鎳幣。

我們是怎樣對待窮苦人的？值得三思。

【32】

乞食，開藝妲。

Khit-chia̍h, khai gē-toàⁿ.

Khit-chiā, khaī gē-toàⁿ.

身份不合。

　　譏剌人做了不配身份的事。本句的意思是：窮乞丐異想天開，買春於藝妓！這不但是譏剌乞丐沒有本錢，而且也恥笑他身份卑賤，不配如此。

　　開：嫖娼也。　藝妲：藝妓也，所謂比較高級的，藝色雙修的娼女。

　　（參看，「日本藝妲——大色。」221.06）

【33】

乞食，弄拐仔花。

Khit-chiah, lāng koái-á-hoe.

Khit-chiā, lāng koai-a-hoe.

樂而忘憂？

　　譏剌窮苦人，做了任何表示歡喜，或是慶賀任何大小成就的行動。用來恥笑的表象是：把歡喜快樂的行動，鄙視做乞丐已經飽足飯囊，歡天喜地在耍弄著他的打狗棒！怪了，難道窮人一天二十四小時都必要愁眉苦臉嗎？

　　弄拐仔花：如軍樂隊的指揮者，在行進時揮動指揮棒一般地弄他的乞棒。

【34】

乞食飼花眉，羅漢飼細姨。

Khit-chiah chhī hoe-bî, lô·-hàn chhī sè-î.

Khit-chiā chhī hoē-bî, lô·-hàn chhī sé-î.

真有辦法！

　　恥笑窮漢的艷遇。舊頭腦無法想像乞食和羅漢也會談戀愛，鬧緋聞，演婚變。這句俗語的諷刺就是建立在所有認為不應該

的，不可能的事，竟然都一一發生了。

　　飼：養也，畜也。　　花眉：情婦也。原是鳥名，身黃褐色，眼目上有一道白眉，色驚艷，聲漂亮。　　羅漢：羅漢腳也。貧苦，流浪的單身男人。　　細姨：小妾也。

　　（參看，「紅柿出頭，羅漢腳目屎流。」131.40）

【35】

剃頭的，飼花眉。

Thih-thaû--ê, chhī hoe-bî.

Thí-thaû--ê, chhī hoē-bî.

用法和意思類似上一句。

　　在日本據台之前，社會職業階層分爲上下九流，❹而「剃頭的」行業屬於下九流，因此，他們被認爲是不配「飼花眉」的一群。這樣說來，先人的道德世界，所謂上九流以上的人好像就有資格「飼花眉」，「開藝妲」，「飼細姨」，而又「弄拐仔花」囉？眞是豈有此理！

【36】

大舌興講話，跛腳興踢球。

Toā-chih hèng kóng-oē, paí-kha hèng that-kiû.

Toā-chī héng kong-oē, pai-kha héng that-kiû.

不知藏拙。

　　譏刺妄顧自己的弱點，而偏偏要張揚它的人。所用的譬喻是：多話的卻患「大舌」，愛踢足球的但是足障。顯然，先人是不敢想像大舌的能變成名嘴，殘障的人有機會參加運動大會。實際上，本句俗語分開應用爲多。

　　大舌：口吃。

（參看，「大舌，興啼。」11.16）

【37】

瞌眯的興博杯，跛腳的興跳童。

Chhīⁿ-mî--ê hèng poàh-poe, paí-kha--ê hèng thiàu-tâng.

Chhīⁿ-mî--è héng poā-poe, pai-kha--è héng thiáu-tâng.

用法和意思類似上一句。

　　盲人「博杯」，難免伏地來摸索杯珓而久久不得，叫人笑話；跛腳「跳童」，原就寸步萬分艱難，疲軟無勁，叫他如何跳神發揮？然而，諷刺的面目原是如此。

　　博杯：擲杯，問神意。　　跳童：乩童跳神。

【38】

隱龜的拋車輪，食力兼歹看。

Ún-ku--ê pha-chhia-lin, chiàh-làt kiam phaíⁿ-khoàⁿ.

Un-ku--è phā-chhiā-lin, chiā-làt kiām phaiⁿ-khoàⁿ.

用法和意思類似上一句。

　　本句字面的意思是：駝背的人翻跟斗，既費力又難看。

　　隱龜：駝背的人。　　拋車輪：翻跟斗。　　食力：（行動）費力；（病情、傷勢、災害）嚴重。　　歹看：難看，丟臉也。

【39】

敢，快做媽；悾，快做公。

Káⁿ, khoài chò-má; khong, khoài chò-kong.

Káⁿ, khoái chó-má; khong, khoái chó-kong.

「成功」的訣竅。

　　用來調侃人憑著厚臉皮，或幾分儍氣而爭得令人羨慕的結果或利益。句裏用「敢」和「悾」表示條件，而用快做「公」、「媽」來泛

指所要達到的目的。實際上，單句的「敢，快做媽」較爲常用。那麼，爲甚麼「敢」和「悾」如此有效呢？看透此二字的民間用法，也就了然其厲害了。

敢：民間用法是愚勇的堅持和堅厚臉皮的綜合；無關捨身取義之勇敢。 *悾*：裝瘋賣傻，不痛不癢，表面上也不知計較利害；這裏不當做傻瓜或癲瘋解釋。 *媽：阿媽，祖母也。* *公：阿公，祖父也。*

可能的背景：雖然我們注解說，句子裏的快做公媽是「泛指所要達到的目的」，但爲甚麼用做媽和做公來做表徵呢？做公做媽，和敢與悾何關？這個問題，讓我們從台灣人的生活情景來推測吧。

舊時十七八歲的小姐，要去捧人家的飯碗，來治家敎子，侍奉翁姑，來給夫家添丁發財，實在難如登天，眞是勞苦又麻煩的代誌，非「敢」字出頭是萬萬走不出深閨，離不開娘家的。也只有在這個「敢」字，才可望做母做媽。所以說「敢，快做媽！」

那麼，「悾，快做公」呢？舊時，「阿公」的條件是：甘願給子孫當牛做馬。公和子孫是生命的共同體，具有「永生」的連鎖關聯；沒有「悾」的精神，如何堅定這種神聖的香火關係呢？據說，阿公唯一的快樂和安慰，便是忘我地熱心扮演著「子孫牛」的時候。

（「敢」的別解，參看223.11）

【40】

死唔敢，逐項攏敢。

Sí m̄-káⁿ, ta̍k-hāng lóng-káⁿ.

Sí m̄-káⁿ, ta̍k-hāng long-káⁿ.

有所不敢。

　　譏刺全方位的皮小姐或皮先生。句裏可愛的地方在於，無所不敢之下，突然冒出有所不敢，有所不爲：「死唔敢！」

　　死唔敢：死貧道的，一概免談。

【41】
敢死，唔驚無鬼通做。

Káⁿ-sí, m̄-kiaⁿ bô-kuí thang-choè.

Kaⁿ-sí, m̄-kiāⁿ bō-kuí thāng-chò.

一皮無難事。

　　斷言「敢死」是成就萬事的意志和有效的行動。句裏的說做鬼，是目的，而「敢死」是其手段。請注意，這句用的是反諷的修辭式，給「敢死」無情的譏刺。

　　敢死：不要臉之極致也（→23.39; 223.11）。

　　衆所周知的，「敢死」非但不是一切，而且常常是毀壞性命的醜陋又殘忍的行爲。這點可證諸以「華航」的空安問題，近日(1998.2.16)華航676班機失事的檢討聲中，我們看到：

> 　　民航界人士經常指出，華航的飛行員過去大都是由軍方轉任，軍中文化氣息濃厚，不少空軍出身的機師，憑著藝高人膽大，不遵守飛航規定，使得飛安意外不斷。

> 　　民航界人士就直率指出，開軍機戰鬥必需「視死如歸」，但駕駛民航機，乘客動則上百，千萬不能有這樣的想法，人應該是「安全第一」，任何一個飛航程序，都須要確實遵守，而華航的駕駛中可能仍存在太多軍方的飛航理念……（《自由時報》1998(2.19):3)

　　從上面這二段話我們可以看出，「敢死」的不足爲訓。勇敢不是賭命，而是善於保護全體生命的安全，以及忠實遵守安全的法

則。

看「華航」的空難，想先人的這句諺語，我們還能容忍「敢死」的人來搞飛機，要政治嗎？

【42】

新婦，教大家轉臍。

Sin-pū, kà ta-ke tńg-chaî.

Sīn-pū, ká tā-ke tńg-chaî.

聞道有先後！

諷刺經驗少的人，缺乏自知之明，但憑「敢」字，要來指教同行的老手。譬喻是用「新婦」這個新手，指教「大家」這個老經驗者，如何「轉臍」。

轉臍：割斷並處理臍帶。

【43】

關老爺面前，弄大刀。

Koan-ló-iâ bīn-chêng, lāng toā-to.

Koān-lo-iâ bīn-chêng, lāng toā-to.

班門弄斧。

用法有正反：一、諷刺人不知強中更有強中手，在能人面前努力地獻醜漏氣。二、用做自謙的客氣話，是說，在濟濟專家之前，鄙人所知有限，力有未逮，敬請指教。

關老爺：民間對關羽的尊稱之一。 大刀：按小說家所說的，關羽使的是「青龍偃月刀，又名冷艷鋸，重八十二斤。」（《三國演義》1回）它就是關老爺出入萬軍如無人之境的大刀，是過五關斬六將的兵器。

【44】

無柴，也敢允人煠牛卵。

Bô-chhâ, iā-ká^n ín-lâng sáh gû-lān.

Bō chhâ, iā-ka^n in-lâng sā gū-lān.

空頭支票。

　　用法有二：一、恥笑人隨意答應，但沒有能力完成允諾。二、當做警語，戒勿輕易應許，而答應的事一定要在能力範圍裏面。在字面上，我們無須知道一隻新鮮的「牛卵」有多大多重，但沒有足夠的柴薪，就是一粒鷄蛋也「煠」不了。

　　允人：答應人（做某件事，給與某物）。　　*煠：用高溫滾水來煮（如煠鷄蛋，煠碗筷等等）；煮，是中溫煮到爛熟。*　　*牛卵：公牛的生殖器官。*

【45】

面仔青青，也敢允人三斗血。

Bīn-á chhi^n-chhi^n, iā-ká^n ín-lâng sa^n-taú hoeh.

Bīn-á chhī^n-chhi^n, iā-ka^n in-lâng sā^n-tau hoeh.

可憐的血牛。

　　用法和意思類似上一句。

　　眞是不敢想像，三斗血豈是一個「面仔青青」的貧血者所能供應的？當知，一個人的血液總量只有體重的7.7%，假設這位青面先生體重70公斤的話，也只不過有5-5.4公升的血液而已。❺要輸出三斗血，何處來哉？

　　面仔青青：瘦小的臉龐，泛浮著失血的青筋白肉。

　　看到這句「允人三斗血」的俗語，難免聯想到我國的「血牛」。在這種行業要走入歷史之前，我們來回顧有關的小點滴：

——現在，「血牛」的行業情形如何？

相當沒落，幾乎絕跡。主要的原因是因爲目前我國捐血中心供血平穩無缺，又有愛滋病毒陰影籠罩。

——以往「血牛」出入最繁的醫院是那一個？有多少「血牛」？

台大醫院。在六十年代，約有3,000人。

——一個「血牛」的供血量多少？每月捐幾次？有價供血報酬如何？

一次可捐出500cc.，每個月可捐二十次。這樣的話，在六十年代，1cc.四元計，一個月可得四萬元，在那時是不錯的收入。

——現在「血牛」捐血的一般情形怎樣？

因爲院方對於「血牛」捐血的規定嚴格，捐血次數減少，所以有價供血的案例消失。

——若緊急須要鮮血時，怎麼辦？

以台大醫院爲例，在1994年四月，解散「血牛」，而由院內的260多位醫護人員組成捐血隊來應急。(→《中國時報》1994(9.12)：7)

【46】

無彼號尻川，也敢食彼號瀉藥。

Bô hit-hō kha-chhng, ia-káⁿ chiah hit-hō sià-ioh.
Bō hit-hō khā-chhng, iā-kaⁿ chiā hit-hō siá-ioh.
切莫透支。

　　用來譏刺也用來警戒：千萬不要做超過自己的能力的代誌，沒有足夠的能力，不可冒充內行或貪圖要職。這宛如猛瀉的藥劑，不是體質虛弱的人所能服用的。句子是用「尻川」和「瀉藥」的關係做譬喻——叫人會心一笑的是：先人頗耽心那個「尻川」軟弱的人，吞下了猛烈的瀉藥，該當如何是好啊？一瀉千里的慘重災

情，就是國際紅十字會也是無法救援的呀。

彼號…彼號：表示對稱的，或對比的關係的句式。例如：「棚頂
有彼號人，棚腳也有彼號人。」（→114.10）彼號，那一種（性質，種
類）的物件。　　瀉藥：通便的藥劑。

【47】

𣍐互人幹，閣要討沙魚劍。

Boē hō͘-lâng-kàn, koh-beh thó soa-hî-kiàm.
Boē hō͘-lāng-kàn, koh-bé tho soā-hī-kiàm.

賣命的童乩。

斥罵沒有能力而又極其敢死，佔據要職，搞特權，鬧詭計，
打太極的人。用來做譏刺的表象是，法力不足，而又要用「沙魚
劍」來表演破童的童乩。先人對此類惡黨忍無可忍，只好異口同
聲操出「𣍐互人幹！」來發洩心裏的憤怒——但願這句極粗陋的
話，沒有應用的機會。

𣍐互人幹：無能至極！字面是，沒有性行為能力的人。　閣要
討：（童乩）又想要操演（刀、劍、刺球，等等法器）。　沙魚劍：劍鯊
的頭部突出的牙質鋸狀物，約有三寸寬，二尺長，鋸齒相當鋒利，非
老練的童乩不敢隨便操使。

看到這句俗語，請不要只是停留在批評先人「粗嘴野斗」的修
養問題上面，而應該注意人民操聲處處的社會到底發生了什麼。

當今，人權至上，民主自由的時代，應該沒有「𣍐互人幹！」
的特權存在的空間；有的話，豈不是專制獨裁的幽靈未散？然
而，我們的國家就是還有這種陰魂存在，例如「華航！」它自從
1980年十八年以來，共發生八次重大飛安事件，近四年內就有二
次大空難，害死466人；肇禍主因是特權作祟，人謀不臧。（→《自

由時報》1998(2.18):3)它危害國家社會，所造成的大災難，哀傷的人民，能不大操「𣍐互人幹」嗎？

操，不得已也。人民眼見社會不義，還能夠裝聾作啞的話，也就完了。發聾振啞，來救台灣，此其時也！

【48】

企三年藥店櫃頭，道要做大先生。

Khiā saⁿ-nî ioh-tiàm kuī-thaû, tō-beh chò toā-sian-siⁿ.

Khiā sāⁿ-nī iō-tiám kuī-thaû, tō-bé chó toā-sēn-siⁿ.

當密醫行嗎？

用來恥笑「敢死」的人，對某一門技藝還沾不上邊，就要當起大師或專家來。譬喻是：當了三年的漢藥店「抓藥生」兼工友，搖身變成華陀再世的大國手。顯然，這種華陀，連當密醫都不夠資格呢！

企…藥店櫃頭：抓藥生也，按照漢醫師開的藥單來抓藥，平時無事站在漢藥店必有的大櫃旁，零零碎碎地聽了一些漢藥的藥性、症狀，唸些「湯頭歌訣」。 三年：指學師仔的期限未滿，它至少要三年四個月。 道要：(程度、條件未足)就要(做某事，當某職)。 大先生：全方位的醫生。

【49】

掠貓仔過龜山，著展你會曉討海。

Liah niau-á koè Ku-soaⁿ, tioh-tián lí ē-hiáu thó-haí.

Liā niāu-á koé Kū-soaⁿ, tiō-tén lí ē-hiau tho-haí.

連貓販仔都不夠格！

譏刺把自己的小經驗，小功夫做了無限誇大的人。譬喻是發生在宜蘭，有一位吹牛先生把「搭漁船」宣傳做會「討海」的軼聞。

　　據說：有人受託帶一隻貓，要送到宜蘭外海的龜山島給親人。這位先生就搭漁船過海，完成轉交任務。此君回宜蘭以後，就大吹牛皮，說自己已經學成「討海」的功夫。❻

　　龜山：龜山島。位於宜蘭外海，屬於頭城鎮，離鎮東11.8公里。該島面積有2.841平方公里，因形似浮龜而得名。島上最高點海拔401公尺，僅有一個百餘戶的漁民村。本島人著名討海，有綺麗的「龜山朝日」。❼　展：吹噓也。　　討海：在海上捕魚討生活也。這是一種艱苦又危險，須要體力和知識的工作。

【50】

埋無三個死囡仔，道想要做土公頭。

Taî bô saⁿ-ê sí-gín-á, tō siūⁿ beh　chò thó͘-kong-thaû.

Taī bō sāⁿ-ē si-gín-á, tō siūⁿ bé-chó tho͘-kōng-thaû.

用法和意思類似於上一句。

　　但，本句是用埋不了幾個「死囡仔」來比對「土公頭」，以突顯出妄自尊大，自命大師傅的狂傲。

　　埋無三個死囡仔：喻指缺乏經驗和專業知識的人。字面上言，這種人連「準土公」都不夠資格，因為「埋死囡仔」，不費周章，沒有什麼訣竅。　　土公頭：是土公的領班，老師父級的人物，是埋死人的專家，有豐富的葬事的經驗和知識；土公，扛棺柴，埋葬死人的工人。

【51】

癩痧，食鵲鷄——存辦死。

Thaí-ko, chiȧh chhio-ke—chhūn-pān sí.

Thai-ko, chiā chhiō-ke—chhūn-pān sí.

掠狂了！

　　諷刺人做事不考慮利害得失，不顧慮後果如何，一味憑著匹

夫之勇，魯莽而爲。譬喻是：「癩痟，食鵤雞。」民間相信，「鵤雞」生毒火，豈是所謂「癩痟」病的人所能享用的？於是認爲「存辦死」是其必然的結果。

癩痟：痲瘋病也。發生在亞非，南美，太平洋群島等濕熱地帶。這種古老的頑疾，損害皮膚和末梢神經，致使眼鼻手足變形或脫落。　鵤雞：成熟未閹的公雞。　存辦死：決心冒死而爲。

【52】

四兩硝藥，攻砲台。

Sì-niú siau-io̍h, kong phaù-taî.

Sí-niu siaū-iō, kōng phaú-taî.

蚊仔，叮牛角。

做事不自量力而爲，愚昧地以有限的能力要來投機取巧，貪婪地以詐騙的手段要來犯案，其結果不問可知。這種做法，被先人比擬做窮兵黷武，充當炮灰的行動，哀哉！正是古人所謂的：「敗莫敗於不自知！」(《呂氏春秋·自知》)

四兩：形容(物資、物件)極少；人物(卑微)。例如，「四兩人，講半斤話。」(15.13)；「四兩盞仔，無除。」(235.11)　硝藥：火藥也。　炮台：置有大砲的軍事要塞，駐有重兵。

注釋

1. 本句，吳瀛濤注解做：「凸風龜(吹牛大王)。滑稽句。做餅時，包餡的外皮給吹破，只好給吹牛的人吃。」(《台灣諺語》，頁67)按此解釋則無異於說，吹牛大王吃破餅；這是缺乏台灣人的生活經驗和台灣話的用法

的根據。筆者認爲，從膨風龜爲屁龜仔和吃豆餡放臭屁的語言和生活背景來做解釋，可能比較妥當。

2. 本句，按吳瀛濤注解說：「沒有實力，卻喜出風頭。」(《台灣諺語》，頁178)

3. 引自林文平有關本句的注解，見「台灣精諺」《自由時報》。

4. 所謂「上九流」是被認爲和士農工商同等，或更高的社會階級；它們是：師爺、醫生、畫工、地理師、卜卦、相命、和尚、司公、琴師。而「下九流」係指遭受一般人民輕視的職業階層，有：娼女、優伶、巫者、樂人、牽豬哥、剃頭、僕婢、掠龍、土公。(詳見、片崗巖《台灣風俗誌》台北：大立出版社，1981，頁146–149)

5. 見，"Blut." *dtv–Lexikon.* 2:306.

6. 引自陳健銘有關本句的解說，見「台灣精諺」《自由時報》。

7. 參看，陳正祥《台灣地名辭典》(台北：南天書局，1993)，頁321。

第四節　僞裝、假仙

本節分段：

僞裝做作01-06　虛情假意07-10　假裝斯文11-18
裝扮老實19-25　虛張聲勢26-33　揭穿面具34-36

【01】

無奶，假病囝。

Bô leng, ké pīⁿ-kiáⁿ.

Bō leng, ke pīⁿ-kiáⁿ.

高難度的假動作。

　　嘲笑人用假動作或僞裝來轉移別人的注意力，以求掩蓋自己的弱點或缺陷。本句是說：一個缺乏母奶來哺乳嬰兒的母親，假裝產後不久又懷了孕，因爲「病囝」得很重，所以「無奶！」

　　無奶：乳水不足以哺嬰兒。　病囝：害喜也，懷孕初期，身體有不同程度的惡心嘔吐，飲食不思等等反應。

　　這句俗語眞奇妙，每次想到都禁不住地笑了起來。心想，假頭疼，假肚痛容易，假病囝假得了嗎？愈想愈不懂，到底「病囝」是什麼一回事啊。於是，翻了幾本台灣民俗書，都說，病囝會有嘔吐感，病囝愛吃「鹹酸甜！」等等。我也憶起了小時候聽過，哼過的「病囝歌」：

　　　正月算來囉，桃花開，娘今病囝無人知。

　　　君今問娘囉，愛食什麼？

　　　愛食梨山世紀梨。

愛食我來去買。

你買互我吃？

噯喲俺某喂！

二月算來囉，田草青，娘今病囝面青青。

君今問娘囉，愛食什麼？

愛食枝尾桃仔青。

愛食我來去買。

你買互我吃？

噯喲俺某喂！

⋯⋯❶

這歌詞唱的，不像病囝吧！倒有幾分像愛吃「鹹酸甜」的新婚曲。

　　假如，病囝就像唱的那樣，應該不難做假。我想真要掩飾「無奶」的「假病囝」，不能沒有嚴重的症狀。於是，看了漢醫資料，在「胎產」門，豁然看到「病囝」一詞，共有四類，僅舉最常見的一類的症狀於下：

　　　妊娠二個月左右，出現不同程度的反應，如胸悶不舒，惡
　　　心嘔吐，惡聞食氣，食入即吐，頭重目眩──嚴重的，迅
　　　速消瘦，或誘發其他疾病。…脾胃虛弱的，胃悶腹漲，嘔
　　　吐不能食，口淡無味，倦怠，嗜酸辣食物，時吐清涎。❷

　　啊，不簡單。真病囝不好玩，假病囝不好演！單要裝「時吐清涎」這一特技，非得好來塢苦練三年四個月的話，難以迫真。為甚麼要「無奶，假病囝」？我不懂！

【02】

扱著錢，假行無路。

Khioh-tio̍h chîⁿ, ké kiâⁿ-bô lō͘.

Khió-tiō chîⁿ, ke kiāⁿ-bō lō͘.

衙門何在？

掩蓋獲得橫財或意外利益的假動作，用來轉移人的注意力，以避免麻煩，確保財利。顯然，句中人是意圖侵占人家遺失的錢，他放出來的烟霧是「假行無路」。這樣一來，衙門，派出所就不存在囉！

行無路：迷路了。可能在原地踏步走吧。

俗語說：「一樣米飼百樣人。」(111.20)拾獲錢而清楚知道派出所何在的，大有人在。今天看到一則令人感動的報導：三月初一，台北市有二位遊民拾獲上萬元，他們餓著肚子送交派出所招領。其中一位，難爲情地向警員借一百元來吃飯坐車。二人都拒絕三成的酬庸，回答是：「這是我應該做的。」(→《自由時報》1998(3.2):6)

多麼高興啊，我看到了故鄉的夜空，出現了漫舞的螢火蟲！

【03】

扱著銀，假苦。

Khioh-tio̍h gîn, ké khó͘.

Khió-tiō gîn, ke khó͘.

用法和意思類似上一句。

假苦：假裝身體痛苦，愁眉苦臉，哀哼呻吟不絕。

不過，「假苦」這種貪小利的伎倆，在今天已經是落伍了，因爲演來相當難看又辛苦，難得現代人所採用。據悉代之者，是「假喜」；一般人失利，商人虧本的時候，都要熱烈表演「假喜」一番。例如，台商到中國投資，據說十有七八虧本，但愈是血本無

歸的，愈是要力演「假喜」，笑顏逐開的說，「不錯，市場大，我再投資了數十億……」

為甚麼失利虧損卻要假喜呢？據說是，見不得人好，「牽龜落湳」一起沈沒，一律「平等」。此外，又據說，大大的「假喜」，大大的亂吹新設大廠，新闢大分公司，等等，才能保住信用，方便借貸，防範債主臨門討債，進而暗留惡性倒閉的後路。

嘻，財利當頭，假動作紛紛出籠。假苦，假喜，都是社會的亂源。

【04】

大腳，假細鞋。

Toā-kha, ké sè-ê.

Toā-kha, ke sé-ê.

削足適履。

譏刺人為了愛美，愛時髦，而刻苦己身來順應流行的美觀。例如，九寸長的天足腳板，為了要被人看「小」，心裏發橫，咬緊牙關，把大腳強塞進六寸大的皮鞋。

大腳：沒有纏過的腳，天足也。　細鞋：小弓鞋，纏足的女人所穿的小鞋子。

啊，是誰「規定」三寸腳就是金蓮，就是美？就算是美，那麼，愛美原該如此的不自然，如此的痛苦受罪嗎？女性主義者說，非也！那是大男性主義者性變態的殘跡，是父權社會的遺毒，是女人不自覺的婢性作祟。

且不論愛美的「病理」，就以我們已經有夠漂亮的女同胞，急著要去補骨隆鼻，修尖蛋臉，注膠凸乳，割脂縮腰，補肉肥臀，接骨增高，等等節目來看「大腳，假細鞋」，乃是五十步笑百步

也。顯然，千百年來婢女文化陰魂未散！

這句俗語提醒我們，愛美，不要愛壞了身體；愛美，不要盲從流行——美，應該是主體覺悟「眞實」的獨特風格的展現！

（參看，「知你腳細，則要夯起來弄。」23.16）

【05】

水蛙生尾——假龜。

Chuí-ke siⁿ boé—ké ku.

Chui-ke sīⁿ boé—ke ku.

假怪啦！

用來調侃凡事喜歡做假的人。靑蛙王國裏，不須要「水蛙生尾」來冒充烏龜；蛙龜各從其類，誰不屬誰。事實上，水蛙早已從蝌蚪「斷尾」成蛙，擁有完全的主權，自主的人民，是個滿有尊嚴的民主蛙國。那些想要「生尾」的蛙奸，終必自害，墜落成非蛙非龜的異類。

假龜：假裝成烏龜也，喻指假不了。例如，看穿了假動作，可說：「嬡俗我得假龜假鱉，在下是行仔內的！」 ❸

【06】

斬尾狗——假鹿。

Chám-boé kaú—ké lȯk.

Cham-boe kaú—ke lȯk.

用法和意思類似上一句。

按先人這句話來推論，他們是反對人類以所謂「審美」爲藉口，或以「貪婪」爲動機，來斬斷狗尾巴的。這句俗語，攻訐了虛假，同時反映著「綠」的光輝。

【07】

假死蟯鯉，當狗蟻。

Ké-sí lâ-lí, tng kaú-hiā.

Ke-si lā-lí, tng kau-hiā.

虛偽的真象。

　　用來譏刺逃避工作而裝病，掩蓋事情真象而裝做不知，內心奸惡而裝做善良的人。比擬這種偽裝的形像是「假死蟯鯉」：它為要吃足螞蟻，而裝死詐降，張開所有的鱗甲，散發可惡的「屍臭」來誘捕勇於逐臭的螞蟻。等到千萬雄兵入鱗，蟯鯉隨即緊閉鱗片，困住蟻兵，然後逍遙自在地享受獵物。

　　蟯鯉：鯪鯉，穿山甲也，也叫做食蟻獸。我國的蟯鯉屬於迷你型的，大型的長可1.8公尺，重25公斤。牠沒有牙齒，但有銳利的前足來發掘蟲巢蟻穴，有極長的尖舌和黏涎來捕食螞蟻及他類昆蟲。顯然，「假死」並非蟯鯉覓食的主要手段。　當：設局用計誘捕，例如，當鳥仔。　狗蟻：螞蟻也。

【08】

假死蟯鯉，食死狗蟻。

Ké-sí lâ-lí, chia̍h sí-kaú-hiā.

Ke-si lā-lí, chia si-kau-hiā.

用法和意思類似上一句。

　　上一句的重點放在「當」的詭計上面，而本句強調的是假死之目的：「食」死狗蟻。據說，狗蟻被困死在鱗片之後，蟯鯉喜躍入池，打開鱗片，把狗蟻浮在水上來慢慢收拾。其實，蟯鯉的身體可收縮成球，長舌能舔食全身的狗蟻。

【09】

提薑母，拭目墘。

Thèh kiuⁿ-bú, chhit ba̍k-kîⁿ.

Thē kiūⁿ-bú, chhit ba̍k-kîⁿ.

大哭開始！

　　用來譏刺人假情意。說的是：眞情不傷，淚水不來；在不得不「意思表示」的情形之下，用「薑母」來催淚。不過，用薑母拭目墘的，比起那點眼藥水的，「誠意」得太多了！老薑一擦「目墘」，灸痛眼眶，刺激眼球，也就眞的痛苦地源源流出目油了。

　　提：用手拿著。　薑母：老薑也。　拭目墘：摩擦眼眶。

　　（參看，「愛到，流目油！」211.01）

【10】

六月芥菜──假有心。

La̍k-goe̍h koah-chhaì──ké ū-sim.

La̍k-goē koá-chhaì──ke ū-sim.

假情意。

　　用來消毒虛情假意。爲甚麼說「六月芥菜」的心是假的呢？請看本書卷二的解釋(244.19)。

【11】

𣍐博假博，𣍐仙假仙。

Boē-phok ké-phok, boē-sian ké-sian.

Boē-phok ke-phok, boē-sen ke-sen.

漏氣的捷徑。

　　譏刺人不知強以爲知，無能逞而爲能。這句直指「假博」和「假仙」的伎倆盡在個「𣍐」和「假」！實際應用上，各個分句是分開

來使用的：第一分句用來恥笑知識方面僞裝的破綻；第二分句調侃技藝方面膨脹的漏氣。

【12】

敗筆，假老手。

Paī-pit, ké laú-chhiú.

Paī-pit, ke lau-chhiú.

修字專家。

　　恥笑人字寫不好，又假裝一派書法行家。這種人有一個共同點，就是「筆法紛亂」字不成體，令人難以辨識，但有辦法舞出一片筆屎，弄得士土同工，出甲成田，上下不分；當然，加點增筆，化橫改撇更是專門。

　　敗筆：一個漢字之中，某一個筆劃寫壞了；文章的結構瑕疵也謂之敗筆。　假老手：假裝很行，揮毫如撒掃帚。

【13】

班頭，假老爹。

Pan-thaû, ké ló-tia.

Pān-thaû, ke lo-tia.

假一下虎威。

　　譏刺小人物假冒有力人士。身在衙門耳濡目染，小小「老爹」強於「班頭」百倍，於是假一下老爹來向老百姓示威。

　　班頭：清代衙門的員警。　老爹：衙門的小官吏。

【14】

歹戲，要穿好靴。

Phaín-hì, beh-chhēng hó-hia.

Phaín-hì, bé-chhēng ho-hia.

拙劣的補償作用。

諷刺人用美好的外表，物件，來掩蓋無才無能。正如「歹戲」想要用華麗的戲鞋來模糊掉差勁的演技。

歹戲：技藝不好的演員。

【15】

繪曉挨絃仔，顧捲線；繪曉唱曲，顧呸涎。

Boē-hiáu e-hiân-á, kò· kńg-soàⁿ; boē-hiáu chhiùⁿ-khek, kò· phuì-noā.

Bē-hiau ē-hēn-á, kó· kng-soàⁿ; bē-hiau chhiúⁿ-khek, kó· phuí-noā.

濫芋兼無衛生。

嘲笑人利用假動作來企圖敷衍自己的角色，掩蓋自己的無能。句裏的譬喻：舉出舊時曲館裏掙扎著在藏拙的「絃仔」手和「唱曲」的票友，一個只會捲線調音，一個只能吐痰清喉。眞讚，先人觀察入微，詼諧好笑！

繪曉：不會，缺乏（藝能，知識等等）。　挨：拉（絃，提琴）。絃仔：北管樂的小胡琴。　顧：專注（某一種行動）。　捲線：調緊琴弦。　唱曲：演唱北管的樂曲也；南管的叫做「歌」。❹ 呸涎：吐痰也。

【16】

呣識字，閣要激嚨喉管。

M̄-bat jī, koh-beh kek nâ-aû-kńg.

M̄-bat jī, kó-bé kek nā-aū-kńg.

另類愚勇。

譏刺假裝知識豐富，滿有「高見」的文盲。

閣要：(**旣不能**)又偏偏要，例如，「*繪互人幹，閣要討沙魚劍。*」(→23.47)　**激嚨喉管：唱高調；激，刻意做出**(*行動*)。

【17】

唔識戲文，隨人大喟掠得歕。

M̄-bat hì-bûn, toè-lâng toā-khuì liáh-teh-pûn.

M̄-bat hí-bûn, toé-lāng toā-khuì liā-té-pûn.

最忠實的觀衆！

　　對外行人裝做行家的譏刺。本句的意思是：戲聽不懂，但熱心又盲目地隨衆嘆息。

　　戲文：戲劇的脚本。這裏可能是指聽不懂亂彈的正音台詞，無法了解劇情。　*大喟：深長的一口嘆氣。*　*掠得歕：氣自口中不停地吹出來。*

　　以盲從風尙來趕流行的，比比皆是，特別是媒體傳播無遠弗屆，無孔不入的時代，說要擁有獨立思考和判斷是很不簡單的。要不「隨人大喟掠得歕」的話，自須付出相當大的努力，才能略懂人間大舞台的「戲文」，領略其劇情。清朝的詩家吟出他的感觸：

> *只眼須憑自主張，*
>
> *紛紛藝苑說雌雄；*
>
> *矮人看戲何曾見，*
>
> *都是隨人說短長。*
>
> （*趙翼《論詩》*）

　　（參看，「人生親像大舞臺，苦齣笑詼攏總來。」114.11）

【18】

孔子公放屁──假斯文。

Khóng-chú-kong pàng-phuì—ké su-bûn.

Khong-chu-kong páng-phuì──ke sū-bûn.
文氣沖天？

　　諷刺人講話引經據典，炫耀博學。這句厥後語，以直接用解釋句「假斯文」來罵人爲常。譬喩句「孔子公放屁」暗射人說話晦澀無味，非常八古，沖發著一股酸腐臭氣。

　　斯文：文人也。原義是西周的禮樂敎化，引申做儒者，文人，有學問又有道德修養的人；再延申做，性情溫柔，行動舉止有禮的淑女紳士。

【19】

擔尿無偷飲，擔屎無偷食。

Taⁿ-jiō bô thau-lim, taⁿ-saí bô thau-chiảh.
Tāⁿ-jiō bō thāu-lim, tāⁿ-saí bō thāu-chiā.
誠實的告解。

　　用來調侃人「假老實」，說他除了糞便以外，無所不偷吃偷喝。

　　擔：挑運也。　尿無偷飲…屎無偷食：喻指無所不貪，無所不取；字面是，凡是不能吃的，當然沒吃。

【20】

枵鬼假細膩，愛食假客氣。

Iau-kuí ké-sè-jī, aì-chiảh ké-kheh-khì.
Iaū-kuí ke-sé-jī, aí-chiā ke-khé-khì.
必要的熱身動作！

　　恥笑人行事不乾脆，心裏貪愛得緊，但外表假裝得毫不在乎。句裏這二個分句的意思是一樣的，但用了二個很醜陋的表象：「枵鬼」和「愛食。」還有，這句話的譏刺範圍廣泛，不但指

「食慾」的貪愛，也泛指「色慾」的貪婪。

　　枵鬼：餓鬼一般的貪得無厭。　　愛食：老饕也。　　假細膩：假客氣也。

【21】

枵鬼假細膩，相眞挾大塊。

Iau-kuí ké-sè-jī, siòng-chin ngeh toā-tè.

Iaū-kuí ke-sé-jī, sióng-chin ngé toā-tè.

用法和意思類似上一句。

　　　但本句強調「假細膩」的過程是一種「相眞」的活動，而眞正的目的是「挾大塊」──熱身動作過後，當然是毫不客氣的大顯身手了。

　　相眞：睜眼仔細地做了比較的觀察。　　挾大塊：用筷子夾大塊的食物。

【22】

海龍王辭水──假細膩。

Haí-lêng-ông sî-chuí──ké sè-jī.

Hai-lēng-ông sī-chuí──ke sé-jī.

大醉前的清醒。

　　　特別用來調侃酒量大的朋友，突然「假細膩」了起來。這句話是說：「不要假仙了！你飲酒就像「海龍王」之飲水啊。來，來，乾啦！」──據悉，海龍王辭水之時，也就是龍肝硬化末期之辰。

　　海龍王：民間信仰中的龍王爺，咸信龍宮就在海底。祂是海神，也是賜雨水之神。清時台灣有龍王廟，但現在龍王的宗教信仰已經式微。總之，海龍王是辭不得水的；辭了，就完了。

【23】

食水龜，無擘殼──無老實。

Chiȧh chuí-ku, bô peh-khak──bô laú-sìt.

Chiā chui-ku, bō pé-khak──bō lau-sìt.

大蟲吃小蟲也。

　　挪揄不誠實的人。實際上，只用譬喻句「食水龜，無擘殼！」這句厥後語是建立在水龜的「無落翅」和人「無老實」的擬音雙關上面。

　　食水龜，無擘殼：水龜被大蟲囫圇吞下肚裏，它的殼完整，翅膀未落，是爲「無落翅。」

【24】

尻川夾火金姑──諗星。

Kha-chhng giȧp hoé-kim-ko·──tìⁿ-chhiⁿ.

Khā-chhng giȧp hoe-kīm-ko·──tíⁿ-chhiⁿ.

假星星乎？假悾悾！

　　用來責備人裝傻，不滿他隱瞞眞象。本句多直接用「諗星！」──屁股下閃爍著小星星。像什麼話？妙透了的俗語，嘻！

　　火金姑：螢火蟲也。　諗星：裝傻，或做「諗生」。但句裏用了放光的螢火蟲，所以用「諗星」比較適合。　諗：先懋住力氣，而後用力把直腸裏的大便迫出肛口。

【25】

日本人繍憤多氏──假褲。

Jȧt-pún-lâng hâ hun-lo·-sih──ké-kò·.

Jȧt-pun-lâng hā hun-lo·-sih──ke-kò·.

用法和意思類似上一句。

　　這句厥後語的譬喻句是用日本人摔角時繫於腰間，掩護陰部的「憤多氏」，因為它是丁字型布條製成的，所以說是「假褲」。

　　繪：(帶子，褲子，手鎗，等等)繫結在腰間。　憤多氏：犢鼻褌(fundoshi)也。　假褲：假裝不知道對方所問的事。

【26】

土猴，哄鷄。

Tō·-kaû, háⁿ ke.

Tō·-kaû, haⁿ ke.

最後的掙扎。

　　譏刺人虛張聲勢，要來挑戰比他更有實力的對手——可敬的「土猴」啊，在強敵之前，你威武不屈！

　　土猴：台灣大型蟋蟀。筆者小時有過灌土猴的愉快經驗：一般水攻，土猴出洞投降的速度頗慢；尿攻，效果有如廣島的原爆。　哄：文攻武嚇也。

　　(參看，「草蜢仔弄鷄公，鷄公披搏跳。」211.09)

【27】

死豬仔肉，漲高價。

Sí-ti-á bah, tiùⁿ koân-kè.

Si-tī-a bah, tiúⁿ koān-kè.

獨家專賣。

　　譏刺人毫無原由，更無憑藉，妄自擺高姿態來虛張聲勢。譬喻是：人家不敢問津的「死豬仔肉」，竟然提高價位要來出售。

【28】

無毛鷄，假大格。

Bô-mô˙ ke, ké toā-keh.

Bō-mō˙ ke, ke toā-keh.

用來譏刺實際上沒有能力、學識、金錢等等實力的人；他虛
張聲勢，要給人造成什麼都有，什麼都行的錯覺。譬喻是：禿光
羽毛的鷄仔，偏要展示牠缺肉的，明顯可見的骨架，以此展示自
己是「大格」種的。

大格：（家禽）骨骼大的品種者。

【29】

無食假拍噎，無穿假抄踖。

Bô-chiảh ké phah-eh, bô-chhēng ké chhiau-chhẻk.

Bō-chiā ke phá-eh, bō-chhēng ke chhiaū-chhẻk.

死要臉的表態。

譏刺人誇口吃了什麼山珍海味，炫耀擁有多少華麗的衣裳。
這樣的誇口和炫耀，先人鄙之如空腹打噎，更衣獻醜。句裏的諷
刺在於：死要臉地「假拍噎」來表演吃得太飽，「假抄踖」來表示衣
服很多。

無食…無穿：沒吃的，沒穿的；甲級貧民也。　抄踖：喻指忙於
更換衣服；一般的意思是，常常變動（如，物件位置，人員的職位）。

【30】

未肥假喘，未有錢假好額人款。

Boē-puî ké choán, boē-ū-chîⁿ ké hó-giảh-lâng khoán.

Boē-puî ke choán, boē-ū-chîⁿ ke ho-giā-lāng khoán.

用法和意思類似上一句。

未肥：身體並未肥胖；是說，相當清瘦。　假喘：假裝巨胖人士
的氣喘。　未有錢：沒有什麼錢，貧民也。　假好額人款：裝做有錢

人的樣子；款，樣態，派頭。

　　古以色列人的智訓，說：「假作富足的，卻一無所有；裝作窮乏的，卻廣有財物。」(《聖經‧箴言》13:7) 爲甚麼？其理何在？對現代人有什麼眞理可言？

【31】

乞食揹葫蘆——假仙。

Khit-chiȧh phaiⁿ hô͘-lô͘　ké sian.

Khit-chiā phaiⁿ hō͘-lô͘——ke-sen.

假死啦！

　　調侃朋友掩飾某種行爲，假裝不知某些事情。這句厥後語的重點在「假仙！」是極常用的話，而譬喻句「乞食揹葫蘆」則甚爲罕用——而乞者背的這個老「葫蘆」，要不是當做水壺，就是當做求乞的道具；他裝不了紅標米酒，更甭想內裝仙丹靈藥了。揹上了這個「葫蘆」益見詼諧和諷刺。

　　揹：以肩背(袋，物件)。葫蘆：匏瓜也。因爲同音通假的漢字用法，使葫蘆和「福祿」相通，所以南極仙翁或李鐵拐一類仙人的畫像，都是葫蘆不離身的：誰知葫蘆裏悶著什麼東西？酒精，膏藥，猴齊天。　假仙：假死蟟鯉，裝蒜也。

【32】

乞食揷雉鷄尾——假仙。

Khit-chiȧh chhah thi-ke-boé——ké-sian.

Khit-chiā chhá thi-ke-boé——ke-sen.

假勢！

　　譏刺無能之輩，假裝賢能。「雉鷄尾」豈是乞食所能隨便揷的？既然揷了，必然有一番精彩演出的覺悟才是！

雄鷄尾：雄雄鷄的尾毛也，長又艷麗，如戲劇裏武將帽上所插的。雄鷄，鶉鷄目野鳥，活動於曠野，甘蔗園，土豆園等等。

這一節裏，我們看到了數句「假仙」的俗語(11,31,32)。在「仙」字之前用「假」來形容，加重了一般台灣人對「仙」已有的負面的評價。「仙」原是山野匹夫，由他來領銜的「散仙」，「開仙」，「繳仙」，「醉仙」，「諞仙」，「劍仙」、「鴉片烟仙」，「王祿仔仙」等等，都不是什麼「正派」的，大多是相當脫線的人物。

如所周知的，有人喜歡尊稱政界「大老級」的人士爲「某某仙」，來表示敬重和親密，例如，信介仙。若按上面所舉「仙」字的實際用法，則尊稱人爲仙之不合適甚明。又因「仙」和「先」同音[Sen]，所以在書面上敬稱時，寫做「先」字爲妥當，以避免「仙」字的貶損嫌疑！❺

【33】

頭戴鷄毛筅──假番。

Thaû tì ke-mô͘-chhéng──ké-hoan.

Thaû tí kē-mō͘-chhéng──ke-hoan.

假歹！

調侃原是斯文人，是儒君子，忽然生大氣，不講理。這種不可能的可能性，只能解釋做「假番」。而這一假裝另有行頭，不是別的：「頭戴鷄毛筅」也。

頭戴鷄毛筅：日本據台時「番將」的造型，其軍帽前端插有白羽一束。我台灣先人將之貶做「鷄毛筅」，鷄毛撢子也。　假番：理性未昧，只是暫時撒野。

【34】

鱉殼糊土，繪成龜。

Pih-khak kó˙ thô˙, boē-chiâⁿ ku.

Pí-khak kō˙ thô˙, boē-chiāⁿ ku.

不成鱉也。

　　用做警言，戒人不可掩蓋自己真正的身份，不可扭曲自己的人格。比喻是：有一隻異想天開的鱉看到龜國地廣人衆，決定要去投靠。於是用臭泥巴來塗抹自己，想要模糊鱉殼。到了龜國，衆龜一眼看穿牠是僞裝的，知道牠來朝的動機不善，於是判牠「𣍐成龜！」驅逐牠出境。不得已，回來鱉國，但卻大吹自己是龜國的特使，宣傳龜國統戰言論，來擾亂鱉國。可是鱉胞看牠自毀鱉格，衆怒難禁，責罵牠：「唔成鱉！」

　　這句俗語要人反思：「我是誰？」提醒人，「唔成龜，唔成鱉！」是人之大害。

【35】
鴨母，裝金也是扁嘴。

Ah-bú, chng-kim iā-sī píⁿ-chhuì.

Á-bú, chng-kim iā-sī piⁿ-chhuì.

幸虧扁嘴常在。

　　譏刺人過份注意外表的裝飾打扮，並斷言這樣做不能改變其真正的人格特質——就是包了純金的鴨母，也是扁嘴！

【36】
假曲，唱𣍐落調。

Ké-khek, chhiùⁿ boē-lȯh tiāu.

Ke-khek, chhiúⁿ bē-lō tiāu.

假的真不了。

　　用來斷言，無能而假裝能力的，終必露出馬腳。正如不會

「唱曲」的人，哼了幾句之後就「唱𣍐落調！」

假曲：假裝會唱曲的人，假票友也。　唱𣍐落調：無法按照譜調來演唱。

要分別真曲假曲還不簡單，獨唱便見真章。此古人早見及此，唐人黃滔吟道：

> 齊竽今歷試，
>
> 真僞不難知；
>
> 欲使聲聲別，
>
> 須令個個吹。
>
> 　　　（《省試·吹竽》）

好主張，「個個吹！」一語道破教育和訓練之目的，點出生活與工作的創意和快樂的境界。

注釋

1. 林二等編《台灣民俗歌謠》(台北：正文圖書公司，1979)，頁62-65。「愛食梨山世紀梨」一句係筆者所改寫的，因爲原詞「山東香水梨」早已經不在台灣婦女的生活經驗中了。上述歌謠記錄的是「十月」病囝歌，但是片岡巖(《台灣風俗誌》，頁279-281)和吳瀛濤(《台灣諺語》，頁397-400)收有數種全年「十二月」的病囝歌。

2. 中醫研究院編《中醫名詞術語選釋》(四川：人民衛生出版社，1984)，頁305。

3. 「嬒佮我得假龜假鱉，在下是行仔內的！」[Maì kah-goá teh ké-ku ké-pih, chaī-hā sī hāng-á-laī--ê.] 意思是：不要跟我裝蒜，這一套我是內行的！

4. 參看，片岡巖《台灣風俗誌》，頁244。

5. 參看，王華南「仙字形容人…」《教會公報》1994(3.12):12。

第五節　模倣、跟從

本節分段：

依樣仿效01-09　盲目跟從10-16　務必學好17-21

【01】

有樣，趁樣。

Ū iūⁿ, thàn iūⁿ.

Ū iūⁿ, thán iūⁿ.

樣版主義。

這句是常用的俗語，其主要用法有二：一、積極地，教訓子女，訓勉學生、晚輩，言行舉止，學課事業，一切的一切都應該向「模特兒」看齊。二、消極地、斥責兒女不學好，說什麼祖宗不靈，典範不式，去「趁」了歹人。

樣：版模也，範型也。　趁樣：依樣畫葫蘆也。

無可否認的，「有樣，趁樣」在台灣人的教育和人格發展過程，扮演著非常重要的角色，遠比歐美各國來得深刻普遍。這大概是數百年來當局吊著儒家的教育招牌的影響吧！

所謂「趁樣」，自然是要有「樣」版可趁。實際上，「樣」多得不得了，善樣惡樣紛繁不能一律，人的自由意志又是如同脫韁的野馬，模倣的知識和能力也是優劣多樣，於是有「見賢思齊」的人，也有「見惡模倣」之徒。因為「樣」是開放的，所以家長、老師鼓勵子弟學生「趁樣」的時候，必然地強調學好樣！

趁樣，在學好學壞的初階段是方便而有用的，但要全盤又一

貫地實施趁樣的學習，那是專制獨裁的洗腦和壓迫，已經談不上學習活動了。筆者在漢堡那幾年，有時去逛中國書店，翻開中國出版的書，姑不論平裝精裝，印刷裝釘都甚粗糙；但是令我難以卒讀的，倒是有好長一段時期的書，不論是自然科學或是中國哲學思想史，不論是北大那一個名教授寫的，莫不標榜馬克斯、恩格斯的社會主義的唯物論思想來做為該書獨一的方法論。當然，每一本書也都說是為了建設社會主義的中國而寫的，口氣好像是毛澤東已經圈點批注過的好書。怪怪！

　　迷信樣版教育的人終必失敗，因為真正的學習是參考性質的「選樣量裁」活動。何況，一樣米，飼百樣人；要求一樣米，飼一樣人是霸道，違反人性的尊嚴。

【02】

照父梳頭，照母縛髻。

Chiàu-pē se-thaû, chiàu-bú pȧk-kit.
Chiáu-pē sē-thaû, chiáu-bú pȧk-kit.
一對原型。

　　指出，兒女模傲、學習的第一場景是父母的言行。雖然，句裏說的是：父母的髮型是瞻，但根據的基礎在於「是父是子，是母是女」和神聖的DNA不可毀傷的傳統。

　　照父…照母：仿照父母的…（例如，言行舉止）而為。　梳頭：梳辮也，明鄭降清以後，台灣的男人一律薙髮，仿滿清男人的髮型，前半顆頭剃得光光的，留下後半個腦殼部分的長髮，梳成長長髮辮，製成豬尾巴擺在背後。　縛髻：清政府容許漢人女子留髮，所以有髻可梳；髻者，挽髮梳之，用髮針安置於頂。　DNA：去氧核糖核酸（deoxyribonucleic acid）的縮寫，是染色體的一種成分，帶有基因的

特徵；由DNA檢驗比對，可確定生命體的認同及基因隸屬的關係。

這句俗語不可等閒看，其中含有「髮型」和人性尊嚴的訊息。

1845年，滿清入主中國，強制十天內，男人一律薙髮留辮，否則斷頭無赦。當然，明朝臣民，紛紛薙髮留辮的有之；甘願留髮斷頭的雖極少數，也有之。到了1662年以後，清國多次招降台灣的明鄭，條件的底線是「釋疑遵制，削髮登岸」，其他條件則都可以談判。但鄭經等一般明朝遺臣，甘願為留頭髮而繼續反清；就是逃命來台灣的明國後裔寧靖王，見大勢已去，自殺前的絕命詩，仍然戀戀不捨數根髮絲：

> 艱辛避海外，
>
> 總為數莖髮；
>
> 於今事必矣，
>
> 祖宗應容納。

清國據台二百年後，割台灣給日本。日人勸導台灣人剪去難看的豬尾巴，但是台灣人卻以護衛清國的豬尾巴為民族的尊嚴！據說，後來台灣民族主義者，知道了辛亥革命志士和一般中國人都沒有薙髮，也就紛紛自動斷尾。❶

髮型是什麼？豈只是民族文化的象徵，難道不是人性尊嚴的記號嗎？梳什麼樣子的頭，縛什麼款的髻，都不應該被統一，人人有權自決！

【03】

大姊做鞋，二姊照樣。

Toā-ché chò-ê, jī-ché chiàu-iūⁿ.

Toā-ché chó-ê, jī-ché chiáu-iūⁿ.

家學淵源？

多用來譏刺小姐「不學好」，忠實地仿傚了她大姊的壞模樣。雖然在字面上看不出句裏有「壞鞋樣」，但我們應該知道，舊時凡是女孩學好的，都一概出乎賢母親；學壞的，要不是三姑六婆，就是深閨中的壞大姊私下調教的了。

【04】

鷄母跳牆，鷄囝隨樣。

Ke-bú thiàu-chhiûⁿ, ke-kiáⁿ toè-iūⁿ.

Kē-bú thiáu-chhiûⁿ, kē-kiáⁿ toé-iūⁿ.

上行下效。

用來譏刺小姐跟著她的媽媽一樣地不學好，小小年紀就有「跳牆」的「逃獄」行為。這句俗語所用的表象可愛萬分，鷄母鷄仔有志一同，滿有勇氣地跳離圍牆鐵幕！

請注意，實際用法上這句話是帶有貶損意味的。當知，在台灣祖媽的那個世代，小姐的運動頂多是踢踢毽子，而「跳遠」、「跳高」、「跳舞」等等，跳字開頭的運動項目都是禁忌，何況「跳牆」這種傷風敗俗的出牆法？

【05】

大狗搬牆，小狗看樣。

Toā-kaú poâⁿ-chhiûⁿ, sió-kaú khoàⁿ-iūⁿ.

Toā-kaú poāⁿ-chhiûⁿ, sio-kaú khoáⁿ-iūⁿ.

意思類似上一句。

要是上一句指的是「老母」，那麼，這句應該是指壞模樣的「老爸」了。為甚麼可能如此解釋呢？君不忘，老祖宗對他朋友介紹偉大的孩子時，不都是指著大孩子說：「這是小犬」嗎？不過，把小犬「搬」牆的一切責任歸給老犬，也未免太輕視小犬的天才

了。大家都知道，良犬都是善跳能搬的，嘉哉！

　　搬牆：喻指不守規矩，或不正派的行動；字面是翻越圍牆。

　　非常有意思！我們台灣的俗語是多麼富有「批判性」，多麼有力地一言點中傳統思想的限制，例如，根深柢固的教化原理：「上行之，下效之！」(《周禮・天官太宰》)牢不可破的師範理論：「上行下效，然謂之教！」(《意林・政論》)——這一類未經檢驗的權威樣版的「效法」，先人深深不敢苟同：說什麼小輩晚生因為效法得太徹底，以致於學了老鷄母的跳籠法，老狗爸的搬牆術！

【06】

一犬吠影，百犬吠聲。

It-khián huī-éng, pek-khián huī-seng.

It-khén huī-éng, pek-khén huī-seng.

應聲蟲也。

　　恥笑人盲目地大聲轉述別人所放出來的話，傳聲筒，應聲蟲也。這種傳聲筒應該受到檢討的是：人家老犬看到黑影而「吠影」是基於犬能，也是忠犬守夜的犬責；雖然很遺憾的不能辨別眞象就開始亂叫。但那些一聽到對岸的老犬狂叫，就起來「吠聲」的，眞是毛躁得很，是大大擾亂安寧的惡犬。

　　近年來，中國看他的火箭武嚇我國無效，就開始鬥智，大談「在一個中國之下，什麼都可以談」的「善意」。於是，曾幾何時大喊「消滅共匪」的那一班人，紛紛趕往中國去表示恭順。他們一回國，卻以當了他們的「共匪」的嘉賓而沾沾自喜，忙不迭地大大扮演統戰的「代言人」，把中國壓殺我國生存空間的惡行，忘得一乾二淨！——這批人是什麼？比之吠聲惡犬如何？其惡何止千萬倍！

　　然而，我們不能不知道，應聲狗是中國惡質的文化傳統！漢之王符早已疾此惡犬如仇，他說：「一犬吠影，百犬吠聲，世之疾此，固久矣哉！」(《潛夫論‧賢難》)不容置疑的，台灣人自救的工作，應以馴化應聲惡犬為當前急務。

【07】

王城神，人哈你也哈。

Ông-siâⁿ sîn, lâng-ha lí iā-ha.

Ōng-siāⁿ sîn, lāng-ha lí iā-ha.

頗能共鳴也。

　　用來嘲笑人毫無主見，只能做機械式的傳聲或模倣。有趣的是，這種傳聲筒被譬鄙夷做「王城神」——神，死人之鬼也。

　　王城神：王城的神靈也，先人的宗教信仰是泛神的，他們認為城有城神是很自然的事。　王城：中國人稱呼荷蘭人從1624年起，在安平大員島所建設的熱蘭遮城(Zeelandia)。　哈：向城牆喊聲。

　　（參看，「面皮，比王城壁卡厚。」218.04）

【08】

和尚偷學道士的拜斗，道士偷學和尚的燄口。

Hoê-siūⁿ thau-o̍h tō-sū--ê pài-taú,

　　tō-sū thau-oh hoê-siūⁿ--ê iām-khaú.

Hoē-siūⁿ thaū-ō tō-sū--ē paí-taú,

　　tō-sū thaū-ō hoē-siūⁿ--ē iām-khaú.

佛道一家？

　　用來譏刺剽竊模倣別人的藝能或作品者。譬喻是用佛教和道教的宗教人，和尚和道士互相「觀摩學習」彼此的方術科儀。「拜斗」和「燄口」是分屬道教和佛教的儀禮，可能是因應民間的需

要，而不得不互「參考發明」了起來。

　　拜斗：道士祭拜北斗星辰的方術也，用來除病，祈福，延壽。

燄口：和尚放燄口也，佛教普度餓鬼，供以飲食的佛事。而燄口者，餓鬼名，在地獄中被罰爲餓鬼；食物入口則化爲火燄，因此無法享受普度的祭物。據悉，密宗有專門的經咒來放燄口救濟餓鬼。

　　雖然在世界宗教史中，宗教思想互相影響，禮儀互相參照的事例不勝枚舉，但像我國近一二年來爲了詐財而亂湊的「天人合一」，「先天光氣」，「飛碟升天」等等邪說者，實屬少見。令人納悶的是，受騙的不乏受過高等教育的專業人士。

　　隨意混合宗教思想，拼裝宗教儀禮，來創設「教門」，自任「教主」的，一定大有問題。當知，世界各正信的宗教信仰體系都不是馬塞克(mosaic)，其信仰，體制和實踐，都經過歷史熔爐試煉過的，受過長久而嚴密的辯論後建立的體系，豈是「襯採」往內政部登記做什麼「學會」所能代替的？

　　亂湊的，自任教主，自封大師的「教門」，不能信！

【09】

有樣看樣，無樣家己想。

Ū iūⁿ khoàⁿ-iūⁿ, bô-iūⁿ ka-kī siūⁿ.

Ū iūⁿ khoáⁿ-iūⁿ, bō-iūⁿ kā-kī siūⁿ.

新樣版主義。

　　可能是比較開明的師傅用來鼓勵弟子，在「無樣」可看的時候，不可停怠不前，而必要自己動腦筋來發掘問題，尋求解決。顯然，「看樣」仍然受到尊重和鼓勵，不過有意思的是：樣版主義者終於發現了有這麼一個「無樣」可看的情況；而且頗難得的，他們終於勇敢說出：「家己想！」

「家己想！」好像是想當然耳！但實際上沒有這麼簡單，有來自政治、文化、教育、社會等等的阻礙。僅以文化和教育而言：

千百年來的文化傳統謀殺了獨立思考和判斷的能力。君不見，思想有「道統」，倫理有「古聖」，文章有「股條」，詩詞有「填格」。這一切都在告訴你不可「家己想！」三國的學者徐幹，曾透露出「獨立」思考和行動的恐懼，說：「獨思，則滯而不通；獨為，則困而不就。」(《中論‧自學》)難怪，傳統文人大腦都燒了這樣的一組安全程式：「思想言論＝祖宗法制＋主流文官的意見。」

我們的教育，過份重視強記還原，缺乏思考討論，浪費精神於「十三天地外」的課程。記得幾年前，筆者住在漢堡的時候，有親人在聯考後給我們寫了一封信，提到本地是易北河(die Elbe)的出口，以及該河的發源，流域，等等的有關數字。我看了信，深受感動，趁機向內人秀一下我國高中教育的「偉大」：

「妳看，Gloria多麼厲害！連易北河都記得一清二楚。我們台灣的教育是多麼……」誰知，話未說完，太太一臉驚訝，反問：

「我們德國人都不必知道的，台灣的學生為甚麼要知道？是她個人的興趣嗎？明年暑假，請她來此一遊不就……」

罷了，罷了！駁得有道理，為甚麼要學生苦學何其多的「無要緊的」代誌？難道只是為了要考出0.1%之差的所謂「智愚」有別嗎？這種代價太昂貴了吧！

然而，阻礙「家己想」的暴力擋不住時代的潮流，人類的命運禍福，做主人或當奴才，都必要「家己想！」，「家己做！」

【10】

狗，隨屁走。

Kaú, toè-phuì chaú.

Kaú, toé-phuì chaú.

逐臭之徒。

　　譏刺人爲了一丁點利益，就盲目的跟了過去。這種人被比擬做逐屎吃的狗：牠餓得發瘋，聽到小主人「解放」前的響屁聲，就拚命地緊跟著過去。啊，眞是天來妙句，幽默得叫人往肚子裏愛笑！叫中國諺語，「如蟻附羶，如蠅逐臭。」黯然失色。

　　狗，隨屁走，眞可憐！但是看到街道上來來往往的男女老幼，盡力獻身於流行的價值，活潑地享受著工藝科學和企業界規劃出來的名牌的奇裝異服，叫人發胖的速食餐飲，五光十色的摩登美容，和令人精疲力盡的休閒娛樂，等等「範型」的時候，禁不得懷疑人有多少勝過「狗，隨屁走」的能力？雖然，現代人的追求時尚殊異於「楚王好小腰，美人省食；吳王好劍，國士輕死！」

（《意林・管子》）

　　狗，隨屁走！人，隨他自己走嗎？或，掙扎著被「一切無奈」押走？或？

　　　（參看，「放屁，安狗心。」17.09）

【11】

鷄囝，隨鴨母。

Ke-kiá^n, toè ah-bú.

Kē-kiá^n, toé á-bú.

跟錯了班。

　　調侃能力不錯的人，因爲跟錯了人，押錯了寶，以致於一事無成，全盤皆輸。這句話的表象眞是可愛極了，請閉眼想像看：一隻左右搖擺，舉步艱難的鴨母，後面緊跟著一隻跳著熱舞的鷄

仔。多麼不搭調啊！

【12】

閹鷄，趁鳳飛。

Iam-ke, thàn hōng-poe.

Iām-ke, thán hōng-poe.

跟不上班！

　　譏刺人能力不足，身份地位不配，卻自抬身價，要模倣能人，要跟從顯要。當然，這隻「閹鷄」是絕對跟不上，也學不像的，雖據說外表有些像鳳的地方。人家「鳳」是靈鳥，是仁信禮義的化身，是天下太平的象徵，而且能唱善舞！

　　閹鷄：公鷄之去勢者。　鳳：神話中的靈鳥，雄的是鳳，雌的爲凰。按《山海經》所載：「…丹穴之山，其上多金玉。丹水出焉，而南流注於渤海。有鳥焉，其狀如鷄，五采而文，名曰鳳凰。首文曰德，翼文曰義，背文曰禮，膺文曰仁，腹文曰信。是鳥也，飲食自然，自歌自舞，見則天下安能。」（《山海經·南山經》）

【13】

攑香，隨師公。

Giâ-hiuⁿ, toè sai-kong.

Giā-hiuⁿ, toé saī-kong.

誠心盲從。

　　用來諷刺人缺乏主張，唯命是從，宛如在做功德時，孝男賢孫「攑香」跟隨在「師公」後面，叫跪則跪，喊拜則拜，莫不奉行如儀。——先人這樣講難免令人覺得偏頗刻薄，因爲師公科儀複雜，豈是一般人所能懂，尤其是喪家那有心情來考慮「是什麼？」和「爲甚麼？」一類的問題。正是如此，才能夠突顯出「戀孝男」盲

跟師公的難堪，又諷又勸地要人戒除盲從！不過，這句話不用為宜，含有咒人的意思。

　　擎香：雙手奉香。　　*師公：道士也。*

【14】

紙被，趁人煠虱母。

Choá-phoē, thàn-lâng sah sat-bú.

Choa-phoē, thán-lāng sa sat-bú.

煠不得也！

　　又是一句譏刺誤跟誤仿的人。這是說，有一個窮人，看隔壁人家在「煠虱母」。他馬上想到自己的那一床「紙被」已經蓋了五六年，早已經是虱母的大本營了。於是，燒開了一大鼎水，來煠虱母。結果，虱死被爛。——真讚，了不起的譬喻，尤勝過《伊索寓言》！

　　紙被：內裏是紙料的被蓋。　　*煠虱母：被單入鼎滾燙以殺蝨子；不可能煠棉被吧？*

【15】

乞食婆，隨人走反。

Khit-chiah-pô, toè-lâng chaú-hoán.

Khit-chiā-pô, toé-lāng chaú-hoán.

白跑的啦！

　　用法有二：一、譏刺原是不相干的局外人，因盲目模倣而惹上了不必要的麻煩。二、諷刺人，怕死！譬喻是：老女乞，跟著一般人民「走反」。這個譬喻含有雙重意思：先是，乞食婆，沒有「走反」的必要，因為沒有財產，不會有什麼損失。其次，乞食婆雖是歹命人，但生命是貴重的，所以隨人走反以保老命！

走反：逃避戰亂，土匪搶劫，或是離開造反的地域；例如，走日本反，走番仔反。

【16】

三兩鷄仔，及虎伴獅。

Saⁿ-niú ke-á, kap-hó͘ phoāⁿ-sai.

Sāⁿ-niu kē-á, ká-hó͘ phoāⁿ-sai.

捨命相陪。

嘲諷愚昧之徒，不知好歹，卻伴弄著兇惡的人。用來做爲諷刺的譬喻是：小鷄仔跟老虎「伴獅」。

伴獅：[僻語]搖頭擺耳，喻指玩弄嘻笑。

【17】

大的無好樣，細的討和尙。

Toā--ê bô hó-iūⁿ, sè--ê thó hoê-siūⁿ.

Toā--è bō ho-iūⁿ, sè--è tho hoē-siūⁿ.

上行下效。

譏刺人狼狽爲奸，集體敗壞，因爲上不正，下也就歪得更加厲害。譬喻是：大姊開放成性，男朋友一大堆；小妹妹深受影響，更加前進地「討」了一個和尙。

討：偷漢子也，例如，討客兄。

【18】

唔成狗仔，走袒橫。

M̄-chiâⁿ kaú-á, chaú thán-hoêⁿ.

M̄-chiāⁿ kau-á, chau thán-hoêⁿ.

不像樣！

責備小輩晚生，行動放肆，不守規矩。譏刺他像一隻「唔成

狗」，橫著走路。

　　姆成狗仔：*養不大的小狗，發育不良的小犬也。*　　走袒橫：*喻指橫行直撞。*

【19】

畫虎無成，變成貓。

Oē-hó˙ bô-sêng, piàn-sêng niau.

Uē-hó˙ bo-sêng, pèn-sēng niau.

畫虎類犬。

　　諷刺人好高騖遠，缺乏自知之明，把追求的目標定得很高超，以致於學得一蹋糊塗。中國諺語是說：「畫虎無成，反成狗。」比較而言，我們這句台灣俗語說的：「…變成貓」來得漂亮。試想，畫虎變成「大貓」：虎貓不分，何等高技，多麼幽默！把虎畫成狗：虎犬原就殊異，扭曲過份，太霸道了。

【20】

學好三年，學歹三對時。

Óh-hó saⁿ-nî, óh-phaíⁿ saⁿ tuì-sî.

Ō-hó sāⁿ-nî, ō-phaíⁿ sāⁿ tuí-sî.

讚，是心血的代價。

　　用做警語，勸人多多用功精進，因為學壞容易，學好極難，而學好學壞難易卻有「三年」和「三對時」的差別。這也就是古人所謂的：「從善如登，從惡如崩。」（《國語•周語》）

　　三對時：*喻指，短時間內；字面是「三天」，一對時是一晝夜。*

【21】

准神成神，准佛成佛。

Chún-sîn chiâ^n-sîn, chún-pu̍t chiâ^n-pu̍t.

Chun-sîn chiā^n-sîn, chun-pu̍t chiā^n-pu̍t.

學得好。

　　用做警語，鼓勵人學什麼，就要像什麼，正如，雕神刻佛，都要有所本，有其一定的法相。

　　准：喻指裝塑神像，字面是「當做」；句裏，先人沒有叫人去裝神弄鬼的意思。

注釋

1. 參看，周明峰《台灣簡史》(台北：前衛出版社，1996)，頁249-251。

第六節　輕視、疏忽

本節分段：

輕人情態01-04　恥笑何事05-13　輕慢的人14-19

疏忽失誤20-22　因何疏失23-28　都有藉口29-30

【01】

笑破人的嘴。

Chhiò-phoà lâng ê chhuì.

Chhió-phoá lāng-ē chhuì.

笑什麼，笑！

　　用來評斷人做了所謂很差勁，「眞漏氣」的代誌。這不是歡笑，不是好笑，而是恥笑，可說是仇敵的鄙視，自以爲勝過對方的奸笑。可能是因爲把對方看得太扁，以致於笑爛了他自己的嘴巴。

　　難道世上有如此「值得」笑破嘴巴的事情嗎？如此提問雖屬自然，但這樣問並沒有看到問題所在。現實而言，被恥笑的與其說是「什麼」，不如說是「誰」！雖然筆者懷疑世上有所謂「笑破人的嘴」這種事，但確實知道世上有自義地笑破自己的嘴巴的人──這一笑，使自己陶醉在自我稱義，幻想著自己的道德境界是何等的高超。難矣哉，「不蔽人之美，不言人之惡！」《意林·韓非子》

【02】

笑到，嘴離到尻川。

Chhiò-kah, chhuì lī-kaù kha-chhng.

Chhió-ká, chhuì lī-kaú khā-chhng.

邪魔的慘笑。

用法和意思類似上一句。但顯然地比上一句狂妄輕慢的態度強烈千萬倍。從文字上看，這句話很粗，不過，從表象用法來看，形容恥笑樣態的慘烈，無出其右。

也許，我們會爲那些被如此凌辱的人大大不平，甚至拔刀相助。其實，不必太過於緊張，因爲智慧人已經看過邪魔似的慘笑，乃是自我毀滅的前兆。以色列的智者說：「謹守口的，得保生命；大張嘴的，必致敗亡。」(《聖經·箴言》13:3)世界上任何「大張嘴的」，也不比上「笑到，嘴離到尻川」的那麼大！

【03】

穿乃朗的──看現現。

Chhēng nai-lông--ê─khoàⁿ hiān-hiān.

Chhēng nai-lóng--è─khoáⁿ hēn-hēn.

排骨？或？

　　狂傲地說人家「沒啥！」

　　穿乃朗的：穿乃朗製衣服的人。　　乃朗：Nylon，尼龍也，一種化學纖維，及其所做成的物件；1930年代，美國化學家Wallace H. Carothers所發明的。

可能的背景：二次大戰後，乃朗布料由美國大量進口，取代了寸片難求的棉織布。於是，乃朗製的男上衣，女洋裝盛行。不少時髦的小姐先生，喜歡穿透明的乃朗衣服出來上街示眾。一時男女老少，包含素來衛道之士，大開眼界，追隨效法。

有一次，某個誠實又聰明的小孩看到了一群成熟美麗的小姐，穿了輕薄如白蠶紗的乃朗洋裝。小朋友眼看這大場面：

「看現現哦！看現現哦！」天眞無邪，歡喜不禁地大喊。

旁邊的老紳士一聽，慧眼一照，哦了一聲。挑逗身邊的老牽手，說：

「看現現哦！穿乃朗的，看現…」

「老不修！現什麼…」

【04】

尻川幾枝毛，知知咧！

Kha-chhng kuí-ki mĥg, chai-chai--leh.

Khā-chhng kui-kī mĥg, chaī-chai--lè.

意思和用法類似上一句。

> 知知咧：看透了！沒啥，盡在意料之中！

尖刻成性的刺蝟的口頭禪是「知知咧！」他的眼球轉的是惡意的猜測，頭腦幻想著人家的無能無力，羅織著敵人窮困已敗的戲齣。然後，猛然狂喊三聲萬歲。神經病大作，愚昧地譏刺大小敵人都是紙老虎，都是「尻川幾枝毛，知知咧！」

個人，族群，政黨，都可能罹患這種精神病。但是，心靈的自由健康，必要從這種狂傲釋放。不過，這狂傲症很難醫治，個人的話，須要長期的正信宗教修養來磨練；民族的話，恐非亡國的慘痛可以奏效！就此，古以色列的智者有嚴肅的宣告：「敬畏上主在乎恨惡邪惡；恨惡驕傲，狂妄…」(《聖經‧箴言》8:13)

【05】

笑貧，無笑娼。

Chhiò pîn, bô-chhiò chhiong.

Chhió pîn, bō-chhió chhiong.

親愛孫中山！❶

這句俗語可說是任何時代的道德價值指標的紅燈：恥笑勞力勞心的低收入的貧民，欣慕敬重高收入的色情工作者。字面上的意思是，輕賤寒士，敬重娼妓。

近年來，台灣社會「笑貧，無笑娼」的「怨嘆」，抑或「主張」，處處可聞。且不論是怨嘆，是主張，這句俗語的奧妙盡在「無笑」二字。輕輕的「無笑」，告訴我們素來反娼笑妓的道德主義人士，已經改變其高姿態，收斂恥笑輕藐之心，而淡然看待「娼」事了。其中，大部份人士的「無笑」進步成默許；再有一部份人，把「無笑」提升做肯定色情工作價值；再有一部份人，昇華「無笑」來身體力行，下崗下海、去祭拜財神！

我們難免要問，台灣人眞的「無笑娼」嗎？當知，國人一向是很笑娼的呀！豈只是恥笑，甚至是犯法地毒咒她們；舉幾句咒娼的俗語爲證吧：

做婊趁，生瘡了。

餲婊若有情，神主就無靈。

餲鹹魚假沙西米，菜店查某假淑女。

食人骨髓，拐人家伙，後日做乞食煞尾。

時代眞的劇變了！從咒娼的不應該，轉變到「無笑娼」的黑道控制，氾濫色情的不應該。我們實在很不安地意識到「笑貧，無笑娼」這句話，不但是終結傳統價值觀念的號角，更是物化人身，毀壞人性尊嚴，潰亂社會秩序和價值的警鐘。同時，「無笑娼」並不是保障娼妓的利益和安全，寧可說是社會大衆不聞不問地讓她／他們任由黑道宰割。這樣子的「無笑娼」不是很殘酷嗎？

淨化「黑潮黃水」台灣人人有責，更是當前要務！

【06】

有錢烏龜坐大廳，無錢秀才人人驚。

Ū-chîⁿ o·-kui chē toā-thiaⁿ,

　　bô-chîⁿ siù-chaî lâng-lâng-kiaⁿ.

Ū-chîⁿ ō·-kui chē toā-thiaⁿ,

　　bō-chîⁿ siú-chaî lāng-lāng-kiaⁿ.

唯物的基調。

　　意思和用法類似上一句。但是，本句更加具體又露骨地肯定
「笑貧，無笑娼」的觀念。這句俗語雖是白描，但是對偶工整，也
對出傳統社會價值的人轉型：尊敬「有錢烏龜」，歡迎他們來「坐
大廳」；輕視「無錢秀才」，直率點出「人人驚」他們來舉債度日。
又對得音韻憂鬱，伴奏著斯文掃地！

　　*烏龜：連雅堂解釋做「無恥者」。*❷*這樣解釋太泛，應該隨著台灣
社會的「進化」來解釋此詞的實際含義：先是，戴綠頭巾的丈夫；其
次、私娼寮的老闆；現代，經營色情行業的董事長或總經理。　秀
才：明清的科舉制度，童生考試入學後成為「生員」，一般稱呼這些生
員為「秀才」，他們是沒有官階的士人。*❸

　　非常可惜，先人這句俗語竟然一語成讖，千真萬確地應驗在
進入公元2000年的台灣社會。君不見，「有錢烏龜」豈只是坐上富
豪的「大廳」，照樣有政要護持，政黨提名，人民「票選」，將之送
上各級議會或國會的殿堂者。

　　那麼，「無錢秀才」的命運如何？但見他們還是繼續不甘心地
掙扎著「安貧樂道」。原來，無錢秀才的「一簞食，一瓢飲，在陋
巷…不改其樂」（《論語•雍也》）是應考的中國文化基本教材，誰敢當
它做生活守則？秀才怕窮，會有誰不怕窮秀才？其實，千百年來

人家早就看好「有錢烏龜」，只是近年來台灣泡沫經濟滾滾，把烏龜渡成金龜。這樣一來，窮秀才只好遁入更深的顏回巷了！

值得警惕者，句裏的「有錢烏龜」和「無錢秀才」並不是個人的實存情況而已，乃是象徵著物質和精神，黑金和法律，罪惡和道德，無恥感和榮譽心，黑社會和善良民，等等力量、價值和實在的對立與消長的緊張——也是台灣社會交纏不清的二股勢力。我們不難預見，「有錢烏龜」坐議會，坐國會殿堂，坐到全體人民的頭上來的時候，台灣社會將無寧日！

烏龜、金龜，都是龜；錢秀才、寒秀才，都是秀才！深願我們的台灣不會墜落成龜島，而是榮耀的，體面的秀才國，不論她富裕或貧窮！

（參看，「散鬼互人驚，做婊坐大廳。」131. 71）

【07】
笑人窮，怨人富。

Chhiò-lâng kêng, oàn-lâng pù.

Chhió-lāng kêng, oán-lāng pù.

恥眼的焦點。

指出窮人和富人都會遭受到被輕視，被嫉妒；含有提醒人，勿輕賤窮人，勿阿諛富人。

（參看注釋212. 01）

【08】
日本銅鼎仔──無才。

Ji̍t-pún tâng-tiáⁿ-á──bô-chaî.

Ji̍t-pun tāng-tiáⁿ-á──bō-chaî.

無能小輩。

　　譏刺沒有才能的人。這句厥後語的譬喻句是「日本銅鼎仔」，而解釋句「無才」，乃是「無臍」的擬音和假借。日本銅鼎仔是沒有肚臍的，因爲是平底鍋；台灣鼎有「臍」，原是生鐵鑄造時灌進熔鐵的入口。在實際應用的時候，用第一分句爲多；直接罵人「無才」，太粗魯了。

　　本句俗語暗藏這樣的「邏輯」：鼎無臍，人無才；鼎有臍，人有才。日本銅鼎仔無臍，所以日本人無才；台灣鼎有臍，所以麼，台灣人有才。但願台灣人的後裔能夠推論出眞實的自尊心，而不是自我膨脹！

【09】

鷄母屎——半烏白。

Ké-bú-saí—poàⁿ oˊ-pe̍h.

Ke-bu-saí—poáⁿ ō-pe̍h.

察異方之言也。

　　諷刺人說話老是喜歡混用二種語言。這裏的「半烏白」原指日本「國語」和台灣話的混合講說，乃是昔日老先輩用來恥笑台灣某些日本御用紳士或走狗的。現代，這句話用來譏刺某些政客爲要騙得選票，不得不混雜著幾句臨時學來的台灣話來演戲。

　　鷄母屎：母鷄之拉屎也，斷斷續續，有時拉白，有時泄烏。

　　也許，我們會覺得這句俗語相當粗鄙。不錯，不過沒有「鷄母屎」這種土味夠的表象，那能十二分傳神地映照出平常歧視台語，到時候才鸚鵡學舌的政客的醜態。

　　最可憐的是，每次電視畫面播出政客大拉半烏白的「鷄母屎」的時候，台灣的觀衆是多麼的歡喜感動，馬上深信人家是「愛台灣的偉大政治家」。鮮有人追問：他在台灣至少生活了三四十

年，爲甚麼不會講台語？是低能嗎？是語障嗎？是老榮民嗎？是心態有什麼問題嗎？這些問題弄清楚了，再來試聽不遲。

那麼，什麼樣的官員不願意學習本地最大多數人的語言呢？台灣經驗告訴我們：那是一切外來的，殖民地的惡霸官僚！可是台灣是主權獨立的國家呀！不錯，但是台灣的憂患也就在於「廟堂」裏養了太多咬破布袋的「老鼠！」

【10】

內山猴，食樹籽。

Laī-soaⁿ kaû, chiảh chhiū-chí.

Laī-soāⁿ kaû, chiā chhiū-chí.

海口鷥的心眼。

可能是沿海一帶的人，用來恥笑住在山區的人，說他們生活困難，糧食缺乏，吃的都是樹籽。利口啊，把山區裏的人鄙視做「內山猴！」不過，或許您也曾聽說過什麼叫做「海口鷥」的吧？這一定是內山的秀才用來標籤沿海的諸位先生和小姐的——但願「知者樂水，仁者樂山。」(《論語‧雍也》)讓猴與鷥自由自在地各領風騷。

內山：山區地帶也。亦玄指出「清代把台灣山林未闢的地區，統名『內山』」。❹ 海口鷥：譏刺海口人行動猥褻似鷥，盡吃些海草海沙，小魚幼蝦。

【11】

草地傖，府城戇。

Chhaú-tē sông, hú-siâⁿ gōng.

Chhau-tē sông, hu-siāⁿ gōng.

城鄉相褒。

　　這是舊時都市人用來嘲諷鄉下人，說他們談話、想法、衣著、行動，都很「俗」。至於「府城戇」這一分句，可能是後來草地俗，忍無可忍之下的馬後炮吧。

　　草地：鄉村也。連雅堂有注：「台灣初啟，草萊未闢，耕者錯居其間，插竹為籬，編茅為屋故謂郊野為草地。」❺　府城：府衙的所在地也。舊稱台南市為府城，台灣府即在該城。但到了光緒元年（1875），清政府新設台北府於台北；此後，台灣的政治，經濟的中心漸漸移往該地。現在，台南市已經成為台灣的第四大都市了。　俗：土味過份濃厚也，其言行思想，態度不合都市的時潮。　戇：笨頭笨腦，傻瓜。

　　為甚麼說「府城戇」呢？從來，說俗道戇的不都是府城人對草地人的嘲笑嗎？也許，草地人吞不下這口怨氣，認真研究府城人的行為，終於發見他們也有很「戇」的地方，就俗語所反映的，有：

　　「呣識芋仔，抑蕃藷。」──府城人四體不勤，五穀不分。草地人恥笑他們沒有分別芋和薯的能力：智障也！

　　「草地人驚掠，府城人驚食。」──食是福氣，請客吃飯是興旺，被掠去衙門是衰。那麼，為甚麼府城人不怕掠去衙門，反而怕上餐桌呢？草地人由此怪事斷定府城人的頭腦有問題：戇頭也！

　　「呣識食著豬肉，嘛識看著豬放屎。」──府城遠離農村，甚至有未曾看過豬是什麼樣子的，說要他們欣賞「豬放屎」更是不可能的事！吃豬肉，而不知豬屎為何物，不是孤陋寡聞是什麼？因此，草地人發現府城人原是：井蛙也！

【12】

獪比得范進士的旗杆。

Boē pí-tit Hoān-chìn-sū-ê kî-koaⁿ.

Boē pi-tit Hoān-chín-sū-ē kī-koaⁿ.

不夠看！

假借別人的威風來輕視頗有成就或榮譽的人。句裏是用清朝台灣府所曾有過的最高大的「范進士的旗杆」，來做爲衡量成就的標準，然後來貶損對方的微不足道！這種心態的可惡是：借刀殺人！驕傲的心是很詭詐的，常常假借一個「最高級的」來比較對方，來斷定他是「最低級的」；這樣子，好像自己就比對方厲害得多了。

獪比得：比不上。 范進士的旗杆：范學海，台灣府城人，康熙五十七年武進士。曾任山東袞州壽縣營中軍守備審本營游擊。後請假，歸鄉建第於台南市中區。原宅因都市變遷及戰禍而拆毀無存。本來，在宅前有一對旗杆來顯示榮耀，而且這對旗杆比其他的都來得高大。❻ 進士：各地秀才集中在省都會試，錄取者謂之「舉人」，是一種正式的資格，可出仕爲官；而舉人進京會試及第的，叫做「進士」。

【13】

受人酒禮，互人刨洗。

Siū lâng chiú-lé, hō·-lâng khau-sé.

Siū lāng chiu-lé, hō·-lāng khaū-sé.

沒有白吃的午餐！

指出吃人家的牙軟！爲何議員、委員、代表、如此盡忠努力來爲人「關說」？來圖謀某些人的利益呢？難免有「受人酒禮」的嫌疑！假如，一旦受賄曝光見報，只好厚著臉皮來「互人刨洗」了！

這是一種很詭譎的恥笑：先給他補植好厚臉皮，然後再來刮臉涮皮。

　　酒禮：有條件的飲花酒，收紅包；官商勾結，利益輸送。　　刨洗：譏刺，批評也；字面是，用刀刨削黏著的污物，用水沖除污穢。

【14】

七仔，笑八仔。

Chhit-ah, chhiò peh-ah.

Chhit-à, chhió pch à.

彼此彼此！

　　用做警語，不可隨意恥笑人，因為好譏誚的，常常是自己沒有本事的人，正如阿七阿八，原是半斤八兩的老戰友。

　　可能的語源：為甚麼說「七仔，笑八仔」呢？筆者查不到任何探源的文獻，但認為她可能是由「七爺，笑八爺」演變而來的，理由是「爺」諧音「仔」；又「七爺」和「八爺」是同類有志，都是有名的神捕。他們雖可能相輕，但沒有相輕的本錢，因為各有「長短」。

　　七仔…八仔：指任何同類同志，張三李四。　　七爺…八爺：神將也，原來是城隍爺的刑警。七爺，謝將軍名必安，身高一丈有餘，口吐長又紅的舌頭；八爺，范將軍，名無救，五短之體，黑面。

【15】

八兩，笑半斤。

Peh-niú, chhiò poàⁿ-kin.

Pé-niú, chhió poáⁿ-kin.

豈有此理。

　　用法和意思類似上一句。但意思顯然可知，「八兩」即是「半斤」，彼此沒有什麼可以互相輕視的。然而，譏刺的心態就是偏

偏如此。

【16】

一個半斤翹，一個八兩翹。

Chi̍t-ê poàn-kin khiàu, chi̍t-ê peh-niú khiàu.

Chi̍t-ē poán-kīn khiàu, chi̍t-ē pé-niu khiàu.

用法和意思類似上一句。

> 翹：秤杆翹起來，喻指重量足夠。

【17】

起廟，企旗杆。

Khí-biō, khiā kî-koan.

Khi-biō, khiā kī-koan.

真膨風也。

指出輕慢人的一種心理：膨風！廟是祭拜神祇的所在，而旗杆是豎立在進士等府宅的「功名」記號。廟董建廟而又要爲該廟建造旗杆實在是過份愛慕虛榮，眼中無人。

> 起：建築，造出也，例如起厝，起牆，起火。　企：豎起，站立，站在，例如「企高山，看馬相踢。」「企著好地理，卡好識拳頭。」

【18】

你看我普普，我看你霧霧。

Lí khoàn-goá phú-phú, goá khoàn-lí bū-bū.

Lí khoán-goá phu-phú, goá khoán-li bū-bū.

都是老花囉！

覺得被輕視的人用來挑戰對方。意思是說，你老弟既然沒有把本人看在眼裏，難道我會把你當做什麼東西！

> 普普…霧霧：看不出什麼東西來，喻指輕示對方沒啥。原義

是：眺望景觀的盡處，視之灰灰者爲普普，見之朦朦者爲霧霧；
也即是，超越過眼力的距離。譬如說，吳大富的田園濟到「東到
普普，西到霧霧。」(→131.54)

【19】

三百枝打馬火，照繪著。

Saⁿ-pah-ki tam má-hoé, chiò boē-tioh.

Sāⁿ-pá-kī tam-má-hoé, chió bē-tioh.

眼中無人！

　　譏刺人身份卑賤，以致於用二百枝「打馬火」來照明，來仔細
尋找，仍然看不出他的踪跡。

　　打馬火：石油燃燒打馬膠的火把。而所謂的「打馬膠」乃是外來語
「打馬克」(tarmac)，國人半譯音半釋義，而成爲「打馬＋膠」；打馬膠
者，原指柏油和碎石混合，做爲鋪設路面的材料，此處應指瀝青。

【20】

客鳥，咬唔著批。

Kheh-chiáu, kā m̄-tioh phoe.

Khé-chiáu, kā m̄-tiō phoe.

寫錯了住址吧？

　　譏刺人粗心大意，把重要的話傳錯了。

　　客鳥：注解請參看，「烏鴉嘴，客鳥心。」(16.26)　批：書信。

【21】

豬哥牽對牛稠去。

Ti-ko khan-tuì gû-tiâu khì.

Tī-ko khān-tuí gū-tiâu khì.

天大的憒憧。

用來譏刺人行事糊塗，如同牽豬哥的人把豬哥牽到牛舍要和牛小姐成親。

豬哥：種豬也。（→15.07；211.02） 牛稠：牛舍。

這句俗語形容「牽豬哥的」糊塗的行爲極盡誇張的能事，實在非常好笑。如此描寫到底和「牽豬哥的」個性和樣態有什麼關係呢？不無關係吧。筆者小時候常看到的「牽豬哥的」幾乎都是：裸露上身，穿著短內褲，一手提著裝水的小鉛桶，一手趕著從美國進口，專司配種的「大豬哥」。他沿途給流淌著白色波沫狀的豬哥涎[ti-ko-noāⁿ]的豬哥不停淋著冷水；一邊趕牠，一邊粗暴地刺激牠：「幹！幹！幹！」有些「牽豬哥的」顯得悾憨十足。

舊時台灣民間對「牽豬哥的」偏見頗深，公然輕視，將他們歸類於「下九流」。有一首民歌眞能反映社會大衆對他們的鄙視：

> 牽豬哥的，極風騷。
>
> 嘴內哺檳榔，下頦流涎波。
>
> 氈帽澇紅鬃，薄衫夾羊羔。
>
> 肩頭掛布袋，褲頭插小刀。
>
> 嘴角歪一旁，額頭塌一槽。
>
> 生成這譴款，因何愛人褒？
>
> 看人娶新娘，歡喜笑呵呵。
>
> 去互炮彈著，哭痛雙手搓。❼

（別解請看，15.12）

【22】

合藥行去棺柴店。

Kap-ioh kiâⁿ-khì koaⁿ-chhâ-tiàm.

Kap-ióh kiāⁿ-khí koāⁿ-chhâ-tiàm.

用法和意思類似上句。

　　這個悲哀過份的糊塗蟲，也許是對於病況太悲觀，相信病者有死無生，以致於過藥店之門而不入，竟然走進「棺柴店」去看大厝。

　　合藥：抓藥也，到漢藥店按藥單買藥。　棺柴：棺木，靈柩也，也叫做「大厝」。說，「棺柴」和「大厝」是口語，「棺木」是文語，而「靈柩」則是莊重的。

【23】

顧前，無顧後。

Kò·-chêng, bô kò·-aū.

Kó·-chêng, bō kó·-aū.

無後顧之憂？

　　用法有二：一、用來指責行動粗魯莽撞，肢體衝撞到旁邊的人，或撞翻了物件。二，用做警語，譬如說，唔通顧前，無顧後！指出行動疏失，做事不能周全的一個重要原因，乃是：考慮當前的問題和目標，及其解決的方法和完成的手段，而沒有考慮或評估後續的困難或結果。

　　顧前：前瞻也。　顧後：反思也。

【24】

近溪，釣無魚。

Kīn-khe, tiò-bô hî.

Kīn-khe, tió-bō hî.

方便，疏失的鬼胎。

　　用做警語。點醒方便容易造成疏忽，而帶來損失和不便。句

裏說的是：平常認爲溪近魚多，隨釣隨有，要吃魚，再來「現釣」；如此，人旣清爽，魚又鮮猛，何樂而不爲！誰知，有限的溪魚已經被鬼靈精而又非常貪婪的外來漁者釣光了。

【25】

近山挫無柴，近溪擔無水。

Kīn-soaⁿ chhò-bô chhâ, kīn-khe taⁿ-bô chuí.

Kīn-soaⁿ chhó-bō chhâ, kīn-khe tāⁿ-bō chuí.

用法和意思類似上一句。

　　探不到近山的柴薪，取不到近溪的清水，因爲是共同的方便的資源，唯有捷足先登的，才都夠探到柴，取到清水——柴被先到的樵夫採光，而溪水是被先來挑水的人弄髒，眞是「慢牛，食濁水！」(→22.15)

【26】

近溪，搭無船。

Kīn-khe, tah-bô chûn.

Kīn-khe, tá-bō chûn.

用法和意思類似上一句。

　　渡船不是自己的獨木舟，有她一定的開船時間；等到聞聽鑼聲，再從家裏奔往渡口，船已經逍遙在溪心了。

【27】

近海，食貴魚。

Kīn haí, chiáh kuì-hî.

Kīn haí, chiā kuí-hî.

但知漲價。

　　爲甚麼近海的人，反而買不到美而廉的魚吃呢？按吳瀛濤注解是說：「過於方便，反而得不到利處。」❽不過，這樣解釋並沒有回答「爲甚麼」。筆者以爲，這是產地的商人常有的「知起，唔知落！」──盲於情報，故步自封！

【28】

近廟欺神。

Kīn-biō khi-sîn.

Kīn-biō khi-sîn.

慣了，就俗。

　　這是一句常用俗語，用來警告人，切勿捨近就遠，以免閃失。例如，天笠遠來和尚的道行未必超越台南彌陀寺火居老僧，MIT的筆記型電腦並不多讓歐美同類產品，所以不要妄自菲薄。本句，偶而看到坊間有寫做「近廟怠神」的。

【29】

呂祖廟燒金，糕仔燴記得提。

Lī-chó͘-biō sio-kim, ko-á boē-kì-tit theh.

Lī-cho͘-biō siō-kim, kō-á bē-kí-tit theh.

褻瀆的藉口。

　　製造藉口，以做歹事。字面的意思是：忘記帶回燒金拜神的糕餅，於是以取回糕餅爲理由，再外出行事。

　　背景：按朱峰所記的，呂祖廟在台南東安坊，現今台南市警察局附近。此廟原來住有尼姑，因不守清規，常引誘良家婦女和登徒子發生情愛關係。不良婦女，常藉「糕仔忘記帶回」潛赴其廟暗室賣淫作樂。後爲官府所聞，驅逐尼姑出廟，並將其改爲縣轄引心書院。❾

　　呂祖：呂洞濱神化後的尊稱，在我國民間宗教中有多種稱呼：孚佑帝君、呂純陽、仙公等等，乃是八仙之一；香火最盛的呂祖廟是台北指南宮。　　燒金：指拜廟祭祀神明；因爲祭神必要燒金故名。

【30】
割香，繪記得佛。
Koah-hiuⁿ, boē-kì-tit pu̍t.

Koá-hiuⁿ, bē-kí-tit pu̍t.

心裏有數。

　　譏刺人疏忽了幾乎不可能忽略的要事。本句的譬喻妙絕，世上竟然有「割香」的香客忘記進香的對象！

　　割香：又稱爲進香、割香、割火等等，是我國民間信仰很重要而又常有的宗教活動。乃是前往其廟宇所供奉神祇之香火的來源地廟宇參拜，舉行割火，交香。根本目的是經由割火來興旺本廟，同時帶給對方的廟實質的香火利益。**❿**　　佛：神像也，這裏不指釋迦佛。

注釋

1. 孫中山：錢也。此詞流行在四、五十年代，因爲紙幣上面有「孫中山」的遺像，故以之爲錢的代名詞。

2. 連雅堂對「烏龜」的解釋是：「謂無恥者。《明人雜俎》：俗以妻子外淫者，號其夫爲烏龜。蓋龜不能交，縱牝者與蛇交也。亦曰污閩，謂其閩中之污亂也。」（參看，連雅堂《台灣語典》(台北：金楓出版社，1987)，頁110)

3. 參看，李弘祈「科舉——隋唐至明清的考試制度」《立國的宏規》(台北：聯經出版社，1983)，頁282，311。

4. 亦玄《台語溯源》(台北：時報文化公司，1983)，頁57。此外，亦玄繼

續提起「內山」人在政治上所受到迫害，他說：「乾隆51年，大將軍福康安率軍入台，平定林爽文之役後，曾上奏朝廷：『別行劃定界限，設立土牛(以土堆砌如臥牛狀)，禁止奸人越界佔墾，免滋事端。』這樣一來，內山與已開發的西部平原更加隔絕，變成化外之區；文化教育也就更行落後了。」(同上頁。)

5. 連雅堂，同上注，頁107。

6. 引自，朱峰「台灣方言之語法與語源」《台北文物》七卷三期(1958.10):19.

7. 這一首民謠引自，亦玄，同上書，頁30。筆者更動了幾個字，因相當可愛，特予以注音以利誦讀：

　　Khan ti-ko--ê, kek hong-so.

　　Chhuì-laī pō· pin-nńg, ē-hoâi laù noā-pho.

　　Chiⁿ-bō laù âng-chhiu, pȯh-saⁿ giȧp iûⁿ-ko.

　　Keng-thaû koà pò·-tē, khò·-thaû chhah sió-to.

　　Chhuì-kak oai chȧt-pêng, hiȧh-thaû lap chȧt-chô.

　　Seⁿ-sêng chit giȧt-khoán, in-hô aì-lâng-po?

　　Khoàⁿ-lâng chhoā sin-niû, hoaⁿ-hí chhiò o-o.

　　Khì-hō· phaù toāⁿ--tiȯh, khaù-thiàⁿ siang-chhiú so.

又其中難詞注解於下：「下頦流涎波」：口水往下巴流滴。　「氊帽澇紅鬚」：帽破爛，裏面的紅色內裏掉了出來。　「薄衫夾羊羔」：夏衣冬裘夾穿一身。　「額頭塌一槽」：前額曾受重創，因為沒有良好的醫治而留下來的痕跡。　「去互炮彈著」：被鞭炮傷到。

8. 吳瀛濤《台灣諺語》，頁112。

9. 朱峰，同上注。

10. 詳看，林美容「進香的社會文化和歷史意義」《台灣文化和歷史的重構》(台北：前衛出版社，1996)，頁154-155。

第七節 徒勞、愚行

本節分段：

徒勞之舉01-13 愚笨行動14-28

【01】

蚊仔叮牛角──無採工。

Báng-á tèng gû-kak──bô-chhaí kang.

Bang-á téng gū-kak──bō-chhaí kang.

叮卵脬吧！

　　譏刺人用單薄軟弱的力量要來攻擊頑敵。這句厥後語常用的是第一分句「蚊仔叮牛角。」

　　無採工：枉費工夫。 *卵脬*〔lān-pha〕*：陰囊也。例如，俗語說：「蚊仔叮卵脬──歹拍。」*

【02】

鷄啄蚶，拍損嘴。

Ke tok ham, phah-sńg chhuì.

Ke tok ham, phá-sng chhuì.

再等些時。

　　譏刺人有勇無謀，結果當然是徒勞無功。本句要說的是，鷄猛啄蚶仔，但蚶殼堅厚，力啄無效。鷄仔有知的話，應該忍耐等候，蚶暴露在艷陽底下，不久必然開嘴投降──火力不足，裝備不良，方法拙劣的攻堅，可能損兵折將，宛如「鷄啄蚶！」

　　蚶：文蛤也，有厚而堅的蚶殼。 *拍損：沒有成果的耗損，可惜*

也。

（參看，「開嘴蚶，粒粒臭。」16.19）

【03】

狗，吠雷。

Kaú, puī luî.

Kaú, puī luî.

亂吠一場！

　　用來恥笑人亂罵，亂發牢騷，那是白費力氣的事。這種動作被比擬做激動的狗，憤怒地回應著隆隆的雷聲。

【04】

狗，咬鳥鼠。

Kaú, ka niáu-chhí.

Kaú, kā niau-chhí.

好玩吧？

　　譏笑人認真地做了一場沒有用的事。句裏的譬喻是：狗用力捕老鼠，但沒有用，因為狗不能吃牠──我們不禁要問：為甚麼一切「咬」到的，都要吃呢？難道狗「獵」老鼠不是牠的天性嗎？牠們再三再四地縱鼠捕鼠，忘我地操練著列祖列宗所賜的求生技能，真是令人感動！天然演化的奧妙，由之表露無遺啊！

　　鳥鼠：老鼠也。（→131.36）

【05】

睛暝的看告示──無採工。

Chhiⁿ-mî--ê khoàⁿ kò-sī—bô-chhaí kang.

Chhīⁿ-mî--ê khoáⁿ kó-sī—bō-chhai kang.

秀得太過份了。

譏刺沒有意義的行動。譬喻是「睛暝的看告示」。

可能的背景：白先生看到官府四處張貼告示，心想自己目不識丁，只好擠進告示前的人叢中要來聽個究竟。不巧，被隔壁的羅秀才碰見，只好自我解嘲地向他說：「睛暝的看告示啦！到底發生了什麼代誌啊？講來分聽咧。」半小時後，這句厥後語也就流行全村了。

睛暝的：文字障之人士也，在這裏不指眼障。　告示：舊時，指官府的通告。商業的「海報」則稱爲「廣告」。　無採工：→01。

【06】

海底，摸針。

Haí-té, bong chiam.

Hai-té, bōng chiam.

海底撈針。

恥笑人花費很大的力氣做著不可能的事，其徒勞無功是意料中的。這是一句古諺，中國諺語做「大海裏撈針」。(《紅樓夢》60回)

【07】

無田，禁鴨母。

Bô chhân, kìm ah-bú.

Bō chhân, kím á-bú.

所謂防範未然也。

用來譏刺人做了一些不必要的防備措施。譬喻是：沒有水田的地方，仍然嚴禁群鴨不讓牠們越鴨池一步。——言下之意是：旣然附近沒有稻田，也就沒有理由不讓「鴨母」出稠自由覓食，因爲沒有鴨母潛入水田損壞稻穀的顧慮。

鴨母：指的是鴨母陣，乃是專門養來生蛋的。

【08】

牛面前，讀經。

Gû bīn-chêng, tha̍k-keng.

Gū bīn-chêng, tha̍k-keng.

無效啦！

　　可能是父兄或師長的感嘆。例如，認眞教導子弟，但他馬耳東風，不受教訓，宛如對牛讀經。比較而言，這句俗語尤勝「對牛彈琴」多多，更能突顯勞而無功的用意。據說，乳牛聽了貝多芬或莫札特的交響樂，乳水激增。要是眞的話，對牛奏樂還是多少有用。然而，經文晦澀，教義深奧，給老牛讀經雖是渡牛之心可感，但要牠參悟，要牠洞識牛性，對於老牛未免是無理的要求吧？

【09】

和尙頭，尋無虱母。

Hoê-siūⁿ-thaû, chhoē-bô sat-bú.

Hoē-siūⁿ-thaû, chhoē-bō sat-bú.

無此煩惱也。

　　用來嘲笑喜歡無事忙的人，點破勞而無功的道理。在虱子成災的舊時代，留長頭髮的男女，難免髮中群虱鑽營。於是，彼此互助往頭上遍捕虱子成爲風尙。那麼，法師們旣已剃掉三千煩惱絲，頂上衛生第一，自然無須勞駕，來尋找什麼虱母虱父了。

　　　（比較，「和尙頭，尋虱田。」32.11）

【10】

功德，做於草仔埔。

Kong-tek, chò-tī chhaú-á-poˑ.

Kōng-tek, chó-tī chhau-a-poˑ.

徒勞無功。

　　譏刺人枉費許多心血於沒有效果的，錯誤的事情上面。譬喻是：道士在「草仔埔做功德」。這顯然是荒謬的！做功德的場所應該在喪家，並須要建法壇表示莊重，好讓死者的魂神回來安享祭祀的慰藉。

　　功德：安慰亡靈的法事也。有僧道誦經，女兒女婿致祭，師公弄鐃，或演法事戲等等行事。　草仔埔：俗信郊野草仔埔是孤魂野鬼出入之所，豈是做功德的所在？

【11】

騎馬，夯拐仔。

Khiâ-bé, giâ koái-á.

Khiā-bé, giā koai-á.

徒勞之舉。

　　恥笑人行為乖張，做了累贅的動作，貽笑大方。「拐仔」是步行時候的支持物，騎馬又拿拐杖，不但是多餘的，而且妨礙乘騎，除非是馬球的高手！

【12】

放一下屁，褪一下褲。

Pàng chi̍t-ē phuì, thǹg chi̍t-ē khòˑ.

Páng chi̍t-ē phuì, thńg chi̍t-ē khòˑ.

超衛生行動。

　　譏刺人做了極端吹毛求疵的事；脫褲放屁也。雖然先人這種想像令人費解，但是用來形容為人囉嗦，熱衷於無聊之事，實無

出其右者。

【13】

薄冊仔，打桶——假工夫。

Po̍h chheh-á, táⁿ-tháng—ké kang-hu.

Pō chhé-á, taⁿ-tháng—ke kāng-hu.

徒費工夫。

　　用來譏刺人，做了多餘的，無效的傻事。「薄冊仔」是不適合打桶的，因其材質粗陋，難保屍水不外流；猛浪而爲，結果不堪設想。

　　薄冊仔：由四片薄木板釘造的棺材。　　打桶：死者納棺以後，因爲卜擇吉日或探勘風水龍穴，或等待遠方子孫奔喪，等等理由而停棺。此一情形者，棺木的材質必要厚實，棺之內外必要刷上油漆多層，以防屍水外漏。直到埋葬之前，每逢旬祭，都再加漆一層。打桶者，多屬富家大戶；現代已經比較少見。　　假工夫：不實在，假用心。

【14】

戇蚊，叮神明。

Gōng-báng, tèng sîn-bêng.

Gōng-báng, téng sīn-bêng.

打錯了靶。

　　用來恥笑人盲目莽動，力量使錯了對象。比喻是：愚笨的蚊子力叮神像，要是眞的叮下去的話，受傷慘重的當然是戇蚊囉。

　　神明：神佛的偶像；原指「神佛」，例如，「神明興，弟子窮。」

【15】

戇狗，吠火車。

Gōng kaú, puī hoé-chhia.

Gōng kaú, puī hoe-chhia.

忠犬也！

　　勇敢又盡忠的家犬，眼見火車要穿越地界，侵略國境，護主愛國心切，也就用力狺狺而吠了！——可惜，無情又偏見的主人，視忠犬爲戇狗！

【16】

戇狗，咬炮紙。

Gōng kaú, kā phoà-choá.

Gōng kaú, kā phoá-choá.

發明之母。

　　鬧熱時鞭炮乒乒磅磅，街犬看那瞬間即逝的爆火花，變成滿地狼藉的紙屑，於是好奇心大作，試著嗅嗅它，咬咬它，要知道它是什麼滋味。——先人說，咬那不能吃的，是戇狗也。我們懷疑，難道「咬」的動作，一定志在胃腸？咬，沒有其他更深刻的意義嗎？假如，人和狗都是咬即是吃；那麼，人犬有志一同，都有資格姓「戇！」

【17】

戇狗，追飛鳥。

Gōng kaú, tui poe-chiáu.

Gōng kaú, tuī poē-chiáu.

野性不昧。

　　恥笑人家追逐無法到手的東西。追飛鳥的狗不必戇，原野的基因使然；只是先人認爲，人如狗狂追不可及的對象，煞像戇狗！然而，世上多少戇狗追上飛鳥，獵到鳳凰，這又是什麼道

理？

【18】

狗，咬鐵釘——唔願放。

Kaú, kā thih-teng——m̄-goān pàng.

Kaú, kā thí-teng——m̄-goān pàng.

頑固有害。

犬牙雖利，但沒有虎頭鉗或扳手的剪拔功能，死纏不放的話，雖是犬志堅定，愚勇可喜，但是唇破牙斷，豈不可憐？

【19】

戇猴，搬石頭。

Gōng-kaû, poaⁿ chio̍h-thaû.

Gōng-kaû, pōaⁿ chiō-thaû.

進化的秘密。

恥笑人從事無利可圖的勞動。用來譬喻的是一幅很美麗的想像畫：大大小小一群滿身臭汗的台灣猴，直立著一對對後腳，一雙雙前臂用力緊緊抱著石頭，努力不懈地搬來建造石城石堡。聰明自居的人類，譏刺諸猴白費力氣——不過，宜蘭多山的小姐先生們比較謙虛，在「全國社區總體營造博覽會」時，展出：一隻強壯的大猴在搬著石頭。說是要強調多山梅花社區，就是用「戇猴，搬石頭」的精神，從石頭地清理出一大片花生園的。(→《中央日報》1997(4.16):6)

其實，「戇猴，搬石頭」不但建設了城堡，開闢了田園，而且搬出一番道理來。有朝一日，諸猴在堅果樹下，繼續搬石塊。搬久了，猴团手軟，無意中石頭落地擊碎散落在地面上的堅果；殼破，仁現……。從此，諸猴學會使用石頭為工具來碎果取仁，來

享受營養可口的果實。

　　勞動是教育，是發明之母！收歛急功近利的心，來「搬石頭」吧！說不定在搬動中藏有智慧，埋有眞理。

【20】

豬屎籃，結彩。

Ti-saí nâ, kat chhaí.

Ti-sai nâ, kat chhaí.

婧花插牛屎。

　　眞是令人作嘔的裝飾！不但是徒勞無益，而且映對出它的髒醜不堪。

　　豬屎籃：盛豬屎的小竹籃也（→23.12）。　結彩：繫上彩球彩帶。

　　旣然「豬屎籃，結彩」是徒增醜陋羞愧的記號，那麼，在我們美麗鄉土上的種種製毒工場，核能發電廠上空飄揚的旗幟又表示什麼？難道不比「豬屎籃，結彩」更有害，更惡劣，更諷刺嗎？

　　「豬屎籃，結彩」已經走入歷史了，我們也應該送結彩的毒廠進入歷史。一個清潔、安全、健康、美麗的小康島國，比暴富的垃圾國如何？

【21】

盤屎，過礐。

Poân saí, koè ha̍k.

Poā saí, koé ha̍k.

增加污染。

　　人家是遷地爲良，他家是盤池爲惡，眞是乖戾胡爲，那來的歪想？本句的意思是：把甲池的糞便，搬到乙池；傳統的解釋是

「多此一舉」。但實際上，這已經是污染範圍的擴散啊！

　　我們難免要問，人類的愚行有出其右的嗎？也許！君不見，半世紀以前國民黨在中國製造的憲法，要勉勉強強的「盤」過來台灣；國共鬥爭的仇恨要「搬」到早就被中國出賣，早就和中國無關係的台灣人身上。這一切，不是比「盤屎，過礐」更荒謬，更不衛生嗎？凡我愛乾淨的同志，應該盡力反對「盤屎，過礐」一類的思想、言論和行為。

【22】

拳頭母，挣石獅。

Kûn-thaû-bú, cheng chioh-sai.

Kūn-thaū-bú, chēng chiō-sai.

愚勇之極。

　　就是世界級鐵沙掌或空手道大師，也不敢拳打石獅；敢者，慘不忍睹的破拳碎掌了。先人的這句俗語比較中國成語「暴虎馮河」的形容愚勇尤勝千萬倍，就是勇猛如武松者，也動不得石獅的毫釐皮毛。

　　拳頭母：五指緊握的拳頭。　挣：空拳使力打擊也。

　　（參看，「拳頭田，收於手袂內。」244.17）

【23】

歕螺，互人賣肉。

Pûn lê, hō·-lâng bē bah.

Pūn lê, hō·-lāng bē bah.

早期的義工。

　　譏刺人不計酬勞地協助別人賺錢。舊時，偏遠的地區，有「賣豬肉的」用腳踏車，在後架載著數十斤獸肉或內臟，用吹螺為

號來叫賣。通常是肉販仔一人吹螺兼賣肉。

【24】

趁錢，互人娶某。

Thàn-chîⁿ, hō·-lâng chhoā-bó·.

Thán-chîⁿ, hō·-lāng chhoā-bó·.

不獨子其子。

　　台灣一般窮人對「娶某」的態度是：無能賺錢養家，就沒有資格娶某；就是借錢娶某都會成為笑柄，說什麼「借錢娶某，生囝無地估！」

　　另一方面，傳統道德責任的優先次序是，親其親，子其子。這種道德理想的實踐就是終身奉行猶無滿足的時候，說要「趁錢，互人娶某！」免想！萬一有之，難免受到鄰里的猜疑和批評；就是最善意的了解，恐怕也離不開一句：「有夠戇！」

　　不過，我們的社會確實有「趁錢，互人娶某」的戇好人！

【25】

第一戇，車鼓馬；第二戇，飼人娘嬭。

Tē-it gōng, chhia-kó·-bé; tē-jī gōng, chhī-lâng niû-lé.

Tē-it gōng, chhiā-ko·-bé; tē-jī gōng, chhī-lāng niū-lé.

聲色之愚。

　　這句俗語提到人生的二項傻事：扮演做「車鼓馬」和蓄養有孩子的情婦。我們認為本句的重點是在於第二分句，因為有機會表演車鼓馬的，究竟太少了。那麼，為甚麼養這一類的情婦算是最愚笨的呢？據說是：情婦的孩子長大以後，不會認他做父親！有俗語為證：「豬仔飼大隻，唔認豬哥做老爸。」嘻，誰叫他當戇豬哥？

車鼓馬：被花姐騎背上來表演車鼓的人，傳統認爲被女性所騎是奇恥大辱。　娘嬭：阿母也。

【26】

第一戇，撞球相碰；第二戇，食烟吮風；
第三戇，無油食罔激悾。

Tē-it gōng, lòng-kiû sio-pōng; tē-jī gōng, chia̍h-hun suh-
　　hong; tē-saⁿ gōng, bô-iû chia̍h bóng kek-khong.

Tē-it gōng, lóng-kiû siō-pōng; tē-jī gōng, chiā-hun sú-
　　hong; tē-sāⁿ gōng, bō-iū chiā bong kek-khong.

假樂之愚。

　　在先人的時代，「撞球」和「食烟」之愚，僅限於花錢又無所得，不像今日有「吸烟致癌症的危險」的恐慌。所以，先人所經驗到的最苦，應該是「無油食罔激悾」了，因爲這關聯到民生問題，三餐不繼，而又要假裝快樂，其無奈，其痛苦不難想像！

　　無油食：食無油無葷也，喻指日食艱難，「無油食」是委婉的說法。　罔激悾：裝瘋賣傻，假扮生活安定，快樂如意。

【27】

第一戇，食烟吮風；第二戇，撞球相碰；
第三戇，挿甘蔗互會社磅。

Tē-it gōng, chia̍h-hun suh-hong; tē-jī gōng, lòng-kiû sio-
　　pōng; tē-saⁿ gōng, chhah-kam-chià hō͘ hoē-siā pōng.

Tē-it gōng, chiā-hun sú-hong; tē-jī gōng, lóng-kiû siō-
　　pōng; tē-sāⁿ gōng, chhá-kam-chià hō͘ hoē-siā pōng.

被剝削的戇奴。

這是次殖民地的台灣人被日本政府剝削,深感痛苦無奈之下的自我解嘲。我們這樣解釋並不按照分句的順序來理解其中心意義。雖然將「食烟」和「撞球」說成首愚次戇,但實際上是要突顯「插甘蔗互會社磅」的最戇,因爲前二項戇事是個人自願的傻事,而後一項是殖民政府有計劃的欺騙、剝削,關涉台灣人全體的命運和痛苦。

插甘蔗:種植甘蔗也,因爲甘蔗之種植是把蔗種插入蔗股,所以說「插」,不說「種」。 會社:製糖會社也,因爲日據時代台灣最多的會社是製糖,所以簡稱會社人人知曉。 磅:秤重也。

什麼是「插甘蔗互會社磅」的愚戇呢?如所周知的,日本政府先是獨佔製糖業,滅絕台灣人原有重要的製糖收益。繼之,控制甘蔗生產,蔗農限地限量生產甘蔗,同時用種種的方法壓迫蔗農非生產不可。最直接令蔗農感到被欺騙的,乃是賤價收購,以及會社偷減甘蔗重量——當時流行著這樣一句話:「三個保正,八十斤!」❶這是什麼一回事啊!是會社的大磅作弊,還是這三個「偉大」的保正會耍魔術?

上述種種剝削的結果是:「肥料價款要計算利息,前貸金也要利息,這樣七折八扣,蔗農的收入已經是抵充工資都不夠,遑論利益。」❷我們的蔗農難忍「插甘蔗互會社磅」的「第一戇」,於是有如「二林事件」❸一類的抗爭出現。

總之,台灣製糖會社的歷史,反映的是日本殖民地的「清國奴」的愚民痛史!

【28】

第一戇,替人選舉運動;
　　第二戇,插甘蔗互會社磅。

Tē-it gōng, thè lâng soán-kí ūn-tōng;

　tē-jī gōng chhah-kam-chià hō͘ hoē-siā pōng.

Tē-it gōng, thé lāng soan-kí ūn-tōng;

　te-jī gōng, chhá-kam-chià hō͘ hoē-siā pōng.

戇轎夫！

　這是台灣人對選舉深感失望的怨嘆，雖然說的是選舉「運動員」的愚戇；第二分句，是做陪襯的異義對偶句。

　要理解這句俗語，須先了解句裏「選舉」指的是什麼。那是：台灣有史以來第一次選舉。台灣總督府在1953年(昭和10年)舉辦「第一屆市議會及街庄協議會選舉」；規定選出半額的議員和參議，另一半係官派。這次選舉，台灣人自治聯盟所支持的候選人，全台五個洲之中只有九個人當選。據說，因爲宣傳夠，台灣人期待殷切，所以投票率高達95%。❹不過，這是有自治之名，而無自治之實的選舉，一切權力仍然牢牢操縱在台灣總督府手中。台灣人難免感覺到這種選舉是欺騙戇人，而替人做選舉運動的，當然是戇加一等了！

　至於後來國民黨政府在台灣所舉行的種種選舉，這句「第一戇，替人選舉運動」還是適用不誤，其原因又是什麼呢？約而言之，有三：先是，轎夫的失落感；其次，選舉無用論的發酵；最後，須要議員關說，紅包照樣難免。

　選舉是我們當家做主的必要公器，做好選舉人人有責，徒嘆「第一戇」是沒有用的！

　應該用心欣賞的是，上面有四句俗語(25-28)的造句非常特別，都有「第一」、「第二」等序數。這是台灣俗語的一個很特別的形式，那是中國諺語或以色列的箴言所沒有的！同時，她們對句

和腳韻都很工整，其中有些內容深能反映台灣人的歷史大事：例如，紙烟，撞球等「新時代的」娛樂；糖廠壟斷糖業，剝削農民；台灣人自治的要求，等等政治大事。這些俗語眞是非常寶貴的台灣社會史的民俗資料。

　　值得注意的，本節有九句俗語(14–17,19,25–28)都凸現一個「戇」字，就是沒有明言「戇」的，也都是用力來描寫愚人的形像。可見，台灣人是很排斥「戇」的，一生好像都用力要避免「做戇人」，生「戇囝」。戇字，在台灣語言裏含義非常廣泛，其基本意義有：

　　——IQ不足也，思想、行爲顯示出智力缺乏。

　　——EQ欠佳也，不會處理倫理或人際關係，而造成過錯或罪惡。

　　——頑冥不靈也，用力一再重複地做沒有價值的事。

　　——傾向不善也，愛好、依戀沒有意義的代誌。

　　——認命的戇牛也，對於無利可圖的事，無可奈何地必須繼續工作。

注釋

1. 參看，吳三連等《台灣民族運動史》(台北：自立晚報社，1987)，頁500–504。又參看，史明「日本資本獨佔製糖業」《台灣人四百年史》(台北：蓬島文化公司，1980)，頁352–366。

2. 吳三連等，同上書，頁504。

3. 蔗農不堪剝削，終於在1923年，有大城、沙山、竹塘、二林等四庄的蔗農，二千餘人聯名向台中洲請願。因得不到滿意的結果，蔗農和警察直

接衝突；二名警察受重傷，警械被搶，因而有二十四人被捕；被判徒刑，最重者徒刑一年，最輕者三個月。這是台灣史上有名的「二林事件。」詳看，鍾孝上《先民奮鬥史》(台北：台灣文藝出版社，1988)，頁499。

4. 參看，鍾孝上，同上引，頁496。又見，莊永明《台灣紀事》(台北：時報出版公司，1996)，下冊，頁978–1079。

第八節 糊塗、漏氣

本節分段：

意料之外01-08 糊里糊塗09-15 龜腳大展16-27

【01】

半暝，出一個月。

Poàⁿ-mî, chhut chi̍t-ê goe̍h.

Poáⁿ-mî, chhut chi̍t-ē goe̍h.

驚喜乎？起猾乎？

這是一句美麗又常用的俗語。她有二個主要用法：

一、表達意外的歡喜：連日陰雨，誰知到了今夜三更，雨停雲散，明月高懸。先人就用這幅滿有詩意的「半暝明月」，來表現天來的歡喜和心裏一片紮實的希望。

二、表示忽然心血來潮：同樣這一輪可喜的月亮，某些不解自然美的族群，卻用來表示一時興起的欲望或行動。例如：隆冬半夜，老翁搖醒熟睡中的牽手，說：「起來！來去東門圓環食當歸鴨。」老牽手氣塞，叱他：「半暝，出一個月。猾人！」翻身再潛入被窩。

【02】

平地，一聲雷。

Pîⁿ-tē, chi̍t-siaⁿ luî.

Pīⁿ-tē, chi̍t-siāⁿ luî.

晴天霹靂。

　　用來形容人遭受到意外的衝擊或災害。本句所用的表象「平地」和「一聲雷」暗示著萬里晴空，毫無防備之下受到「脆雷」的轟炸，人畜有死有傷。

　　平地：指民居聚落；雷擊「平地」有驚有險。　　一聲雷：脆雷也，喻指晴天霹靂，突遭災殃。

【03】

做戲做到老，嘴鬚提於手頭。

Chò-hì chò-kah laū, chhuì-chhiu thȅh-tī chhiú thaû.

Chó-hì chó ká laū, chhuí-chhiu thē-tī chhiu-thaû.

行家出了狀況。

　　用來嘲笑經驗老到的「專家」，卻在他最能把握的事情上面出了差錯。譬喻是：紅面關公全身披掛整齊，扛著大刀，騎著胭脂馬出場要過關斬將。但見一張紅臉少了那一大把銀色長鬚；原來，「嘴鬚提於手頭」！

【04】

老戲，跋落戲棚腳。

Laū-hì, poȧh-lȯh hì-pîⁿ-kha.

Laū-hì, poā-lō hí-pīⁿ-kha.

意思和用法類似上一句。

　　老戲：老牌演劇人員。　　戲棚腳：戲台下面。

【05】

呣曾扱著豬屎，抵著豬潲屎。

M̄-bat khioh-tiȯh ti-saí, tú-tiȯh ti laù-saí.

M̄-bat khió-tiō ti-saí, tu-tiō ti laú-saí.

意外的不如意。

形容意外的事件，來得那麼快，又那麼突然。

可能的背景：清早，土仔左手掮著結彩的豬屎籃，右手拿著打紅綾的豬屎爬子，來開始一生撿豬屎的事業。出門，馬上看到路旁有三四隻遊豬爭相解放。土仔大喜，心想開工大吉利；等到走近要撿屎入籃，一看，盡是水糞。

扱…豬屎：撿豬糞也，舊時農村窮苦人的一種專業。

（參看，「豬屎籃，掮出來品捧。」23.12；

「豬屎籃，結彩。」27.20）

【06】

巧巧人，買一個漏酒甕。

Khiáu-khiáu lâng, bé chit-ê laū chiú-àng.

Khiau-khiau lâng, be chit-ē laū chiu-àng.

千慮一失乎？

用來嘲笑人，做出常識以外的，不該發生的錯誤。也用來警告人，世上沒有永遠的聰明人，所以爲人處事要時時注意，以免受騙受害。本句的譬喻是：錢老闆一向頭腦清楚，眼力勝過X光透視，計算機打得精確無比。但這次竟然高價買了一個「漏酒甕」。怪了，道理安在？

巧巧人：精明的厲害人；巧，靈精；巧巧，鬼靈精也。 漏酒甕：沒有顯然可見的破裂，但有「沙瘡」會慢慢滲漏甕內的液體。——筆者小時候曾跟老爸去買陶甕，但看他拍甕聽聲，又用水壓法試過。因爲賣甕者言，非一盡可信；沙瘡，非一時可見。尤其是在二次大戰中的物質條件下，商品的信用度甚低。

這句俗語提出一個嚴肅的警告：人除了必須「慎用聰明才智」以外，更必要時時恐懼，心懷被人欺騙，遭人暗算的「危機意識」——多麼不衛生的心理重荷啊！古詩人有過如此經驗，鬱卒

地悲呻著：

> 不敢暴虎，不敢馮河；
>
> 人知其一，不知其他。
>
> 戰戰兢兢；
>
> 如臨深淵，如履薄冰。
>
> 　（《詩經‧小雅‧小旻》）

　　據說，這是古中國白色恐怖的哀歌。如今，我國剛離開白色魔掌，卻不幸地有了新興的「流寇」、「採花淫盜」橫行。他們巡迴搶劫診所，殺進民家，強暴婦女，劫錢索命。比之《詩經》的社會情形，我們的是：

> 不敢外出，不敢居家；
>
> 人知愛錢，不知惜命。
>
> 戰戰兢兢，
>
> 如臨戰地，如履屠場。

　　巧巧人買個破酒甕，可一笑置之；但消滅財散人亡的威脅，是當前急務！

【07】

黑矸仔貯豆油──看獪出。

O͘-kan-á té taū-iû──khoàⁿ boē-chhut.

Ō͘-kān-á te taū-iû──khoáⁿ bē-chhut.

賢人不露相？

　　用來表示對人家的「頗有表現」感覺到意外。通常只用「黑矸仔貯豆油」這個譬喻句，解說句「看獪出」不用。本句的意思是：「豆油」裝在黑色玻璃瓶，看不出瓶裏有沒有豆油；有的話是意外，沒有才是自然，因為看不出瓶裏有東西。

　　這句話是褒中帶貶，隱含「還有那麼一回事」的輕蔑。例如，「你看，隔壁彼尾鱸鰻，閣當選縣議會的議長！嘻，『黑矸仔貯豆油！』」

　　豆油：醬油也，因是用黃豆或黑豆等豆類所釀造的。　看燴出：看不出來，含有「對某事的實在性難以相信」的語氣。

【08】

睛暝的看告示──看燴出。

Chhiⁿ-mî--ê khoàⁿ kò-sī──khoàⁿ-boē-chhut.

Chhīⁿ-mî--è khoáⁿ kó-sī──khoáⁿ-bē-chhut.

用法類似上一句。

　　視障者怎能看「告示」呢？當然是「看燴出！」

　　　　（比較，「睛暝的看告示──無採工。」27.05）

【09】

掠鷄，抵鴨。

Liа̍h ke, tú ah.

Liā ke, tu ah.

划不來。

　　恥笑人做了虧損的交易，做了糊塗的代誌。本句的字面義是：以鷄償鴨。舊時台灣市場的一般行情，鷄的價位比鴨仔高。

【10】

賣後生，贅囝婿。

Bē haū-siⁿ, chio kiáⁿ-saì.

Bē haū-siⁿ, chiō kiaⁿ-saì.

標準的老糊塗！

　　嘲笑人做事糊塗，矛盾百出。本句的譬喻是：出賣傳宗接代

的「後生」，然後贅入「囝婿」來延續香火。用這種矛盾，暗示老丈人葫蘆內藏的是糊塗丹藥！——按台灣舊慣，囝婿僅值「半子」；賣「全子」來換「半子」，而又得貼上一個秀外慧中的乖「查某囝」，顯然是大大的倒店生意。何況還要冒著所謂「好囝，唔出贅」的風險。

【11】

放屎，無拭尻川。

Pàng-saí, bô chhit kha-chhng.

Páng-saí, bō chhit khā-chhng.

留卜爛攤子。

　　這是一句常用俗語，雖然頗不衛生。她用來譏刺人無能處理善後，留下許多問題來叫人困擾，叫人頭焿。

【12】

有前蹄，無後爪。

Ū chêng-tê, bô aū-jiáu.

Ū chēng-tê, bō aū-jiáu.

有待進化。

　　用來責罵人：嚴重的，做事糊里糊塗，有始無終；尚輕的，使用物件之後，沒有收拾乾淨，沒有放回原位。用來譬喻的是一種想像中的動物，牠非禽非獸，亦禽亦獸；令人不快的是，牠有行動的前蹄，但沒有抓沙埋糞，收拾善後的後爪。

【13】

會曉偷食，𣍐曉拭嘴。

Ē-hiáu thau-chiåh, boē-hiáu chhit-chhuì.

Ē-hiau thaū-chiah, boē-hiau chhit-chhùi.

補習用餐規矩吧！

這是常用俗語，有傳統和現代的不同用法：傳統的，恥笑大小官吏或大小竊盜，擅於受賄偷盜，而不擅於湮滅證據。現代的，嘲笑某些性趣高的青年男女，會做那個，不願意做這個。

可能的原始背景：某個大戶人家，有女婢阿花，眼見山珍海味而吃不得。雖然一再謹守餓死不偷吃的規則，但日久變節，時而偷吃他幾塊肥豬肉。不幸，遭到安插在廚房的保防女婢密告。於是主母提訊見笑俯首的阿花：

「醜花，講妳三頓偷食豬肉！照實招來！」花仔低頭，不敢回話。

「頭，給我擧起來！講話呀！」一抬頭，但見嘴臉油脂猶亮。

「哈！戇頭，『會曉偷食，𣍐曉拭嘴！』」主母的訓誨，阿花受教良多。

乍看之下，這句俗語好像在提醒人：貪污要記得湮滅證據，謀財害命必要清除證物，男女交歡要預防愛滋惡種等等，「凡事可爲，只要不留龜腳」的行事守則。不過，從俗語做爲智慧文學的功用而言，她是懲惡勸善的，所以本句俗語，不但應該看做「反諷」，更是應該體會出先人「不要偷食」的苦口婆心。其實，古以色列人的智者也有類似的教訓：

> 淫男／女的道也是這樣：
>
> 他／她吃了，把嘴一擦就說：
>
> 「我沒有行惡！」
>
> （《聖經·箴言》30.20）

【14】

一個查某囝，允二十四個囝婿。

Chi̍t-ê cha-bó͘-kiáⁿ, ín jī-cha̍p-sì-ê kiáⁿ-saì.

Chi̍t-ē cha-bo͘-kiáⁿ, in jī-cha̍p-sí-ē kiaⁿ-saì.

糊塗乎？詐財乎？

　　用來諷刺喜歡做好好先生，凡有央求，莫不糊里糊塗通通答應的人。譬喻是：老先生拍賣查某囝，一口氣要把她嫁給24個男人——假如，聘金照收的話，老父人不就是一個大婚棍嗎？就是免費贈送，這種「慷慨」也不是乖查某囝和24位外子所能忍受的呀！輕於允諾必招麻煩，唐朝詩人王昌齡有深感焉：「得罪由己招，本性易然諾！」(《見譴至伊水》)

【15】

中進士，拔死羊母。

Tiòng chìn-sū, poe̍h-sí iûⁿ-bú.

Tióng chín-sū, poē-si iūⁿ-bú.

無辜受害。

　　用做警語。戒人不要讓一時的高興，糊塗了做人做事的行動和原則。本句也有說成：「隔壁中進士，羊仔拔斷頭。」或「隔壁中進士，拔斷羊仔頭。」

　　這句俗語原是一則傳說：好久好久以前，有一個青年農夫在田園裏工作。忽然有人從家裏氣急敗壞地跑來報喜，說他那個流鼻蚵的囝仔朋友，考中進士，剛才衣錦還鄉，全村轟動，親友爭相登門道賀。農夫聽了，高興得不得了。扛著鋤頭，牽著在一邊吃草的母羊趕回來給進士朋友恭喜。誰知入羊圈之時，羊頭鑽進籬縫，母羊進出不得。農夫為了趕時間，一時心急火大，盡力一

拔羊頭。結果,竹籬破散,羊頭割斷。❶

【16】

三講,四漏氣。

Saⁿ kóng, sì laù-khuì.

Sāⁿ kóng, sí laú-khuì.

謊言氾濫。

　　指摘對方說話矛盾百出,謊言連篇,無法接受。句子的意思是:他講三句話,其中有四句是「漏氣」的話。

　　三…四:三中有四,表示全部、一切。　漏氣:謊言的包裝破裂,宛如囊破氣洩。坊間有寫做,「落喟」或「落氣」。

【17】

籠床蓋蓋無密——漏氣。

Lâng-sîg-koà khàm bô-bā—laù-khuì.

Lāng-sīg-koà khám bō-bā—laú-khuì.

泛言漏氣。

　　用來嘲笑熟人或朋友,做了某種欲蓋彌彰的「好事」。這句厥後語是用婦人蒸年糕於「籠床」,沒有蓋好籠蓋,蒸汽漏洩為譬喻。

　　籠床:蒸籠也。

【18】

龜腳,趖出來。

Ku-kha, sô chhut--laî.

Kū-kha, sô chhut--laì.

狐狸露尾。

　　用來諷刺狡點陰賊之徒,終於露出其醜陋的真像。宛如縮頭

藏尾，洗手收腳的烏龜大仙，忽然抛頭露面，口吐烏氣，腳手盡展，七手八腳，眞是醜態畢露。

　　龜腳：喻指見不得人的陋行，醜事，原來這些歹事都是用「龜殼」來掩護包庇的。　*趖出來：(醜事，肢體)慢慢展露開來。*

【19】

茱籃仔貯鱉——龜腳趖出來。

Chhaì-nâ-á té pih—ku-kha sô-chhut- laî.

Chhaí-nā-á té pih—kū-kha sô-chhut- laì.

用法和意思類似上一句。

　　但本句多了一個譬喻句。這句歇後語乍看來頗有矛盾，爲甚麼「鱉」貯在茱籃，趖出來的是「龜腳」，而不是「鱉腳」呢？其理何在？

　　這是個很有意思的問題，有幾方面可說：

　　從歇後語的形式來說：譬喻句的表象或文字，解釋句裏不可有雷同的。所以，鱉入籃，露現的是「龜腳」；詼諧的文字遊戲由此造成。

　　從語彙用法來看：「龜腳」妥當地做爲含有一定意義的喻體，有其約定俗成的意思，而「鱉腳」還沒有這種意涵和用法。

　　從生活習慣來說：「茱籃仔貯鱉」忠實反映台灣人的生活方式，因爲市場賣鱉，不賣龜；台灣人吃鱉，不吃龜。茱籃仔貯龜的機會極少，就是要帶去「放生」的，也不大可能放在茱籃裏。

【20】

臭腳，閣踢被。

Chhaù-kha, koh that-phoē.

Chhaú-kha, koh that-phoē.

自暴其短

　　罵人不知羞恥，愚昧無知，竟然喜歡張揚自己的醜事——哀哉，先人的生活條件是何等惡劣，棉被不但要用來禦寒，也得要用來掩臭。

【21】

知我臭頭，則要加我掀。

Chai goá chhaù-thaû, chiah-beh kā-goá hian.

Chaī goa chhaú-thaû, chiah-beh kā-goa hen.

放小的一馬吧！

　　這是罕用的俗語。意思是：你知道在下的困難，就不要給我洩氣。字面上是：不要脫去我的帽子，你知道我是臭頭仔。

　　　加我：把我（做什麼，動什麼）。

【22】

知伊月內，則要拍伊的房門。

Chai i goe̍h-laī, chiah-beh phah i-ê pâng-mn̂g.

Chaī ī goē-laī, chiá-bé phá ī-ē pāng-mn̂g.

戮破牛皮。

　　用來勸阻率直不知婉轉的人，不可故意猛錘直打人家的弱點，給人洩氣。譬喻是：故意擾亂「月內」房，衝犯人家禁忌。

　　　月內：婦女生產的第一個月，產婦在此月休養「做月內」。　拍伊的門：喻指擾亂，是忌諱的行動。月內房必要保持安靜，閒雜人不可進入；俗信「滿月之前尚有胎神存在，孕婦、新娘、帶孝、肖虎、寡婦等…冒然進入，將引起月內人及嬰兒的極大不安，於焉有此禁忌。」❷

【23】

借尻川，畫獅頭。

Chioh kha-chhng, oē sai-thaû.

Chió khā-chhng, oē saī-thaû.

獻醜了。

　　用來恥笑甘於被人愚弄，喜歡獻醜示眾的人。先人把這種人的行為鄙夷做：把屁股借給人，畫「獅頭」。❸

　　獅頭：獅子的面首也。我國民間武館的獅陣用「獅頭」為道具來弄獅。

【24】

鷄嘴，變鴨嘴。

Ke-chhuì, piàn ah-chhuì.

Kē-chhuì, pén á-chhuì.

低調？不得已也！

　　恥笑平常喜歡譏刺別人的人。他素來用鐵公鷄一般的利喙猛啄別人，現在他的緋聞醜事，被媒體攻得體無完膚，「鷄嘴」不得不收扁為「鴨嘴」了。

　　這句俗語用「鷄嘴」和「鴨嘴」做為譬喻的形像實在很生動逼真，頗能突顯好譏誚者的心理變化。鷄嘴，短鑽銳利，是威武的雄鷄全方位的攻擊武器；鴨嘴，長扁圓滑，是含蓄的鴨母生活的必要工具。

【25】

上帝公拍折轎貫——𣍐通見人。

Siōng-tè-kong phah-chìh kiō-kǹg—boē-thang kìⁿ-lâng.

Siōng-té-kong phá-chī kiō-kǹg—boē-thāng kíⁿ-lâng.

坐鎮指揮可也。

用來嘲諷平常頗有體面的人，忽有難言之醜事發生，使其光環消散，不能見人。這句俗語是用神轎損壞，神尪有行不得之苦，來譬喻羞以見人。

上帝公：玄天上帝也，是北方七星宿的神格化，龜蛇爲其象徵。袖是航海業和屠宰業者的守護神。全國有上帝公的廟宇396座，神誕日是三月初三。❹ 拍折：被弄斷。 轎貫：貫串神輿倆側，伸向前後，爲弟子抬扛的二根木槓。 獪通：不能夠。

【26】

鷄規弄破，溪湖免滯。

Ke-kui lòng-phoà, Khe-ô· bián-toà.

Kē-kui lóng-phoà, Khē-ô· ben-toà.

遷地再吹吧！

嘲笑人在本地做洩氣的大代誌，以致於被迫「走路」，避風頭於外地。五十年代以前，這句俗語流行在筆者的故鄉溪湖。

鷄規：吹嘘詐騙一類的糊塗事，這裏不指不傷大雅的吹牛皮。
溪湖：位於彰化縣中心地帶的一鎮，盛產蔬菜；日據時代本鎮有著名的「明治製糖會社」。

【27】

互相漏氣，求進步。

Hō·-siong laù-khuì, kiû chìn-pō·.

Hō·-siōng laú-khuì, kiū chín-pō·.

是誰漏氣？

戲謔話。給好朋友「漏氣」以後，用來「善後」的套語──怎樣？文明氣很夠吧！用洩氣來「求進步！」多麼高層次的台灣幽默

啊。讚！不過，台灣人血液裏「死愛面子」的遺傳因子未亡的話，就是最要好的朋友也不要求什麼進步，還是求面子爲要！古人一再警告：「當著矮人，別說矮話。」(《紅樓夢》46回)切記哦！

注釋

1. 參看，朱峰「台灣方言之語法語源」《台北文物》(1958年7卷3期)，頁24。

2. 參看，林明峪《台灣民間禁忌》(台北：聯亞出版社，1981)，頁134。

3. 漢學家許成章對這句俗語有時代性的解釋，說：｜〔本句〕指愚弄技巧。如導演下之演員，必須任其擺佈。女星在其指揮下，不管爲人而脫，爲己而脫，非有求必應不可也。畫在屁股，還是肯定隱私權之一種乎？阿彌陀佛！」(「台灣諺語賞析(四)」《台灣文化》1987年4期，頁53)

4. 詳見，阮昌銳《莊嚴的世界》(台北：文開出版社，1982)，III，4-5。

第九節 自虐、自害

本節分段：

自找苦惱01-14 自受其害15-27

【01】

惹虱，頭上爬。

Jiá sat, thaû-chiūⁿ pê.

Jia sat, thaū-chiūⁿ pê.

自找麻煩。

父母用來責備子女，罵他為人隨便，交友不慎，整日和一群無所事事的人廝混，因而招惹許多麻煩和困難。這宛如引虱入髮，自找苦惱。

惹虱：招染蝨子上身。接觸患蝨的宿主，由之傳染。

【02】

伸手，互人相。

Chhun chhiú, hō·-lâng siòng.

Chhūn chhiú, hō·-lāng siòng.

不打自招。

譏刺人心性愚昧，自甘暴露自己的短處，給人家當做話柄來說長話短。這如同愛看命的人，伸手給「相命仙」看手相，讓他來論命底，卜吉凶，批三八，斷卵神。

相：當動詞，看也，斷也；給相命者看手相，來斷運途。 三八：→247.01-12。 卵神：→247.13-19。

【03】

引鬼，入宅。

Ín kuí, ji̍p thē.

In kuí, ji̍p thē.

引狼入室。

　　用來怨嘆。說自己招請奸惡之人，或是僱用匪徒，讓他登堂入室，嚴重損害事業，加害眷屬。譬喻是：交鬼的人，終於把魔鬼引進到家裏來作祟。

　　這句俗語比中國成語「引狼入室」鮮活生動萬倍！君不見，台灣民間幾乎每一條街都有與「鬼神」打交道的行業；而家中鬧鬼，不論是孤魂野鬼、青面獠牙的奸鬼或垃圾鬼[lah-sap-kuí]為害，更是時有所聞，「趕鬼」早已是許多台灣人的重要事務了。比較之下，「引狼」一句顯得多麼遙遠，未能反映台灣人的生活情景。

【04】

飼鳥鼠，咬破布袋。

Chhī niáu-chhí, kā-phoà pò͘-tē.

Chhī niau-chhí, kā-phoá pó͘-tē.

姑息養奸。

　　戇主人既後悔又怨嘆，養了一群吃裏扒外，生毛帶角的奸惡匪類。乍看之下，句裏的譬喻有矛盾：為甚麼要「飼鳥鼠」呢？既然養了，布袋被咬破了，就該自認倒楣，又能怨嘆誰呢？這樣說頗有道理。不過，諷刺和矛盾就在於：戇主人糊塗，用「人道」來對待「鼠輩」！姑息養奸，自取其害，又能不怪自己，不後悔而後覺醒嗎？

【05】
飼蛇，咬鷄母。

Chhī choâ, kā ke-bú.

Chhī choâ, kā kē-bú.

用法和意思類似上一句。

【06】
倩賊，守更。

Chhiàⁿ chha̍t, chiú-kiⁿ.

Chhiáⁿ chha̍t, chiu-kiⁿ.

最佳的把風。

用來表示可憐的老闆或主人的怨嘆，也是識者的冷笑。說，花錢僱用盜賊來做保安人員。這種「守更」人，一定是盜匪集團最有效的眼線，老闆的嚴重災難一定慘重！

守更：守夜的保安人員。有二類：一是，舊時冬防時期的防火防盜的巡邏人員，他們按照更次敲木鐸，警告宵小並提高人民的警覺性。二是，重要地點，如工場倉庫等等的守夜人員。

【07】
倩賊，守牛稠。

Chhiàⁿ chha̍t, chiú gû-tiâu.

Chhiáⁿ chha̍t, chiu gū-tiâu.

監守自盜。

用法類似上一句。但本句是說，僱用了偷牛賊來偷牛群。

這句老俗語，有永新的重要教訓：提醒大家必要有效地監督僱用的人員，要求他們忠實可靠。就這個意義來看我們的社會現實：國防工程或軍購弊案連連，例如，按某議員所揭發的，「聯

勤抗炸工程涉案將官高達27顆星。」(《自由時報》1998(3.17):2)假如，這是事實的話，我國的軍隊還能保衛人民嗎？這種敗壞不是極嚴重的「倩賊，守牛稠」，是什麼？

【08】

倩鬼，提藥單。

Chhià^n kuí, the̍h io̍h-toa^n.

Chhiá^n kuí, thē iō-toa^n.

有驚有險。

用法類似句【06】。

本句的背景：舊時，家裏若有重病的患者，可請醫生到家裏「往診」。醫生診斷後，開「藥單」給家人。通常家人交代比較懂事的孩子「提藥單」去漢藥店「拆藥」。然而，這句俗語說的卻是：有個家人拜託魔鬼「提藥單」去拆藥。這樣的結果會是什麼？根據民間俗信，人在重病時陽氣衰弱，鬼神易侵，同時可能是「病鬼掠交替」一類的。如此，這個鬼難免濫用藥單，拿到棺材店去當做談判，抽取佣金的籌碼。

藥單：處方箋也，指的是漢醫師或是童乩桌頭開的藥方。 拆藥 [thiah-ioh]：*拿著藥單去漢藥店合藥。* ❶(→「合藥行去棺柴店。」26. 22) *病鬼掠交替：民間俗信，鬼作祟於人，使之重病而亡，以求自己投生的機會。*

【09】

倩鬼，醫病。

Chhià^n kuí, ī-pē^n.

Chhiá^n kuí, ī-pē^n.

必死無疑。

用法類似句【06】。醫生醫病，惡鬼勾魂，是一般的民間了解。請鬼來看病，正中鬼懷！眞是「夯刀，探病牛！」(→245.16)

這二句俗語(08-09)，先人用「鬼」做表象，並不是迷信鬼神，而是諷刺地點醒後人，必要一種「鬼的危機意識」的重要敎訓。因爲，鬼，一直潛在於台灣歷史，台灣文化，和台灣人常相左右。而這個鬼乃是指一種個人、集團、政黨、軍隊的，墜落的邪惡，敗壞的勢力。例如，我國每年國防預算開支近百億，數十年來用去了數以千億美元的軍費，建造一艘軍艦的錢，中國可以拿來建造一個艦隊。爲甚麼花了這麼龐大的軍費，而民衆仍然缺乏安全感呢？答案也頗清楚：軍弊大案連連，軍中文化腐敗不堪；立委無能代表人民監督，甚至有縱容的嫌疑！(→《自由時報》1998(3.17): 11)

台灣民間不乏道士掠「惡鬼」之事，但現在應該是全體人民起來驅除毀壞國家社會安全的「奸鬼」的時候了！——請再看上述這幾句俗語(03-09)，她們都含有提醒後人務必用心「捕賊驅鬼」以免受害的用意。

【10】

無枷，夯交椅。

Bô kê, giâ kau-í.

Bō kê, giā kaū-í.

自虐狂？

用來自嘲或諷刺人，自尋麻煩和苦楚。譬喻是：一個善良的好公民，忽然神經病大作，仿傚起被枷刑的罪犯，背負「交椅」來受苦。

枷：項械也，舊時代的刑具，厚重的木板套在肩頭上；喻指纏累

的重擔，包含心靈的，經濟的等等。 **夯：負舉大而重的物件，例如，「夯鐵輪」，舉重也；「夯火車輪」，惡口，咒人橫死於火車輪下。** **交椅：有手靠背靠，笨重的老式木椅。**

【11】

鑿枷，家己夯。

Chhák kê, ka-kī giâ.

Chhák kê, kā-kī giâ.

請君入甕。

讒刺心術邪惡，要設計陷害他人者，反而陷入自己所設計的羅網之中。譬喻是：製枷原是為了要刑罰別人的，竟然自己用上了。

鑿：製造也，特指木匠製作木器。

猶太人的歷史中有一則「鑿枷，家己吊」的故事，讓我簡述於下：

約在公元前第五世紀八十年代，有一位美麗的猶太小姐以斯帖被波斯王亞哈隨魯立為王后。她的養父末底改是王城負責情報的小官，曾破獲太監刺殺亞哈隨魯王的陰謀，其功績記在史冊上。

那時，宰相哈曼命令人民敬拜他，但末底改不從。宰相非常生氣，決意要吊死末底改，殺盡全國的猶太人。於是，在他家裏先造了一個刑台要吊死末底改。後來，末底改和王后斯帖舉發宰相哈曼的陰謀。幸虧，國王記得末底改的救命功勳尚未賞賜，於是賜他最高的權柄，遠非哈曼所能及者。哈曼知情敗露，拉緊王后的長袍要求代為開脫，此舉觸犯了猥褻王后之罪。國王大怒，哈曼始料未及地被吊死在他所鑿的刑枷。（詳見，《聖經·以斯帖記》）

【12】

夯耙柹，損頭額。

Giâ pê-put, kòng thaû-hiáh.

Giā pē-put, kóng thaū-hiáh.

自招傷害苦惱。

這句話平常是用在責罵後生小輩，行為糊塗，以致麻煩自招，宛如「夯耙柹」的農夫，用它來傷害自己。——乍看之下，這句俗語是不可能的，因為農夫用耙柹是必要的勞動，假如被耙柹傷到，只能是意外，那裏會是自願的？不過，就是用這種逆理來責罵不應該有的自尋苦楚。

耙柹：曬穀時用來耙粟和柹粟的器具，是倒T字型的木製品。上有圓木柄由一人執掌以推粟，下接一片木板（約厚7-8分×高5寸×長2.5尺），左右繫繩分由二人往前牽引。因為粟重，非集三人的力量難以操作。

【13】

用林投葉，拭尻川。

Ēng nâ-taû-hióh, chhit kha-chhng.

Ēng nā-taū-hiō, chhit khā-chhng.

自招禍害。

用法有二：一、譏刺人明知有安全可行的做事方法，但因性情偏執而採用不正常的做法，終於招來禍害。二、責備人增加損害的嚴重性。❷本句的譬喻是：有人明知用「林投葉」擦屁股一定會皮破血流，疼痛非常，但是偏偏如此而為，歡迎痛苦。——這樣子的譬喻並不難了解，從現代人用鞭打全身，針刺生殖器來「享受」性高潮的行為看來，是不是先人的「用林投葉，拭尻川」是

「自慰」的一種做法？

　　林投葉：林投的長葉，雙邊葉緣有鋸齒狀利刺。

【14】
仙屎毋食，要食乞食屎。

Sian saí m̄-chiah, beh-chiah khit-chiah-saí.

Sēn-saí m̄-chiā, bé-chiā khit-chiā-saí.

甘願爲丐？

　　用來諷刺，也用來表示後悔的感嘆。例如，有好的職位或對象，卻不願意把握，待良機過後，剩下那些待遇和條件都很差的工作或對象，也只好用力圖謀，用心把握了。句裏是用吃「仙屎」或「乞食屎」爲譬喻來做「成仙」與「行丐」的優劣比較；同時，暗罵這種不要把握機會的人是「食屎」的，是可憐的戀狗！

　　「食」仙屎：喻指如仙家逍遙的生活。　食乞食屎：指行乞，或艱難困苦的工作和生活。

【15】
家己捧屎撫面。

Ka-kī phóng-saí hú-bīn.

Kā-kī phong-saí hu-bīn.

護臉乎？不要臉！

　　譏刺不分是非，缺乏廉恥的人，竟然厚臉皮地「誇耀」起自己的醜行敗德。這句俗語形容這種人如同用糞便做爲面霜來敷用的瘋子。語詞雖可能有不衛生的嫌疑，但萬分確切地映照出不知恥的行爲的根本性質。

　　當讀者諸君在批評本句俗語的「衛生問題」，或是熱烈地檢討誰是用屎撫面的人的時候，能否換個角度來看台灣有非常嚴重的

「家己捧屎撫面！」舉近年來的顯然可見者：

——李登輝總統要訪美，國會某老政客說：人家中國不准，你為甚麼要去？一定要的話，也得先跟北京談談！這是什麼戇話？捧屎撫面也！

——中國收回香港，我國不少奸人污氣穢人，狂叫：下一個就是台灣！又代替中國定了「時間表」！這是什麼猜話？捧屎撫面也！

——國際科技大展，在我國首都舉行。中國的國旗招展，但我國的「國旗」和所有標誌，不論ROC、TAIWAN，不論「梅花旗」或「黨旗」一盡主動掩蓋。這是什麼動作？捧屎撫面也！

台灣人民雖然溫文儒雅，但面對這種大是大非的事，絕對不可以裝糊塗，說忍耐。那是，德之賊，國之奸，丟人現眼於國際。台灣人民必要起來反對，起來消毒！

【16】

家己提索仔，紐頷頸。

Ka-kī theh soh-á, liù ām-kún.

Kā-kī thē so-á, liú ām-kún.

設環自投。

嘲笑人自傷自害，正如以繩索自束於頸項，要不是「吊脰」，就是自甘淪為牛馬。不過，這個「提索仔」的原始動機，可能含有「紐別人的頷頸」的惡毒。誰知「人得做，天得看」，最後變成自投的圈套，真是始料未及之事了！——本句比「作繭自縛」這句成語如何？其自虐自害的程度強烈得太多了吧！

索仔：繩索也。　紐頷頸：脖頸上被繩索束縛著，以為牽制、提吊。

【17】

掠蛇，互蛇咬著。

Liȧh choâ, hō·-choâ kā--tiȯh.

Liā choâ, hō·-choâ kā--tiò.

玩火自焚。

　　勸人不要接近危險，以免受其傷害。這裏不可以用捕蛇者難免被蛇咬傷的「職業傷害」來解釋，因爲舊時一般農夫見毒蛇都是打死爲多，而草花蛇之類的，也都是與之和平相處，尊敬有加的說是「土治公的查某囝」。

【18】

家己放，家己食。

Ka-kí pàng, ka-kí chiȧh.

Kā-kī pàng, kā-kī chiā.

自食臭果。

　　舊時，用來責罵兒女小輩，要他勇敢面對自己不良行爲所造出來的麻煩。含有「應該死好，自受惡果」的意思。譬喻是：野犬不如地收拾自己的排泄物。本句也說成：「屎家己放，家己食。」

　　放…食：種如是因，收如是果也；字面義是，解什麼，就吃什麼。

【19】

家己攑指頭仔，挖目睭。

Ka-kí giâ chńg-thaû-á, ó· bȧk-chiu.

Kā-kī giā chng-thaū-á, o· bȧk-chiu.

最壞的坦白。

　　用來譏刺心性「三八」或「卵神」的男女，隨意向別人叙述自己

的短處。先人說，這種人宛如自甘用手指頭弄瞎自己的糊塗蟲。

　　這句俗語含有警語作用，戒人不可隨便交心，個人的秘密一旦洩漏，很難防止小人的惡用。同時，向小人坦白是很愚蠢的，是對自己很殘忍的事。

【20】

家己開壙，家己埋。

Ka-kí khui-khòng, ka-kí taî.

Kā-kī khuī-khòng, kā-kī taî.

設想週到！

　　勸人不可計算害人，因爲設計陷害的，死在自己的圈套之中。譬喻是：土公挖掘墓穴要來埋葬死人，誰知埋的卻是自己。

　　壙：墓穴也。　土公：參看，「埋無三個死囝仔，道想要做土公頭。」(23.50)

【21】

害人，害家己。

Haī lâng, haī ka-kí.

Haī lâng, haī kā-kī.

用法和意思類似上一句。

【22】

害人則害己，害別人家己死。

Haī-jîn chek haī-kí, haī pȧt-lâng ka-kí sí.

Haī-jîn chek haī-kí, haī pȧt-lâng kā-kī sí.

用法和意思類似第【20】句。

【23】

鱸鰻敢做，豬砧敢睏。

Lô͘-moâ káⁿ choè, ti-tiam káⁿ khùn.

Lō͘-moâ káⁿ chò, tī-tiam kaⁿ khùn.

鱸鰻的自覺。

　　用來教訓不肖子弟，挑明既然要耍「鱸鰻」，就得覺悟自食苦果的下場：無家可歸，落魄一生，寄生於市井。這句俗語的修辭式是白描，寫出舊時代的「鱸鰻」，夜裏只能睡在市場裏，獸肉攤的「豬砧」上。

　　鱸鰻：流氓也，眞能維妙維肖地比擬流氓的種種性格，例如，刁鑽、頑強、狡猾等等；生存的地方，都是黑社會，爛泥沼。　豬砧：切割獸肉的砧板。

　　（參看，「洗面於剃頭店，睏於豬砧。」132.42；

　　　　　「烏耳鰻，呣驚人捼。」245.03）

【24】

聽王祿仔嘴，轉唇吐大氣。

Thiaⁿ ông-lȯk-á chhuì, tńg-chhù thò͘-toā-khuì.

Thiāⁿ ōng-lȯk-a chhuì, tng-chhù thó͘-toā-khuì.

遲來的覺醒。

　　用來譏刺和警戒，指出自己不用心分辨眞僞，輕信甜言蜜語的人，將會受騙而「吐大氣」。譬喩是：聽信「王祿仔」的話，後悔不及。

　　可能的背景：在市場的空地，傳來陣陣流行歌。一看人山人海，鬧熱滾滾地圍成數重大圈，原是王祿的排場。鑽入人牆，看到場中有幾個小姐表演脫衣艷舞，煞是火熱大膽。耍了一陣子之

後，老王祿出場大吹他們孫家秘傳的唐玄宗「不夜雄獅丸」是多麼的有夠力。說完，先配著一杯老米酒，服下三粒不夜雄獅丸，然後表演起少林寺的千近錘，煞是驚人。表演後，一再證明這雄獅丸是保守精氣神不洩的神丹，是中國歷代皇帝和獨裁者所以能夠征服後宮三千粉黛的精力泉源。

觀衆中，阿花嫂仔，聽得非常感動，想到自己的翁婿軟弱已久，又見觀衆這裏那裏一罐罐的叫買。心想，用他一個月的伙食費來買個魚水之歡也很值得。於是殘殘買了一瓶二萬元的「不夜雄獅丸」。

阿花緊抱著這瓶神丸，急忙回到家裏。一見翁婿，迫他一連吞下十數丸，又配了二碗老米酒，來期待奇蹟發生。是夜也，一輪明月高照，翁婿一暝清靜無為，阿花一夜「吐大氣」到天光。

聽：信從也。　王祿仔嘴：喻指天花亂墜的口才；字面上是，江湖郎中的口舌。　轉厝：回到家裏之後。　吐大氣：深沉憂鬱的嘆息。

看到這句俗語，也許有人會說：要騙我，可不簡單哦！也許。打拳賣膏藥的王祿仔仙可能騙不了你，但說不定有更厲害的魔鬼就能叫你著迷。所謂「被騙」是很複雜而微妙的，例如，擁有兩個博士學位的邱彰，是經驗豐富的律師，又是愛情顧問，還會遭到「愛情騙子」的踐踏。不可思議吧？難怪社會各界人士紛紛關注，多情的詩人也寫詩來相贈鼓勵，其中吳弼中的詩是這樣的：

> 知名人物數邱彰，學識才華玉鳳凰。
> 法眼精深超世俗，吐言犀利銳難當。
> 平權婦女伸強力，處理婚姻為所長。
> 曾幾何時評緋案，陰溝覆舟遇流郎。

（《自由時報》1998（3.25）:11）

顯然，高IQ，高學歷，並沒有免於「陰溝覆舟遇流郎」的保險。
據說，還需要什麼高EQ來配合云云。總之，雖然社會上的王祿
仙多采，流郎仔多姿，防不勝防，但個人的責任是：注意觀察，
小心提防，保持安全距離，以免後悔。

（參看，「王祿仔嘴，狀元才。」11.06）

【25】
笑死豐原擔屎的。

Chhiò-sí Hong-goân taⁿ-saí ê.
Chhió-si Hōng-goân tāⁿ-saí--è,
作弄者的下場。

　　勸戒人，不可作弄，或恥笑別人來滿足虐待的野性，因為這
種野蠻的行為，會反過來傷害自己。這句俗語源自流傳在豐原一
帶的故事，並且說是真人實事。

　　故事：發生在日據時代，享有水甘，餅好，姊婿的盛名的豐
原。

　　這是大家還在用「大礐」的時代。每天清早都有鄉下人入街收
集糞便來做肥料。某日太陽還在睏懶覺的時候，有一個「擔屎的」
已經挑了滿滿的一擔屎要回庄腳。他挑到了郊外，就坐下來，要
讓酸痛的雙肩休息一下。

　　那時，市內人有出來做清早散步的風氣。有一個心性好奇的
老婆婆，看到路旁停著一擔密蓋的桶子。就停下來，對踞在桶邊
的擔者說：

　　「少年也，勢早！你擔這是啥貨？」

　　擔屎的一聽，心裏幽光閃爍，用堅定的口氣回阿婆：

　　「芳香的珠螺鮭啦！來，來，試食道知滋味。」宛然有推銷商

的氣派。

　　老婆婆聽了，心裏感動得不得了，認爲這種好禮慷慨的少年郎，在現代社會是極難得的。於是回他說：

　　「歹勢！道唔曾吃著。試食看昧，嘛好…」

　　「這珠螺鮭，鼻的時卡臭，食落腹甘閣甜；配燒麋上好！」

　　擔屎的一邊說，一邊開蓋子，用匏杓挹出一些「珠螺鮭」來。好禮地捧到阿婆的面前，恭敬萬分地說：

　　「阿婆，請，請，免客氣！吃好則鬥相報…」

　　阿婆，雙手接過匏杓，眞有一股混合著新鮮晨氣的幽悠臭味。老花眼一看杓中黃金色的粒粒「珠螺」似曾相識。但記得先臭後甘的話，也就歡歡喜喜，客客氣氣地吸了半口。

　　「啥？臭……」阿婆有苦難言地掩口急走。

擔屎的，也不來及蓋上桶蓋，急忙挑屎上路。但邊走邊想到騙老婆婆吃屎的一幕，心裏覺得非常得意，不禁一路由嘻嘻，而哈哈，而大笑，而狂笑，而飆笑。最後，笑破自己的心肺腸胃。臨死，猶在痛笑。

　　於是，「笑死豐原擔屎的」流傳不絕。❸

【26】

用盡，食盡，當盡，則去自盡。

Ēng-chīn, chia̍h-chīn, tǹg-chīn, chiah-khì chū-chīn.

Ēng-chīn, chiā-chīn, tńg-chīn, chiah-khí chū-chīn.

自食苦果！

　　用做警語。勸人生活費用必要節制，否則典當淨盡之後，只有自盡一途。這句俗語用的是白描的修辭式，強力地斷言浪費者必自受惡果。當然，她也映照出窮苦人日常生活的艱難，以及缺

乏慈愛，無情的社會現況。

【27】

林道乾，鑄槍拍家己。

Lîm Tō-khiân, chù-chhèng phah ka-kí.

Līm Tō-khên, chú-chhèng phá kā-kī.

死於自己的暴力。

　　舊時，用來恥笑自作孽的土匪必然的末路。現代，用來批判那些靠武力來控制人民，發動侵略的暴力，終於會被自己邪惡的力量所吞噬。譬喻是：林道乾死在自己的槍下。

　　這句俗語源自海賊林道乾的民間傳說：林道乾，廣東人，初為縣吏，後來卻幹起海盜，在中國沿海搶劫。嘉靖42年(1563)年被明軍追剿，先流竄到澎湖，後來逃到台灣的無人海島崑崙(一說，鹿耳門)。

　　那時，葡萄牙人的海上勢力已經伸展到中國的海域，用其巨艦大炮侵凌沿海各地。林道乾眼見葡人的大炮威力強猛，想要增強自己的軍備。於是命令其黨徒模倣葡人的大炮，製造了三尊。試射到第三尊大炮的時候，可能是炮管爆炸，林道乾被炸死在自己所鑄造的大炮之下。❹

注釋

1. 童乩、桌頭問神過後，開出來的藥單。桌頭者，翻譯童乩所要傳述的神明的旨意，包含神明所開出來的藥方，所要求的祭物等等。他也代替主人家向童乩表達意見，或提出問題來請問神明。通常桌頭都會些符法，

漢藥方或草藥。

2. 吳瀛濤解釋做:「把事情弄得越壞。自己招禍…」(《台灣諺語》,頁53; 陳修的解說是:「謂以林投葉擦屁股,反而使裂縫更擴大。喻欲事更完美,弄得反見糟糕。」(《台灣話大詞典》,頁1231)

3. 筆者改寫自:陳彥斌「笑死豐原擔屎的」《台灣教會公報》1991年(12.22, 29):19。

4. 又傳,林道乾在台灣不久,就率其黨徒逃往東埔寨,後來不知所終。又有,林道乾埋銀打狗山的種種傳說。參看,史明《台灣人四百年史》,頁45;邱勝安《台灣史話》(台北:黎明文化出版社,1993),頁17-20。

●第三章

離經的行為

第一節　顚倒、濫用

本節分段：

行爲顚倒01-12　濫用他人13-21

【01】

駛牛，去尋馬。

Saí-gû, khì chhoe-bé.

Sai-gû, khí chhoē-bé.

另類送行。

　　譏刺人行動怪異，做事的方法不按正常的秩序而爲。這種做法宛如「駛牛」去尋找失落的馬匹，效率一定很差。《神異記》也有這樣的話：「使蟹捕鼠，必不得！」

　　駛牛：駕著牛車，人坐在牛車上。

【02】

近的啊買，要遠的賒。

Kīn--ê m̄-bé, beh hn̄g--ê sia.

Kīn--è m̄-bé, beh hn̄g--è sia.

信用掃地了！

　　取笑人行動愚蠢，並用來敎訓子弟，必要敦睦近鄰，買物件應該就近採購，照顧鄰近的生意人是爲人的修養，何況到遠處賒欠不一定行得通。——本句也許含有，他爲人信用掃地，鄰近皆知，不得不到遠處求「發展」的暗示！

【03】

有路毋行，行山坪。

Ū-lō· m̄-kiâⁿ, kiâⁿ soaⁿ-phiâⁿ.

Ū-lō· m̄-kiâⁿ, kiāⁿ soāⁿ-phiâⁿ.

鍛鍊腳力？

　　用來表達婉惜，說人不要好好愛惜平安的生活，甘願四處流浪受苦。譬喻是：平坦的大道不走，而偏偏要走崎嶇黑暗，無路可走的「山坪」。

山坪：沒有路徑的山坡。

　　誰是專門「行山坪」的人呢？可能是林班的管理員吧，那是他們工作的一部份。要是一般人逃入山坪的話，大概是「走路的」兄弟人了，其結局令人擔憂。常人該走的應該是光明的道路啊！古以色列的智者如此見證：

> 義人的路好像黎明的光，
>
> 越照越明，直到日午。
>
> 惡人的道好像幽暗，
>
> 自己不知因什麼跌倒。

《聖經·箴言》4:18-19

我們的智者也是時常勸勉人，要行在正路，要活在光明裏頭。因為「暗路捷行，會遇著鬼！」而「有路毋行，行山坪」的人，也難免跌傷的危險了。

【04】

有眠床毋睏，要在蠔仔殼拋車輪。

Ū bîn-chhn̂g m̄-khùn, beh-toà ô-á-khak pha-chhia-lin.

Ū bīn-chhn̂g m̄-khùn, beh-toà ō-a-khak phā-chhiā-lin.

浪子的特技。

　　用來勸戒子弟，應該好好待在家裏，不可在外閒逛，來多管閒事，招惹是非。譬喻是：有人不睡在「眠床」上，偏要在「蠔仔殼」上面翻滾，被銳利的蠔殼割得遍體鱗傷，痛苦難當。這個譬喻可能是產生在我國西海岸，盛產鮮蠔的地帶。對於日常經驗過蠔殼割傷的子弟們來說，這樣的教法具有一定的警戒作用才是。

　　抛車輪：喻指滾進困難的事，掙扎著解決問題；字面的意思是「翻跟斗」。

【05】

顧鴨母卵，無顧豬頭。

Kò· ah-bú nn̄g, bô-kò· ti-thaû.

Kó· á-bu·nn̄g, bō-kó· tī-thaû.

以俗爲貴。

　　提醒人，處理物件須先注意收拾貴重的，不可本末顛倒，以賤爲重。譬喻是：用「鴨母卵」和「豬頭」分別來祭拜時，應該收拾的豬頭被忽略掉，而不該取回家的鴨卵，卻收回來了

　　民間宗教背景：「鴨母卵」和「豬頭」都是供物。前者，多用來祭拜孤魂野鬼，例如，謝柵仔。祭拜之後，鴨卵一般都不收拾回家，留置在路角，或籬笆邊，或電火柱腳等等，衝犯之處，供乞丐自由取走。後者，豬頭是祭拜神職比較高的神明的祭物，當然其價格比鴨卵貴得太多了，祭後都帶回家來與神共享。

　　（參看，「小鬼仔，唔曾看著大豬頭。」233.15）

【06】

大肥摒扻擱，扱鳥仔屎應肥。

Toā-puî piàⁿ-hiat-kak, khioh chiáu-á-saí èng-puî.

Toā-puî piáⁿ-het-kak, khió chiau-a-saí éng-puî.
行不通也！

　　用來譏刺人，不願意採用實際可行的有效做法，偏要用不合
實際的手段。本句的譬喻是農業社會中人盡皆知的「應肥」：通常
農家是收拾「大肥」來做肥料的，但有人把主要的大肥放棄不用，
卻到處撿鳥糞來施肥。這是非但費力，又難以達到預期目的之
事。台灣的鳥糞量極少，自非大肥可比。用這樣的譬喻來表現不
合實際的空想愚行，實在很容易引起當代的聽眾的共鳴。

　　大肥：人糞肥料也。　　*摒抾攔*：（雜物，垃圾）清理之後全部拋
棄。　　*扱*：撿取，收集也。　　*應肥*：施肥。

【07】

食家己的米，造別人的牆。

Chia̍h ka-kí-ê bí, chō pa̍t-lâng-ê chhiûⁿ.
Chiā kā-kī-ē bí, chō pa̍t-lāng-ē chhiûⁿ.
戇奴才也。

　　父兄用來責備戇子弟。斥責他不應該放下自己份內的工作，
去幫別人做沒有報酬的事。這裏所說的「造別人的牆」不指「公工」
或「義工」，而是指私人的工事。——先人不贊成個人未盡自己的
本分之前，去克己助人！因為傳統行事準則是己立之後才能立
人。

【08】

酒倒入舂臼，酒甕借別人。

Chiú tò-ji̍p cheng-khū, chiú-àng chioh pa̍t-lâng.
Chiú tó-ji̍p chēng-khū, chiu-àng chió pa̍t-lâng.
犧己利人？猺人！

取笑「捨己利人」的愚人。譬喻是：有人來借酒甕，但是酒甕裏面還有好幾公升酒，也不知爲了甚麼緣故，把那些酒倒入「舂臼」，以便把酒甕借給他。

爲甚麼我們說這句俗語是取笑人的話呢？主要是，句裏用「倒酒入舂臼」來凸顯反常的，不合情理的行動，是不足爲訓的。她有強烈的譏刺的意味，更遑論台灣人的道德理想沒有損己利人的餘地。

舂臼：舂米的器具，材質有木有石；石製的，稱爲石舂臼。舂，撞擊也；臼，承受舂擊的圓凹形器具。

【09】

提錢，買奴才來做。

Thèh-chîⁿ, bé lô·-chaî laî choè.

Thē-chîⁿ, be lō·-chai lai chò.

最壞的買賣。

用法有二：一、表示怨嘆。付出的犧牲心血或金錢，不但得不到絲毫利益，反而招惹意外的損失和難纏的麻煩。二、用做警語。人應該善用各種資源，不要濫用反而招來束縛，引進禍端。

從文學形式看來，本句充分顯示出先人想像力的美妙。比之「賠了夫人又折兵」如何？「賠」句雖是慘重的損失，但都是一些「第三者」，都是「死道友，無死貧道」(→222.16)的變故，千萬比不上本句。我們這句俗語，在文學上的巧思和震撼力強出太多了！她說，花錢不能消災，買到的是當奴隸的慘痛！這何只是大損失，已經是大災難了。

這句「提錢，買奴才來做」的俗語，實在含有永遠的警戒和教訓作用。君不見，成千上萬的青年人，用青春，用腦力，用生命

要來買成功，買自由，但是其中多少人卻無異於「買奴才來做」！
這究竟是什麼一回事呢？吳心柳在〈新奴隸〉一文中有令人深思的
話，他說：

> 　　新奴隸很不容易辨認……他們雖有機會登堂入室，參與集
> 會，接受新資訊，但其人格、思想與公開言行，一直都是在權
> 力、金錢、主子意識、電腦報表、媒體正反消息中蟄伏……
>
> 　　主子的神情、臉色、特殊語彙，都是伙計們辦事、傳話、
> 影響決策的參考。是以奴隸必須具有察顏觀色的天才或訓
> 練。……新奴隸比小人更利害……一切不冒犯上意或損及私利爲
> 前提，根本無所謂是非……如果用［新奴隸］來辦大事，久了一
> 定出紕漏。因爲無論揣摩對了或是錯了，都可能造成大災難。

（《聯合報》1993（12.23）:4）

看起來，這種「新奴隸」並不新，其原型，其根性，在中國的歷史
故事，章回小說都常見過，領教過。他們還不是惡質的中國文化
教育出來的，某一類「高級知識份子」嗎？不是古今官場「倫理道
德」孕育的鬼胎嗎？不是投下無數學費，參加國內外「科舉」，要
買得的一種令人羨慕的行頭嗎？有幾個台灣人看透那是「提錢，
買奴才來做」的愚昧呢？何況換了一身新包裝，帶著一副科技的
新行當！

【10】

狗屎，食入腹嘛芳。

Kaú-saí, chiȧh jip-pak mā-phang.

Kau-saí, chiā jip-pak mā-phang.

逐臭之徒。

　　罵人野狗不如。譏刺他食古不化，吸收的都是一些歪理，並

且執以爲是。這種人的心態實際上是以非爲是，以臭爲香，毫無理性，被先人鄙夷做吃狗屎之徒。

【11】

活人，尋死路。

Oa̍h-lâng, chhoē sí-lō͘.

Oā-lâng, chhoē si-lō͘.

自尋死路。

用來罵人。責罵那看來IQ滿高的人，肇造出令人意外的禍事，招來嚴重的損害和難以補救的後果。

【12】

要死，家己討日子。

Beh-sí, ka-kí thó ji̍t-chí.

Beh-sí, kā-kī tho ji̍t-chí.

用法和意思類似上一句。

但是本句，自取其死的緊迫性比上一句強烈，連要自取死亡的「日子」，都已經向閻羅王「申請」了。真是殘忍的惡語！

（參看，「生有時，死有日。」113.03）

【13】

過桌，扭柑。

Koè toh, ni kam.

Koé toh, nī kam.

撈過界了！

譏刺人不自量力，行事越權。譬喻是：在宴席間，自己一桌的蜜柑吃完了，不要臉地拿鄰桌的柑仔來吃。

扭：以指頭取較小的物件。

【14】

屎礐，無三日新。

Saí-ha̍k, bô saⁿ-ji̍t sin.

Sai-ha̍k, bō saⁿ-ji̍t sin.

公器濫用。

怨嘆的話，是說一般人缺乏公德心，爛用公共的物件，很容易就被弄髒弄壞。本句譬喻是使用「公礐」的情形：新開幕的屎礐，不出三天就已經被弄得一塌糊塗了。

先人留下這句俗語的確切年代已不可考，但他們髒亂污穢的「屎礐」文化，仍然有力地影響著後人，並且可從現代的台灣「公廁文化」反映出來。根據數年前的「美化環境基金會」調查報告，我們的公廁文化水準低，有幾種難改的惡習：踩在馬桶上解放；任意弄髒廁所；浪費衛生紙和用水；便後不沖水；丟雜物塞馬桶；破壞設備；偷竊免費供應的衛生紙。(→《中時晚報》1993(11.1): 10)

雖然每個人的私廁可能乾淨得不得了，但是「公廁文化」之惡劣，所宣示的是什麼訊息呢？豈不是說：傳統自私的，髒亂的文化中毒太深！不論如何，我們若眞的要心靈改革，應該從「訓練正確使用公廁」來開始，並且朝著有衛生、有安全、有舒適感、有人性化設備的公廁，來大力建設。

凡我愛台灣的人，應該深以「屎礐，無三日新」爲恥！

【15】

開公錢，解私願。

Khai kong-chîⁿ, kaí su-goān.

Khaī kōng-chîⁿ, kai sū-goān.

公庫通私庫！

　　批評濫用公款於私人利益的官員或民代。

　　解私願：達成個人的欲望。

【16】

別人的錢，開鱠疼。

Pa̍t-lâng-ê chîⁿ, khai boē-thiàⁿ.

Pa̍t-lāng-ē chîⁿ, khaī bē-thiàⁿ.

慷他人之慨。

　　調侃人，只要不花費他自己的錢，那麼他是非常懂得享受，知道如何交際的。

【17】

別人的桌頂，挾肉飼大家。

Pa̍t-lâng-ê toh-téng, ngeh-bah chhī tā ke.

Pa̍t-lāng-ē tó-téng, ngé-bah chhī tā-ke.

用法和意思類似上一句。

　　本句俗語是說，婆媳二人一起做客，吃飯的時候這個有孝媳婦盡量給婆婆挾肉，用別人的食物來供養她。言下之意，這個媳婦是個厲害的腳色，很會表現，很會慷他人之慨，在家裏並不善待婆婆。

【18】

用別人的尻川，做面底皮。

Ēng pa̍t-lâng-ê kha-chhng, choè bīn-té-phoê.

Ēng pa̍t-lāng-ē khā-chhng, chó bīn-te-phoê.

最醜陋的整容術。

　　諷刺假借他人的體面，來做爲自己的面子的人。這句俗語是很尖刻的，連那個被借用的體面也被說成「尻川」。唉，用別人的屁股來做自己的面子，像什麼話！

　　面底皮：面皮，面子也；坊間有寫做「面體皮」的。　　*體面：榮耀的，光采的面子。*

【19】

用別人的拳頭母，挵石獅。

Ēng pát-lâng-ê kuî-thaû-bú, cheng chióh-sai.

Ēng pát-lāng-ē kūn-thaū-bú, chēng chiō-sai.

損他可以不計較。

　　譏刺人濫用他人的金錢或力量，來做投機的，沒有把握的事。譬喻是拳打石獅子，其拳必碎，血肉模糊，慘不忍睹。然而，他之所以頑強照打不誤，是因爲「用別人的拳頭母」——成敗死活，事無關己。

　　挵：以拳頭擊打。坊間有用「舂」字。

【20】

用別人的卵鳥，做火撬。

Ēng pát-lâng-ê lān-chiáu, choè hoé-ngiáu.

Ēng pát-lāng-ē lān-chiáu, chó hoe-ngiáu.

惡用他人。

　　罵人自私自利，惡劣地濫用別人來做危險的，損害健康的事。句裏的譬喻出乎很不尋常的想像：用來挑撥灶裏燃燒柴草的「火撬」，竟然是盜用的「卵鳥」。太荒謬啦！是的，惡用他人，就是如此的瘋狂野蠻啊！

　　卵鳥：陰莖也。　　*火撬：火箸也，通常是竹製品，用來夾帶火*

種，或挑撥火灰，以利燃燒柴草。

【21】

咒詛，互別人死。

Chiù-choā, hō͘ pa̍t-lâng sí.

Chiú-choā, hō͘ pa̍t-lāng sí.

塞責專門。

用來諷刺只說不做，推諉責任的人，特別是有關困難或危險的工作。句裏的諷刺是台灣民間常有的「咒詛」，表明行為和心願的正當純潔應該用自己的生命來保證的，但這個奸猾的發誓者，卻用別人的生命來保證。可見，他是存心欺騙鬼神和世人的。

咒詛：法律所不能干涉或判斷的是非善惡，當事人來到神佛之前，立下誓言，以身家生命來保證其清白，否則如誓遭到殃報。

咒詛是古今普世的現象，原是對於極莊重的、極困難的大事表明決心和誠意的一種方式。可能由於背誓者多，而產生不少發誓的笑話。例如：

某甲欠債未還，債主臨門迫債，大有討債不成，就要動粗的樣子。某甲的兒子見情況不妙，向債主討饒，並立下重誓說：

「請大人再寬限二天，二天後若未如數歸還，我們全家嘴斷骨頭瞎，頭髮梢上生疔瘡。」

債主本是氣憤填膺，一聽對方發下重誓，既「斷」，又「瞎」，又「生疔瘡」。未及深察，也就暫時放過，悻悻而去。（→陳言〈發誓〉《中央日報》1994(7.31):5）

每到選舉期間，常有候選人到城隍廟斬雞頭，下毒咒。就說那是真心的誓言，也都是應該反對的事。因為，候選人不該利用

神明來影響選民的心理，將自己的人格操守交給選民監督可也，豈可託神稱正？還有，剁鷄頭，濺血神廟，是野蠻的，褻瀆的行為，在在顯出候選人不尊重生命，不敬畏神明。

馮夢龍有言：「勸人莫設虛言誓，湛湛靑天在頭上！」(《醒世恆言》卷36)當然「虛言誓」是要不得的。但更乾脆的，還是實踐耶穌的教訓，他說：「你們根本不可以起誓。不可指天發誓……你們說話，是，就說是；不是，就說不是；再多說，便是出於那邪惡者。」(《聖經·馬太福音書》5:34,37)

第二節　擾亂、挑剔

本節分段：

吵鬧紛亂01-05　挑剔攻訐06-12

【01】

三斑，攪家。

Sam-pan, kiáu-ke.

Sām-pan, kiau-ke

內鬥也。

序大人用來斥罵家中的子女或新婦之間的紛爭，要他／她們息戰修和。而用來罵他／她們的，是在家中善鬧喜鬥的「三斑」。

三斑：鬥魚也，相當於「山紋」，魚身多斑紋，赭黑相間，生於沙坑，故亦名「沙斑」。 ❶ *攪家：家人之間非理性的，缺乏建設性的爭吵。*

三斑攪家是家門的不幸，因為「家和萬事成，家不和萬世窮！」這個道理適用於個人的小家庭，也適用於國家這個大家庭。

可惜！近年來我國盛產「三斑」，他們眼中根本就沒有台灣這個大家庭，惡行惡狀地見「台」必反：反台灣話教學、排斥台灣歷史研究、輕視台灣鄉土文學、打擊台灣獨立主權，等等。不但如此，這群三斑更是可惡地幹起北京統戰的應聲筒，恨不得拆散這個國家來併入中國。

「三斑，攪家！」敗家亡國之癌，能不覺醒？

【02】

食飽潘，齪死人。

Chiáh-pá phun, chak sî-lâng.

Chiā-pa phun, chak si-lâng.

無聊效應。

用來責備小孩，或無所事事，只會搗蛋，妨害人家工作的
人。這是要他們安靜，守規矩，不要像飽食的小豬，只會搗蛋。
句子的字面義是：小豬吃飽了「潘」，有力氣亂叫亂竄，來擾亂
人。

潘：潘泔，舊式的豬飼料之一，其主要的成分有：潘泔約六七
分，混合著家庭三餐殘羹餘物，或加進豆餅、蕃藷簽，豬菜，等等食
物的。潘，原義是「淅米汁」；泔，是米煮熟以後的濃米湯。現代養
豬，都是用廠家製造的飼料了。　齪：打擾，麻煩。　齪死人：吵
鬧，煩擾至極，煩死了。

【03】

墓壙鳥鼠──齪死人。

Bōng-khòng niáu-chhú—chak sí-lâng.

Bōng-khóng niau-chhú—chak si-lâng.

用法和意思類似上一句。

但是本句責備的口氣又比上一句難聽了許多。試想，好好的
孩子，或是活潑吵鬧的小輩，怎麼可以罵成個「墓壙鳥鼠」呢？差
強人意的，在實際使用時，都只用解釋句「齪死人！」

墓壙：墓穴也。

【04】

火葬場大鼎──炒死人。

Hoé-chòng-tiûⁿ toā-tiáⁿ—chhá sí-lâng.

Hoe-chóng-tiûⁿ toā-tiáⁿ—chha si-lâng.

用法和意思類似句【02】。

　　但本句斥罵的口氣和聲調比上面二句更加難聽，句的構造也較巧妙：「火葬場大鼎」用「炒死人」一語徹底點破，然後來一個大轉彎，用擬音法說它是「吵死人！」字句雖然粗魯，但確是上乘的語言遊戲，在在顯出台灣話的美妙！

【05】

羅天大醮。

Lô-thian taī-chiò.

Lō-then taī chiò.

翻天覆地！

　　舊時常被家長用來斥罵子女長時間又熱烈的吵架或喧鬧，也有用來形容原來單純的事，卻弄得天翻地覆。這種大吵大鬧就被比擬做「羅天大醮！」

　　羅天大醮：祭禮的名稱，是民間道教最隆重，最熱鬧的醮祭，祭期長達49天，因其醮禮非常複雜，一般寺廟不敢輕易嘗試。我國到目前為止，只有高雄市的關帝廟（1980）和台南鹿耳門天后宮（1984）舉行過羅天大醮。 ❷

【06】

加油，加蒜。

Ke iû, ke soàn.

Kē iû, kē soàn.

過份要求。

　　用來諷刺貪小便宜，又喜歡挑剔的人。譬喻是：在路邊攤叫

了一碗陽春麵，還沒有喝湯，就嫌它「湯頭」不夠味。要老闆再加豬油，加香油，又加蒜泥。「加油，加蒜」的人多了，倒攤是早晚的事！

從這句俗語可能體會出先人之處世爲人，一定是一板一眼的，不論叫的那碗湯麵是多麼乏味，也不至於要「加油，加蒜！」不過，我們台灣油湯擔的老闆卻是相當親切的，有的還會自動問一聲：「敢食會合嘴？鹹淡安怎？」然後給人客再加些調味料和淸湯。

寫到這裏，憶起六十年代在台南神學院讀書的時候，有時二三同學走到東門圓環吃點心。我們喜歡叫炒蛇肉，附有一小碗蛇湯。湯先喝完，又向老闆要加淸湯。老闆慷慨地給我們加了蛇湯。現在想起來覺得很歹勢。眞是不受敎訓，多麼不見笑，要加油加蒜，又要加賣錢的蛇湯！不過，心裏倒是覺得滿甜蜜的啊。

油湯擔：飲食攤位，如賣麵，米粉等。 安怎：問詞，問情狀、感覺等等。

【07】

七嫌，八嫌。

Chhit hiâm, peh hiâm.

Chhit hiām, pé hiâm.

毫無是處。

用指心眼狹小又擅於挑剔的人，他不會適當地調整對人、對事物的要求。例如，頭家對辛勞[sin-lô]的工作太過於吹毛求疵；又如，買一個幾塊錢的廉價物，嫌它不夠高級。這句俗語，有時又帶著第二分句，而說成「七嫌八嫌，嫌到臭屎」——可怕啊，人物都被鬥臭了！

七…八：這裏　那裏。例如，「七嫌，八嫌」是說，這裏嫌，那裏也嫌，無處不被嫌惡。

看到了這句俗語，心裏頗爲納悶：到底台灣人的祖先會不會「呵咾人」？因爲到目前爲止，我們所注釋過的俗語很少有稱讚人的，大多是譏刺、取笑、刨削、冒罵！難道他們終其一生從無機會見過值得讚美的事，應該呵咾的人嗎？很可能！他們大多數人的處境沒有親灸偉人，了解偉大的心靈的機會。

時過境遷了！苦難的台灣歷史終於磨練出醫學、農業，工業、文學、藝術、科學，政治和經濟人才，來服務自己的國家，建設新的台灣。他／她們如同夜空的明星閃爍在我們的頭頂上；他／她們是衆人所認識的，可能就住在我們的隔壁；他／她們沒有虛僞高傲的身段，人人可以親愛地，自然地叫他們的小名綽號，可以對他／她死忠兼換帖。

嫌，不得已也！但當面對賢人、美事、名作，應該給與誠心的肯定和愛戴。何吝於說一聲「眞讚」！

【08】

挖孔，尋縫。

Iah khang, chhoē phāng.

Iá khang, chhoē phāng.

撒旦的特技。

形容人動機不善，蓄意陷害，深入地四處探尋別人的隱私，來蒐集把柄加以惡用。這是惡性的尋根究底，撒旦的伎倆也！本句採用有力的開礦的用語，「挖孔」和「尋縫」生動地照射出小人的行動。

挖孔：喩指暴露隱私；字面是開鑿孔道，以便覓取其中的物

件。 尋縫：指探尋弱點，以便滲透攻擊；字面是找裂縫。

　　什麼樣的動物在「挖孔，尋縫」呢？大概是田鼠之類的動物吧。牠們只能適應黑暗，牠們的職業是地下工作。還有一種靈物，祂也是「挖孔，尋縫」的，乃是頂頂大名的「撒旦」(Satan)，魔鬼也！據說，祂們奔走天涯海角，專門跟蹤，偵察善良百姓，無中生有地要陷害，製造「思想有問題」來向上帝抗告。(→《聖經·約伯記》1:-2:)又有一種是，恐怖時期的特務、抓鈀仔等等。

　　光明的社會，健全的國家不須要「挖孔，尋縫」的動物。近年來，我們看到綠意盎然的田園，沒有田鼠犁洞拉屎；我們的思想和良心，不再有撒旦魔鬼監視索賄。好高興呀！

【09】

漆桌，起無莊。

Chhat-toh, khí bô-chhoaⁿ.

Chhat-toh, khi bō-chhoaⁿ.

惹事的心性。

　　指責人惹事生非，本來沒事，偏偏要製造問題。這句俗語也說成「八仙桌，起無莊。」

　　　(本句別解，參看「漆桌，起無莊。」215.09)

【10】

狗呣吠，撈狗嘴。

Kaú m̄-puī, lā kaú-chhuì.

Kaú m̄-puī, lā kau-chhuì.

挑釁善人。

　　用來諷刺人喜歡鬥嘴，人家原是性情柔和，偏偏要刺激，要挑逗，要和她吵架。譬喻是：有個動物虐待狂可惡地用木棍攪痛

一隻和平犬的嘴巴，迫牠憤怒，要牠猛吠。

【11】

和尙頭，尋虱母。

Hoê-siūⁿ-thaû, chhoē sat-bú.

Hoē-siūⁿ-thaû, chhoē sat-bú.

惡人自擾。

　　取笑人成性囉嗦，專門故意找人家的麻煩，尤其是顯然沒事的，偏要製造事端。和尙不留頭髮，頭頂上那有「虱母」生存的條件？這是無理取鬧啊！眞是欺人太甚。

　　古賢人有言：「…全大體者，望天地，觀江河……不吹毛而求小疵，不洗垢而察難知。」(《韓非子・大體》)世無完人，偏偏關心「掠虱」，而又專門要在「和尙頭，尋虱母」的，難免變成滿身是虱的垃圾人[lah-sap-lâng]！看到了出家人，應該想到慈悲和修養，這樣心理才會平衡、寧靜。

　　(參看，「和尙頭，尋無虱田。」27.09)

【12】

一欉樹，繪堪得千刀萬刀剉；
　　一個人，繪堪得千聲萬聲躇。

Chit-châng chhiū, boē-kham-tit chhian-to bān-to chhò;

　　chit-ê lâng, boē-kham-tit chhian-siaⁿ bān-siaⁿ chô.

Chit-chāng chhiū, boē-kham-tit chhēn-to bān-to chhò;

　　chit-ē lâng, boē-kham-tit chhēn-siaⁿ bān-siaⁿ chô.

圍剿的眞象！

　　用指閒言閒語，中傷的話是非常可怕的，不論正氣何等凜烈，「神經線」何等粗大的人，都經不起小人鼓譟，利用媒體不斷

的抹黑抹黃，惡毒的圍剿。這譬如一欉頂天立地的大松樹，可憐
地抵擋不了惡人的「千刀萬刀剉」！

　　獪堪得：擋不住（攻擊、侵害）；不配（重用、報酬、榮耀）。
剉：用重刀砍伐（樹木等等堅物）。　嘈：用不實的，惡毒的語言來中
傷、擾亂、攻訐。

　　像本句俗語所指的那個「獪堪得千聲萬聲嘈」的善人或忠臣，
實在離開我們太遙遠了！他們大概是歌仔戲常演的那些滿腹硬氣
的台灣先祖吧？可憐，他們生存在利口傷人不見血，無法無天的
朝代。現時，要是有公然罵人一句「牛郎」！是要罰鍰四千的。看
來，亂嘈的時代已逝。眞好！

　　不過，比過去個人受糟蹋更嚴重的問題倒是，公器私用！報
紙、雜誌、廣播、電視、網路等等媒體無孔不入的利器，被一黨
或一群台奸所壟斷，操縱的話，結果公器成爲凶器，不但公然用
來掩蓋事實，模糊眞像，奴役人民的思想，也用來醜化涵蘊雅
俗，美麗奧妙的台灣話和台灣文化。

　　雖然政治人物大有修養到鼓譟不動的功夫，但人民不須要忍
耐「千聲萬聲嘈」，人民有權利要求認同台灣本國的，又有國際前
瞻的忠實的媒體資訊。爲建設美好的國家，我們要勇敢主張：樹
不准亂剉，人不容糟蹋！

注釋

1. 許成章《台灣漢語辭典》，頁1970。
2. 參看，劉還月《台灣的歲節祭祀》（台北：自立晚報社，1991），頁
　112-114。

第三節　雜挿、囉嗦

本節分段：

逾份雜挿01-08　囉嗦鷄婆09-20

【01】

黑卒仔，食過河。

O͘ -chut-á, chiah koè-hô.

Ō͘ -chut-á, chiā koé-hô.

小人物撈過界。

　　用來諷刺那忘記自己是誰的小人物，逾份地「關心」起別人的事。句子是用象棋中階級最小的「黑卒仔」爲譬喻：小卒暗渡楚河進入漢邦，要來刺探軍情，伺機刺殺漢王。

　　順便一提，「黑卒仔，食過河」並非完全沒事。我們知道，「卒」佔花心，「將」控中路，紅方「欠行」，黑「卒」仔也就可能刺死紅「帥」了。這是所謂「獨卒擒王」的精妙殺局也！❶──總統府若潛有台奸，其災情似此！

　　總之，「食過河」的代誌，不能等閒視之，就是大「將」，也不許假藉「親民」，離宮亂竄，聽受冤屈，督導縣政，來擾亂司法、行政和人民的安寧。

　　黑卒仔：喩指(社團中)無名小輩，(大公司，大機構)最低階層的員工；它原是棋子名稱。　食過河：喩指超過權限，原是象棋的紅黑二方的中間地帶。(→02)

【02】

鯽仔魚，食過河。

Chit-á-hî, chia̍h koè-hô.

Chit-a-hî, chiā koé-hô.

另類經濟侵略。

　　用法有二：一、同上一句。二、指侵入別人的經濟領域，宛如「鯽仔魚」侵入別種魚群的河溪。

　　鯽仔魚：河溪魚也。形體似鯉，頭口都小，背脊弓隆呈褐色，腹部暗白。四十年代以前，我國大小圳溝盛產鯽仔魚，因肉質鮮美，乃是國人所垂涎的魚腥之一。　食過河：喻指越界經營求利。字面上是，由甲河覓食到乙河。(→01)

【03】

五里鵦鴞，要啄七里鷄仔。

Gō͘-lí bā-hio̍h, beh tok chhit-lí ke-á.

Gō͘-li bā-hio̍h, bé tok chhit-li kē-á.

擴張霸權，侵略鄰人。

　　用指任何「強人」侵犯到別人的安全範圍。例如，團體中表現慾強盛的人，做出越界干涉的行動；又如，角頭的兄弟，擴張其勢力範圍，突破彼此的「安全距離」而侵略他幫。句裏的譬喻是：有一隻野心勃勃的鵦鴞，飛進鄰界掠奪獵物。

　　五里…七里：喻指勢力範圍，原是野生動物的安全界限，是保持生態平衡，不容許破壞的自然法則；人類的，則是非常複雜，遠非數字所能界定。　鵦鴞：老鷹。鳶也，屬於鷲鷹目，猛禽類。體暗褐略雜棕色，嘴為藍色，頭及喉部為白色，羽翅為褐色，勾爪銳利，視力極佳，捕食家禽、蛇鼠、野兔。

厲鷂在台灣人的生活中留下亦怒亦喜的矛盾，牠是家禽的殺手，牠是強壯、利害、美麗的化身。我小時候看過好多次，牠雙爪夾著雞仔高飛而去。一次看過農家面對厲鷂來襲的緊張場面：

「厲鷂！厲鷂！厲鷂來啦！」有個小孩急躁大喊。

婦人從房裏衝到埕外，撿起一技雞筆，來集中小雞，來驚嚇老鷹。

「咯！咯咯咯！咯咯！咯咯！」雞母又怒又驚。

厲鷂沒敢俯衝下來，心有未甘地在高空巡索。

看到「厲鷂」，我聯想陳冠學在《田園之秋》寫下非常美麗的一段厲鷂和烏鶖：

> ……正要去牽赤牛哥，忽聽見高空中有馬嗚，那是厲鷂。抬頭探看時，果見一隻厲鷂在四、五百公尺高的空中盤旋。若世上真有天馬，天馬就是牠。厲鷂的鳴聲酷似馬鳴，非常好聽。可是今天我聽見厲鷂卻覺得滑稽；昨日剛造好了雞屋，準備飼小雞，牠今早便在我頭上直叫我休休，這簡直是威嚇。我正抬頭望著厲鷂發笑，好了，奇蹟出現了。有四隻烏鶖從西面飛起，一層一層地往上竄。起初厲鷂並不在意，照樣慢條斯理劃牠的圈。我也不以為烏鶖會竄上那麼高。誰知烏鶖執意堅決，竟然逼到了，厲鷂只好落荒而逃。
>
> ……可怪厲鷂從來不曾利用居高臨下之勢攻擊過烏鶖。我十分懷疑，倘若厲鷂真的發動攻勢，烏鶖果能抵敵？總之，這是一個謎，從來沒有人解過。❷

看了這樣的妙景，我更加相信，厲鷂一定有「五里」這一類的國土疆域的觀念。難怪，要抗議牠殘暴，侵略「七里」外的雞仔，那是違反鳥邦國際公法的！飛禽的世界如此，何況是人間？

【04】

扛轎唔扛轎，煩惱新娘唔放尿。

Kng-kiō m̄-kng-kiō, hoân-ló sin-niû m̄-pàng-jiō.

Kn̄g-kiō m̄-kn̄g-kiō, hoân-ló sīn-niû m̄-páng-jiō.

性騷擾啦！

譏刺紛亂自己角色的工作者。本句用白描，直述轎夫好奇心
盪漾，「煩惱」起新娘仔久坐轎中，還沒有解放的動靜。太不像話
了！轎夫的責任是安全又準時地把新娘仔抬到夫家；「煩惱新娘
唔放尿」是什麼心態？是一種「自慰」吧。否則難免企圖「性騷擾」
的嫌疑！

　　煩惱：在此做「興趣」、「關心」解釋，跟心理焦慮的煩惱無關。

【05】

鴨母唔管，要管鵝。

Ah-bú m̄-koán, beh-koán gô.

Á-bú m̄-koán, bé-koan gô.

管錯了對象。

用來譏刺小領班忽然十二分忘我，干涉到上級的事務。句裏
是用「飼鴨母的」，放下自己的鴨母陣，去干涉別人的鵝群。──
管鴨，管鵝，各有專司，不容混亂。

【06】

阿公唔做，要做孫。

A-kong m̄-choè, beh choè-sun.

Ā-kong m̄-chò, beh chó-sun.

返老還童？

　　取笑老人輕忽身為「序大」的尊嚴，低聲下氣，幹起小輩應該做的事。譬喻是說，有人棄「公」為「孫」，宛如紛亂了倫範輩份的秩序，淪為如假包換的老顛倒！

　　阿公：祖父大人也。　　做孫：扮演如同孫兒那樣的身份和動作。　　老顛倒〔laū then-thòh〕*：參看，「食老，老顛倒。」*（124.24）

【07】

有錢，免擋土治公娶某。

Ū-chîⁿ, bián-tòng Thó͘-tī-kong chhoā-bó͘.

Ū-chîⁿ, ben tóng Tho͘-tı-kong chhoā-bó͘.

利害衝突。

　　用來諷刺人，不知是否出於吝嗇或嫉妒，他總是要勸阻別人花錢買東西。這句俗語字面的意思是：有錢的土治公要娶妻，不花你弟子一分半釐，為甚麼要阻擋祂呢？

　　背景：台灣大多數人和土治公有難解難分的緣份。在那農業時期，真是|有庄頭，就有土治」，有田園也就有「田頭田尾，土治公」。為甚麼？因為人相信祂是生產的神，帶給人豐登的五穀，興旺的六畜。

　　到了商業時期的台灣，土治公右手仍然執杖，左手新增了一個999大金元寶，顯然扮演著大小商家，各種銀行的守護神；關聯著黃金美元、外匯存底的盈虧，影響著我國的國際地位。

　　我們的善男信女，精通七情六慾的道理，所以極力鼓勵土治公切勿固守童貞。於是，想辦法給這個黃金美鈔無數，外匯存底無量的老人家完婚。據說，給祂特選了一個萬分吝嗇的土治婆。

　　當然，「龜頭也是龜內肉」，羊毛出在羊身上，眾弟子給土治公娶某的費用，還不是萬倍索還。此後，無論窮鄉僻壤，或是首

都台北，凡是土治公要娶某，衆弟子只有一句：「有錢，免擋土治公娶某！」土治婆No. 1, 2, 3, No. N.也就源源而來囉！

【08】

藥店甘草──雜挿。

 Io̍h-tiàm kam-chhó—cha̍p-chhap.

Iō-tiám kām-chhó—cha̍p-chhap.

用來嘲笑能力平常，但凡事好奇，都要表示意見，都要插一腳的人。本句的形式是厥後語，用漢藥店裏的「甘草」來譬喻「雜挿」的人。爲甚麼「甘草」和「雜挿」拉上了關係呢？主要是因爲前者有「調和諸藥」的功用，於是祭出類比法來標籤愛管閒事的先生小姐。請注意，這句俗語是帶有貶義的，雖然甘草成性相當漂撇（[phiau-phet], popular）！

甘草：漢藥名，約有三不同品種，在我國藥店看到的多屬「黃甘草」。甘草藥性甘平，無毒。主要的功能是：和中緩急，潤肺解毒，調和諸藥等等功用。

【09】

孝男，拎棺。

Haù-lâm, khî^n koa^n.

Haú-lâm, khī^n koa^n.

最壞的囉嗦。

用來罵人覺識遲鈍，不會看場面，礙手礙腳地妨害當事人的工作。這句俗語的譬喻用得很毒，罵人是「拎棺」的「孝男！」

可能的背景：最初，可能是土公背地裏罵「孝男」的話，忍耐不了他們老是巡逡在棺木週圍，妨礙扛棺柴的動作。還有，在封棺後，喪家婦女，必須身穿喪服「拎棺」而哭。假如這時，孝男也

來「拎棺」哀哭，那不但表示孝男不知禮儀，也表示他是個無能處理喪事，不中用的「孝男」了。

孝男：有二層意思：死者的後生；軟弱愛哭，不中用的男人。

棺：頭胸手俯貼棺木而哭，原是喪家婦女的禮儀。

【10】

紅目有，鬥鬧熱。

Âng-ba̍k-ū, taù laū-jia̍t.

Āng-ba̍k-ū, taú laū-je̍t.

幫倒忙專家。

用來斥罵好奇的閒人竄進喜事、喪事或任何緊急的工作群隊之中，造成相當程度的不便和妨害。句裏就用一個雜插的名人「紅目有」來形容此類喜歡「鬥鬧熱」的閒人。

紅目有：人名也，大名「有」，加上他長期眼球出血的特色，而被稱爲「紅目有」。　鬥鬧熱：有二義：湊熱鬧和無酬幫忙喜事的人；幫忙喪事的，叫做「鬥腳手。」

【11】

清閒人嘸做，要做鷄母笎糞埽。

Chheng-êng-lâng m̄ choè, beh-choè ke-bú chhéng pùn-sò.

Chhēng-ēng-lâng m̄ chò, bé-chó kē-bú chheng pún-sò.

真鷄婆也。

用來諷刺人，無事自找麻煩，總是做些雜碎無聊的代誌。本句的譬喻是，這個「清閒人」，成性囉嗦，效法「鷄母笎糞埽。」這句俗語在文學形式上相當特別，用二個滑稽好笑的表象來比對：整日無所用心的「清閒人」比對，時時忙碌的「鷄母笎糞埽！」

鷄母笎糞埽：譬喻無益的忙亂，主婦掃成堆的垃圾，鷄母把它抓

散一地，增加別人的麻煩；笼糞堆的話，還有話說，因爲糞堆裏可能有甲蟲可吃。

【12】

家己睏桌腳，煩惱別人的厝漏雨。

Ka-kí khùn toh-kha, hoân-ló pa̍t-lâng ê chhù laū-hō·.

Kā-kī khún tó-kha, hoān-lo pa̍t-lāng ē chhù laū-hō·.

先天下之憂乎？

　　取笑拙於謀己，工於謀人的戀大獃。這個戀先生自己屋漏又逢連夜雨，只好避難於「桌腳」。但是他掛心的，不是他自己的破屋頂，而是破落戶的漏雨同志。──眞范門高徒也！

　　桌腳：八仙桌的底下。

【13】

食家己的米，煩惱別人的代誌。

Chia̍h ka-kí ê bí, hoân-ló pa̍t-lâng ê taī-chì.

Chiā kā-kī ē bí, hoān-lo pa̍t-lâng ē taī-chì.

用法和意思類似上一句。

　　但本句用「食家己的米」，來點出沒有任何關係或義務來「煩惱別人的代誌」。不過，按照倫理道德或常識，人一旦「吃別人的米」，就有義務和責任來煩惱老闆的代誌了。

　　食家己的米：自立自營，不受僱於他人。　　別人：沒有任何關係的人。

【14】

好貓管百家，好狗管通天腳下。

Hó-niau koán pah-ke, hó-kaú koán thong thī"-kha-ē.

Ho-niau koan pá-ke, ho-kaú koan thōng thī"-khā-ē.

國際牌的貓犬。

　　調侃人囉嗦雜插，事不論巨細，喜歡關心，代出主意，宛如好貓和好狗，樂意扮演國際警察。這是褒中帶貶的俗語，從漢人的文化立場看來，這種貓狗雖然能力高強，但不足取也，因為不知享受清福——必也墨子一門的忠貓忠犬！

　　農家養貓是必要的，因為野鼠幾乎無法毒盡，粟，米，蕃藷、土豆等等，難以完全密封，須要好貓來看管。即使是住在街內的人，在四、五十年代，我國老鼠成災，好貓更見寶貴。貓有清楚的「管區」觀念，就是有百家之能的，還是不隨便侵入別貓的勢力範圍。至於好狗，則鼻具靈敏的情報和合作，「一犬吠影，百犬吠聲，」（→25.06）來向大卜大放警報。

　　然而，時代不同了，除了農村，市內人的貓犬，可能退化成「寵物」，也可能隨主人的時興而淪為流貓浪犬，備受凌辱而後虐殺，好不悽慘！這句俗語提醒我們，不可隨興養貓養犬，而要隨時愛護動物！

【15】

好貓管百家，歹查某管一天腳下。

Hó-niau koán pah-ke,

　　phaiⁿ-cha-bó͘ koán chi̍t thīⁿ-kha-ē.

Ho-niau koan pá-ke,

　　phaiⁿ-chā-bó͘ koan chi̍t thīⁿ-khā-ē.

舊時代的浪漫女人。

　　譏刺不安於室，喜歡到處亂逛的女人。句用異對修辭式，說「管百家」的貓是好貓，但「管一天腳下」的女人卻是「歹查某」。

　　顯然，這句話是惡霸的沙豬發明的，專門用來欺負壓制天下

的女人！要是管「百家」的貓是好貓，爲甚麼「管一天腳下」的女人，不是好女人呢？也應該是武則天、維多利亞女王了！不過，問題出於父權時代的老頑固把「管」界定在「家」，超出這個範圍好像是犯了天朝大罪。同時，再把「管」扭曲做「閒逛雜插」、「造作事端」等等，三姑六婆一類的行動。

女人的聰慧、敏感、細膩等等特質，乃是「現代管理科學」最需要的才性。只要女人有夠強烈的動機，獲得男女均等的各種機會，那麼，遲早必有「好女人管一天腳下」的一天。

【16】

海口膣，厚沙垃。

Haí-khaú chi, kaū soa-sap.

Hai-khau chi, kaū soā-sap.

族群的偏見。

罵人囉嗦骯髒。說什麼海口一帶的女人全身沾滿海沙、垃圾。這句話可能是沒有修養的內山人的惡口吧，勿用爲幸！請記得，我們的傳統中，有這種必要改革的惡質文化。

海口膣：惡毒地擬指沿海一帶的女人；膣，女陰也。 厚沙垃：喻指性情囉嗦，處事的態度麻煩；字面是，風沙多、垃圾多。

其實，海口人是熱情、有禮，又乾脆的。我們有陳金順「布袋海口人」的見證：

阮是一個海口人

唔敢歸工做眠夢

骨力打拼免怨嘆

天公嘛會疼戇人

> 布袋人情布袋港
> 互我思念一世人
> 熱情招待上溫暖
> 欲來相辭目眶紅
>
> 　　　　《教會公報》1995(11.26):7)

當然，內山人也是如此熱情、有禮。筆者每次登山，都受到他們的茶水招待，在山路相逢熱情招呼。過門口，聽到的不只是狗吠聲，更有主人斥退忠犬聲，接著是親切的：「來坐啦」!「入來食茶啦」!

　　四海為芳鄰，何況是咱的內山、海口人；無沙無坎，做伙就知！

　　（參看，|內山猴，呣識看著海口嚳　。|13.08）

【17】

咳咳嗽，無食中晝。

Khuh-khuh-siàu, bô-chia̍h tiong-taù.

Khú-khú-siàu, bō-chiā tiōng-taù.

錢型感冒。

　　譏刺小主管找麻煩，「咳咳嗽」意見多，「無食中晝」要勒索。

　　咳咳嗽：不停的小咳嗽，喻指吹毛求疵的「意見」。　無食中晝：沒吃午飯，指要求吃錢止咳。

【18】

龜龜，毛毛。

Ku-ku, mô·-mô·.

Kū-kū, mō·-mo·.

鬼鬼祟祟。

斥喝人做事不乾不脆，囉里囉嗦，暗招怪步一籮筐。這句俗語，在口頭上簡約成「龜毛」[ku-mo͘]。例如，「老凸，做人眞龜毛！」

【19】

阿公娶某──加婆。

A-kong chhoā-bó͘──ke-pô.

Ā-kong chhoā-bó͘──kē-pô.

雞婆乎？家婆乎？

罵人多管閒事。用厥後語來表現，更見詼諧有趣：當然，「阿公」娶某，結果是「加婆」，絕對不會減婆。不過，此婆不是普通婆，她是「老家婆！」她的個性囉嗦雜插，是標準的「老鷄婆！」──這裏玩了一圈字戲：加婆→家婆→鷄婆→加婆。恭喜，此後阿公有代誌做，不會再寂寞了。讚！

阿公：祖父，或老人的尊稱；本句，應是泛指老公公，要是「阿公」指祖父的話，那麼解釋句就要寫成「加媽」了。　加婆：諧音指家婆，管家婆也。

【20】

石敢當企街──鎭路。

Chioh-kám-tong khiā ke──tìn-lō͘.

Chiō-kam-tong khiā ke──tín-lō͘.

痔瘡塞口！

舊時，用來斥喝站在通路的人，他妨害別人工作或出入。這句是用「石敢當」被安置在街道上面，來譬喻「鎭路」。實際應用時，譬喻句和解釋句是分開的，僅用「鎭路」，顯得平淡直接，若說「石敢當企街！」就顯得婉轉，幽默了。──比本句粗陋萬分的

同義句是「痔瘡，塞口」！

　　石敢當：刻有「石敢當」或「石敢當止風止煞」的石牌。常建立在巷口，橋堡、路箭，等等所謂凶煞的地點，用來壓煞鎮災。這是民間巫術性的信仰現象之一。**❸**　企街：站立在街道上。　鎮路：阻塞通路。　痔瘡，塞口：喻指阻礙通行，妨礙交通；痔瘡，瘡長在直腸下端、肛管、肛口者。

注釋

1. 參看，石鏞等編《象棋精妙殺局》(上海：上海書店，1993)，頁7。
2. 陳冠學《田園之秋》(台北：前衛出版社，1986)，仲秋篇，頁60-61。
3. 參看，吳新榮〈石敢當巡禮〉《台南鄉土誌》(彰化：秀山閣，1978)，頁130-141。

第四節　引誘、煽動

本節分段：

引誘陷害01-10　弄狗相咬11-12

【01】

牽龜，落湳。

Khan ku, lȯh làm.

Khān ku, lō làm.

引人入彀。

　　家長或長輩，用來指責引誘子弟走入歧途或導入進退兩難的困境者。句裏是用龜被引誘而陷入泥坑而無法自拔；龜雖擅泳，但身陷泥潭爬不得，泳不得也。——坊間有「牽狗，落湳。」狗陷湳泥，災情之慘重不難想像，但她不如「牽龜，落湳」通俗。

　　湳：喻指陷阱；字面是爛泥坑也。　彀[kò˙]：牢籠。

　　道德教育的目的，積極的是踐行善德，而消極的是避免被「牽龜，落湳！」筆者認為這是普遍的實踐智慧，不但我們的祖先有此智訓，古以色列人也有這一方面的訓誨，例如：

　　　　我兒，惡人若引誘你，

　　　　你不可隨從。

　　　　他們若說：你與我們同去，

　　　　我們要埋伏來流人之血，

　　　　要蹲伏害無罪之人；

　　　　我們好像陰間，把他們活活吞下；

……

我們必得各樣寶物，

將所搶來的，裝滿房屋；

你與我們大家同分，

我們共用一個囊袋。

我兒，不要與他們同行一道，

禁止你走他們的路。

因為，他們的腳奔跑行惡，

好像飛鳥，

網羅設在眼前仍不躲避。

（《聖經・箴言》1:10-17）

【02】

龜牽鱉，落湳。

Ku khan pih, lȯh làm.

Ku khān pih, lō làm.

用法和意思類似上一句。

但是本句清楚指出，牽「鱉」落湳的壞東西就是「龜」精。龜鱉應該要同病相憐，清楚了解彼此都沒有鱸鰻的能耐，陷入泥潭有死無生，奈何烏龜惡性難改，如此作孽！

【03】

水鬼，叫交替。

Chuí-kuí, kiò kau-thè.

Chui-kuí, kió kaū-thè.

誠徵替死鬼。

父母或長輩用來責備歹人並喚醒子女「序細」，當他／她們被

引誘去做沒有益處的事或消遣(不一定要嚴重到作姦犯科的程度)。譬喻是:「水鬼」要來引誘人到河溪魚池戲水,以便找機會溺死他。

本句和「水鬼,叫跛瑞」是同義句,但她與「水鬼,掠交替」的用法和意思則有所不同;後者,強調點在於人被鬼所「掠」,用指溺死的原因,乃是民間俗信。

水鬼:溺死的鬼魂。 交替:輪番替代。 跛瑞[Pái-suī]:人名,泛指被引誘的人;字面是肢障的阿瑞。 掠:捕抓,強拉而去。 序細:兒女,小輩。

【04】

人叫唔行, 鬼叫溜溜走。

Lâng kiò m̄-kiâⁿ, kuí kiò liu-liu-chaú.

Lâng kiò m̄-kiâⁿ, kuí kiò liú-liú-chaú.

魅力惑人。

混合著失望和憤恨的感嘆,善人的招呼不理,邪惡之徒的呼喚,卻是那麼熱衷跟隨,奈何!同義句是「人牽唔行,鬼牽溜溜走。」

唔行:指相應不理,置若罔聞;字義是不動。 溜溜走:形容全力回應,誠心服從;字面是急速而又輕快地行走。

【05】

好人勸唔聽, 歹鬼招著行。

Hó-lâng khǹg m̄-thiaⁿ, phaíⁿ-kuí chio tiòh-kiâⁿ.

Ho-lâng khǹg m̄-thiaⁿ, phaiⁿ-kuí chio tiō-kiâⁿ.

人言不敵鬼話。

嘲諷不聽好意勸勉的良言,卻要死心塌地跟歹徒廝混的人。

句理用「好人」和「歹鬼」來突顯這個不受教訓的人的處境：有善惡不同呼聲，但他棄善從惡；墜落由此開始！

　　上面這二句俗語正確地指出，善和惡的外在勢力影響著道德行動的決斷。那麼，為甚麼人傾向於惡比善為多且易呢？是不是「好人」把善道弄得太難，太神聖，太玄虛，而「歹鬼」把善道扭曲成誘人的，現實的，人性的，可愛的幻象？或者，所謂「好人」所關心，所衛護的根本不是「道德軟弱」的人，而是所謂偉大的，尊嚴的道德教條？是的話，歹鬼勝算的機會永遠較多！

【06】

互魔神仔牽去。

Hō͘ mô͘-sîn-á khan-khì.

Hō͘ mō͘-sīn-á khan-khì.

陷落魔窟。

　　父兄長輩，怨嘆所愛的兒女晚生，跟上了邪惡歹人。

　　背景：民間咸信，特別是在人跡罕到的野地，晨昏少有人出入行動的時間，在林投巷，「竹蓜腳」或墓地，有「魔神仔」巡遊，專門作弄兒童。據說，被祂牽去的兒童，都進入催眠狀態，而被塞以牛糞，或丟棄於林投樹間來凌辱虐待。但遇人呼叫，就馬上醒過來，一如常兒，只是身有傷痕，口含異物。

　　魔神仔：小精靈也。據說，其形貌如光頭孩兒，多在野地魅惑作崇兒童。　*竹蓜[phō]腳：竹叢底下。*

【07】

請法師入廟。

Chhiáⁿ hoat-su ji̍p biō.

Chhiaⁿ hoat-su ji̍p biō.

請君入甕。

　　用指陰謀者預設圈套，來引誘人入彀。這個「入廟」的譬喻可能是指：把法師送入廟坐禁，要他修行學法；在坐禁期間，戒律森嚴，斷酒絕色，懺悔學道，宛然是另類監禁。——總之，法師入廟，比擬誘人入甕、入彀，實在是諷刺性很強的類比：「入廟」原是宗教人積極的修煉，卻扭曲地用指誤踏陷阱。當然，這同時顯示出民間對法師等宗教人的態度。

　　法師：學有民間道教的道法、符咒的專業者，或師公，道士，以及精通佛法的和尚、居士的尊稱，此處係指法術符咒的專業者。

【08】

勸人爬上樹，樓梯夯得走。

Khng-lâng peh-chiūⁿ-chhiū, laû-thui giâ-teh-chaú.

Khńg-lāng pé-chiūⁿ-chhiū, laū-thui giā-té-chaú.

下不了台。

　　用來指責對方相害之深，宛如頑劣的少年郎被「勸」誘上樹，來偷採果子，或探巢取卵，然後煽動者，暗中將「樓梯」挪開。——值得注意的是，明明是受騙，但面子主義作祟，說什麼被人「勸」請去爬樹，來表示非自作譴的行動，而是受到重視的身懷攀登特技的專家。

　　勸：用說服來拜託人（來爲我做事）。　　*樓梯：梯之泛稱，此處很可能是竹梯，當然不是樓房之梯。*

【09】

導人去泅水，衫褲攜得走。

Chhoā-lâng khì siû-chuí, saⁿ-khò͘ hiaⁿh-teh-chaú.

Chhoā-lāng khí siū-chuí, saⁿ-khò͘ hiáⁿ-té-chaú.

用法和意思類似上一句。

但是本句的災情比較慘重，因為衣褲被帶領的人攜走，泳者赤身裸體，上不得岸，也回不得家，真是太糟糕了。用這樣的譬喻，來形容被人引誘陷害的慘況和惱怒，頗為幽默傳神！——請不要忘記，句裏的「泅水」是舊時台灣可愛的的頑童在大圳溝100%的裸泳！

導：引帶，帶領人（做某事，去某地）；坊間有用「焄」字。　攜 [hiaⁿh]：攜帶物件（特別是衣物），如攜衫褲。許成章在《台灣漢語辭典》提出「hiaⁿh」的相當字詞有，荷、袯、攜等字；筆者，採用「攜」字，因其字義比其他諸字明確通俗。 ❶

台灣人不可不知道，我們的歷史曾經發生過好多「導人去泅水，衫褲攜得走」的悲劇。話說，325年前（清康熙12年，1673）「人明帝國在台灣」已經進入第二世鄭經為王的時代。那時大陸的耿精忠在閩反清，差使者來台灣邀請鄭經會師，應允事成，以漳泉二府為酬。

鄭經應招大喜，認為是反攻大陸的良機。但當鄭經帶大軍渡過黑水溝，登陸大陸沿海之時，耿精忠已經佔領全閩、浙、西，勢如中天，心生獨霸野心。於是告知鄭經，不可妄想漳泉。鄭經大怒，於是和耿精忠在泉州一帶大戰起來。

吳三桂見鄭耿內訌，於是前來調解。但和解後不久，鄭耿為了攻汀州而再度失和。精忠一怒之下投降清國，會合清兵回頭來攻擊鄭經。

從此，鄭經反攻大陸的大業日走下坡。曾經佔領過的汀、漳、泉等，五府相繼失守。被董夫人怒責：「豎子無能，傾覆桑梓，辱及先王！」害得鄭經羞愧不安，一時不敢逃回台灣。

反攻大陸進行了八年之久,後來鄭王朝的官兵紛紛降清,時時叛變,全軍散亂不堪一戰,鄭經只好帶著殘兵敗將,逃難台灣。董夫人見面,怒斥鄭經:「…不才子徒累維桑,則如勿往也!」鄭經因而自暴自棄,縱情酒色過度,於1681年病逝,享年三十九。❷

鄭經還算是個君子!他裸奔回來台灣,猶會感覺「眞見笑也!」比之逃來台灣空喊「反攻大陸,消滅共匪」的,如何?

【10】

十五枝拐仔,夯做二手──七拐八拐。

Cha̍p-gō͘-ki koái-á, giâ-choè nn̄g-chhiú──

　　chhit koái peh-koái.

Cha̍p-gō͘-kī koai-á, giâ-choé nn̄g-chhiú──

　　chhit koai pé-koái.

何其多拐也?

形容誘拐者引誘的「步數」之多,次數之繁,那是非達到陷害的目的不會罷休的。這句厥後語,譬喻句是簡單的算術,15拐除以2;解釋句卻是一言難盡的「七拐八拐」。眞是可愛至極,她是世上精諺中的精諺。

拐仔:拐杖也。　步數:陰謀、設局、陷阱。　七拐八拐:不斷地引誘;七…八,頻繁也。

【11】

使鬼,弄蛇。

Saí kuí, lāng choâ.

Sai kuí, lāng choâ.

文攻武赫。

　　形容大奸惡之徒，軟硬兼施，用盡惡毒的手段來控制、剝奪。句子用了民間非常顧忌的「使鬼」和「弄蛇」爲表象來做暗喻。

　　使鬼：喻指陰謀陷害；字面義是驅使小鬼來對我生財，實現其野心。　弄蛇：喻指動刀動槍，殺人奪命；字面是玩弄毒蛇。

　　這句俗語說的不僅是過去的經驗，而是台灣人現在遭受到的痛苦！蔣政權的白色恐怖剛過去，接著來到的是中共兇猛的「使鬼，弄蛇」統戰。且不說中國的文攻武赫，就是像求庇護於美國的民運人士王某，根本罔顧台灣人流血流汗的奮鬥，說什麼台灣因蔣介石偷來的七十噸黃金而富裕！「理直氣壯」地向國民黨要錢，說是還給中國人民的債務。(→《自由時報》1998(3.30):4)連所謂開明的「民運」人士都如此惡霸無知，遑論餘者，真是太可怕了！

　　中共利用「使鬼，弄蛇」爲手段來愚化人民，助紂爲孽，除了造成我國和國際的不安之外，先是腐化了中國人的理性和良知。犧牲這麼重要的國民素質來做爲統戰的工具，其成本實在太高了！還有，政府和人民都會「使鬼，弄蛇」，那麼，那種社會不就變成陰間，變成蛇谷？人民還能平安渡日嗎？

　　自從台灣和中國開始「私通」以來，黑槍，毒品，盜賊集團，賣春婦女，地下黑工，各類間諜，口蹄疫怪病，等等，源源偷渡而來。這些就是「使鬼，弄蛇」的災害。台灣人要待何時？還不趕快起來驅鬼捕蛇！

【12】

弄狗，相咬。

Lōng kaú, siō kā.

Lōng kau siō kā.

鬥爭掮客。

　　用指煽動雙方衝突，發生鬥爭，來從中取利的行為。譬喻是：挑撥二犬，使其相鬥。

　　弄：挑逗、刺激，使之瘋狂憤怒。

　　噫，「弄狗，相咬」者，真小人也！古人早有明訓：「勸人息爭者，君子也；激人起事者，小人也！」(申涵光《荊園小語》)其實，勸人息爭，何止是「君子」。耶穌基督將喜愛和平的小姐先生的身份提升了無數級，說：「使人和睦的人有福了！因為他／她們必稱為上帝的兒女。」(《聖經‧馬太福音書》5:9)「上帝的兒女」是上帝善良和慈愛的具體形像，是多麼漂亮的人格和榮耀的名份啊！

　　台灣人愛和平，看來頗有「上帝的兒女」的好形像，真讚！

注釋

1. 許成章《台灣漢語辭典》，頁531。
2. 詳見，鍾孝上《台灣先民奮鬥史》，頁81-84。

第五節　詐騙、侵佔

本節分段：

瞞騙詐欺01-13　騙不了人14-25　欺凌霸佔26-32

【01】

瞞父，騙母。

Moâ pē, phiàn bú.

Moā pē, phén bú.

不肖的第一步。

　　舊時，左鄰右舍用來譏誚欺騙父母，在外放蕩，爲非作歹的青少年。

　　瞞：*故意掩蓋重要的，應該坦白的事實。*　騙：*用虛假的言詞或行動來扭曲事實。*

【02】

囡仔，騙大人。

Gín-á, phiàn toā-lâng.

Gin-á, phén toā-lâng.

幼欺長。

　　用法有二：一、大人被小孩欺騙之後的自我解嘲。二、指出欺騙的一種現象：小孩可能欺騙大人。爲甚麼有這種可能呢？根本地，這個小騙子存心騙人，有備而來，而這個大人，用父兄的態度來對待他，心無設防；囡仔應用此一弱點騙了大人。

　　大人：*成人也，這裏不指「日本警察」。*

【03】

七歲，騙八歲。

Chhit-hoè, phiàn peh-hoè.

Chhit-hoè, phén pé-hoè.

小欺大。

　　用法和意思類似上一句。

　　七歲…八歲：喻指大小，這裏沒有強調數字七與八的意思。

【04】

七佬食八佬，木蝨食蟉蚤。

Chhit-laú chiảh peh-laú, bảk-sat chiảh ka-chaú.

Chhit-laú chiā péh-laú, bảk-sat chiā kā-chaú.

欺騙的世界。

　　譏諷社會現實，好像世人都是騙來騙去的，欺騙幾乎是社會遊戲的規則。句子的意思是：小騙子、小「木蝨」欺騙了大騙子、大「蟉蚤」。本句俗語原是順口溜。

　　佬：佬仔也。用騙術，或半騙半恐嚇的手段來取人財物者。

食：非法的取得（錢財、物件）。　木蝨：臭蟲也。　蟉蚤：跳蚤也。

【05】

佬仔，假羅漢。

Laú-á, ké lô·-hàn.

Lau-á, ke lō·-hàn.

可憐的羅漢。

　　用指惡棍假裝做「羅漢」來行騙使詐，假如詐騙敗露，他就反過來說是開玩笑的，或是借用的而已。

　　羅漢：羅漢腳也，單身，貧困、到處流浪的人。（參看，「紅柿出

頭，羅漢腳目屎流。」131.40）

【06】

吞涎落去，白賊起來。

Thun-noā lóh-khì, péh-chhát khí--laî.

Thūn-noā lóh-khì, pē-chhát khit--laì.

滿嘴謊言。

　　用來譏刺撒謊成性的人，說他談吐一盡謊話。本句的修辭式是白描，充分顯出先賢細膩的、敏銳的觀察力：通常「吞涎」之後就是要發言或回話，但所發出來的卻是「白賊」。還有，既然說「吞涎」就產生「白賊」，那麼，說話時頻頻吞涎，也就是句句謊話了。不得了的想像力啊！

　　謊言如同波沫，不能持久，智者早有明訓：「口吐眞言，永遠堅立；舌說謊話，只存片時。」(《聖經‧箴言》12:19)

　　吞涎：吞嚥口水也，講話每隔一個小段落，都會吞涎，以為潤喉。　白賊：欺騙，撒謊。

【07】

將三，改五。

Chiong saⁿ, kaí-gō͘.

Chiōng saⁿ, kai-gō͘.

塗改騙人。

　　用指「騙鼠」的一種慣用技倆：偽造文書，塗改文字，來達成詐欺的目的。字面是：將「三」改成「五」。我們絕對不能說「將三，改五」沒什麼，那不僅是「正誤是非」的問題，已經是犯法的代誌了。

　　騙鼠：罵詞，欺騙者，詐欺犯一類的人物。

【08】

開空頭支票。

Khui khang-thaû chi-phiò.

Khuī khāng-thaû chī-phiò.

跳票了！

　　多用指口頭上的背信，包含一般人的，以及政客、民代、官員隨意應允，畫餅充飢；有趣的是，本句俗語反而較少用指跳票。——這種用法豈不是反映著我國的政治現實？各級民代，大小官員的「開空頭支票」氾濫成災。民心麻痺，其禍害何止千萬倍於商業上的空頭支票！

　　古書載：「得黃金百兩，不如得季布一諾！」(《史記‧季布列傳》)政客的「誠信」若是口頭禪，而「開空頭支票」是選舉必要的花招。那麼，大小選舉豈不是一種欺騙人民的合法化手續？凡我有氣魄的台灣人，應該起來要求政治人物兌現其政見，不容許他們「開空頭支票」！

【09】

騙客兄，去林投腳飼蚊。

Phiàn kheh-hiaⁿ, khì nâ-taû-kha chhī-báng.

Phén khé-hiaⁿ, khí nā-taū-kha chhī-báng.

有刺的約會。

　　用來調侃被騙爽約的人，笑他如同一個戀「客兄」，被「伙記」騙到多蚊的「林投腳」餵蚊子。

　　客兄：情夫也，或妓女的新歡。坊間有寫做「契兄」者，但「客兄」比較通俗。　伙記[hoé-kì]：情婦也，不是店員，更非會計！❶——客兄和伙記二詞，都有關淫亂，不是所謂的「男朋友」、「女朋友」，當

然不是客家的老兄。

【10】

洋裝獻領，厝內吊鼎。

Iûⁿ-chong hiàn-niá, chhù-laī tiàu-tiáⁿ.

Iūⁿ-chong hén-niá, chhú-laī tiáu-tiáⁿ.

騙鼠的行頭也。

　　用來譏刺人，說他西裝畢挺，但家徒四壁，一定有什麼不法的企圖。這算是開高級進口車來行騙，來惡性倒閉的基型吧。

　　洋裝獻領：指西服的上裝；獻領，開闊的衣領。　　吊鼎：鼎已罷工，斷炊久矣。

　　因為窮困以致於必須依靠詐騙、偷竊，才能活命的話，雖然於法不該，但於情可憫。這乃是社會制度的問題，也是所謂「好人」所應該出力解決的困難。對於許多善良的平民，有生之日的努力，好像就是在防範這種悲哀的發生。於此，我聯想到古以色列老智者，一則實存焦慮的祈禱：

> 我求你［上帝］兩件事，
>
> 在我未死之先，不要不賜給我：
>
> …使虛假和謊言離開我；
>
> 使我也不貧窮也不富足；
>
> 賜給我需用的飲食，
>
> 恐怕我飽足不認你，說：
>
> 耶和華是誰呢？
>
> 又恐怕我貧窮就偷竊，
>
> 以致褻瀆我的上帝的名。

　　　　《聖經‧箴言》30:7-9）

多麼實在又虔誠的祈禱啊！特別是生在市場經濟緊縮，失業成爲千萬人共同的威脅之時，這種信仰的自持，守法的覺識是很寶貴的情操。社會裏「洋裝獻領，厝內吊鼎」的人多了，人民也就沒有平安。

【11】

穿茶米粕的，鹿角仙；褪赤腳的，錢卡現。

Chhēng tê-bí-phoh--ê, lȯk-kak-sian;

   thǹg-chhiah-kha--ê, chîⁿ khah-hiān.

Chhēng tê-bi-phoh--ê, lȯk-kak-sen;

   thńg-chhiá-kha--ê, chîⁿ khah-hēn.

文化鱸鰻vs.草地好額。

　　可能是舊時娼婦被鱸鰻凌辱的怨言，諷刺他們西裝革履，阮囊羞澀，都是「鹿角仙」，但那穿汗衫、打赤腳的，交易乾脆，銀貨兩訖。

　　茶米粕：西裝也。日本人稱西裝爲[se-bi-loh]，我幽默萬分的先人把它擬音成「茶米粕」[tê-bí-phoh]。而日人之所以稱西裝爲[se-bi-loh]，可能是因爲英國倫敦有一條「茶米粕街」(Saville Row Street)專做西裝的緣故吧。該街至今猶仍西裝店林立。稱西裝爲「茶米粕」是帶有調侃味道的，例如，「穿茶米粕，結草索。」　鹿角仙：白嫖的流氓。褪：脫(衣、帽)。　錢卡現：獻金交易，暗指沒有耍流氓的　。鱸鰻：擬音地，指流氓。　好額[hóⁱgiáh]：好額人的省詞，有錢人也。

【12】

拍鑼，哄鬼。

Phah lô, háⁿ kuí.

Phá lô, haⁿ kuí.

聲勢奪人。

　　用指奸惡之人，虛張聲勢來行騙。把這種人比擬做敲鑼造勢來威脅鬼魂，算是很有趣的類比。

　　哄：恫嚇也。

【13】

朴仔腳香爐——大耳。

Phoh-á-kha hiuⁿ-lô͘ —toā-hīⁿ.

Phó-a-khā hiuⁿ-lo͘ —toa-hⁿ.

愚昧的耳朵

　　用來消遣被欺騙了的人，說他愚戇，容易聽信謊言，宛如爐耳特大的「朴仔腳香爐」！從形式而言，這種地方性俗語被接受的侷限性較大，因為缺乏普遍的經驗基礎。沒有看過該香爐的，不會有「大耳」的聯想和共鳴，難以體會厥後語所有的機智詼諧。

　　朴仔腳：嘉義縣的朴仔鎮。　大耳：容易被騙的耳朵，民間認為「大耳」是愚人的記號。同時，暗罵人「豬也」！

【14】

水鬼，騙城隍。

Chuí-kuí, phiàn Sêng-hông.

Chui-kuí, phén Sēng-hông.

小犯人騙判官。

　　喻指欺騙的一種根本心態：明知不可騙，不能騙，騙不了，但就是偏偏要騙。譬喻是：小小的水鬼，欺騙城隍。另一個類句是：「水鬼，裝做城隍。」意指，歹徒偽裝成好人。——《聖經·箴言》21：6說：「用詭詐的舌頭騙財的，自取死亡；所得之財，如同吹來吹去的浮雲。」

背景；城隍的原體是城牆或護城池，民間予以神格化而成爲城隍爺。祂統管行政區裏面的大小陰界的司法。城隍爺不但法鏡高懸，明察秋毫，又有詳細的安全資料，有精銳的警力，有鬼探神捕，又有無數村里的土治公爲線民，水鬼不可能遁形，騙不了城隍的。

【15】

做鬼師公，白賊戲。

Chò kuí-sai-kong, pe̍h-chhat hì.

Chó kui-saī-kong, pē-chhat hì.

假動作。

用指欺不了人的行動，宛如道士的「鬼師公」，所表演的是假戲。

鬼師公：道士所做的法事，例如，做功德。 白賊戲：所表演的內容是虛假的，是說師公演假戲。

【16】

割香，燴記得佛。

Koah-hiuⁿ, boē-kì-tit put.

Koá-hiuⁿ, bē-kí-tit put.

豈有此理！

用來指責，找藉口，說謊話的人；罵他：「騙猾也！」當知，衆善男信女「割香」的主要對象就是「佛」，說是忘記祂，無疑的是很粗陋的謊話了。

*割香：進香也，子廟的神明和信徒回來拜訪祖廟，分享其靈威，鼎盛其香火。我國最有名的進香謁祖，要算是每年三月，大甲媽祖和祂的善男信女，徒步八天七夜，走300里，進香北港或新港媽祖的活動。*❷

【17】

騙乞食，過後厝。

Phiàn khit-chia̍h, koè aū-chhù.

Phén khit-chiā, koé aū-chhù.

騙人一時。

　　斥責人連那種顯而易見的事也要欺瞞，眞是欺人太甚！這正如把乞友敷衍到「後厝」，說那裏可得施捨。但乞友過去一看，只見牛舍、豬稠、糞間。

　　後厝：本家後面的房屋。　　*糞間：舊時農家製造有機肥料的房舍。*

【18】

虎鬚，膾過手。

Hó͘-chhiu, boē koè-chhiú.

Ho͘-chhiu, bē koé-chhiú.

騙不了人！

　　斷言詐騙的終局仍然是虛空，不會有好結果。句子是用「虎鬚」的詐術爲譬喻來表達的。

　　虎鬚：虎，詐騙也。虎鬚，用詐術來行騙之徒。通常一黨五，六人，由一人做莊，其餘黨徒假裝做賭客，來引誘人賭注。他們常用的賭具是三根針，其中一根穿有一載顯露的紅線，莊家抓住這三根針，由賭注者來抽出其中一根，抽中穿有紅線的，則可贏得押注的三倍。其黨徒每押必中，一旦隨他們下大注的話，則一定落空。也有用紙牌或骰來詐賭的。❸　拔虎鬚：不同於「虎鬚」，乃是用抽籤等方式來決定同飲共食，不同錢額的分攤，或購買，或下廚等等的分擔。　　膾過手：喻指詐騙者，最後還是騙不到什麼的；字義是(騙、打、鬥)不過對方。

【19】

猾的，騙戇的。

Siáu--ê, phiàn gōng--ê.

Siáu--è, phén gōng--è.

別想騙我！

　　用來道破對方的欺騙，向他說：「騙我？免想！你這個猾人，把我當做戇人嗎？」

　　猾的：神經病！精神異常的人。

【20】

睛暝，騙目金。

Chhiⁿ-mî, phiàn ba̍k-kim.

Chhiⁿ-mî, phén ba̍k-kim.

愚騙一場。

　　用法類似上一句。這裏所說的「睛暝」不指眼障者，而是指知性混沌的人；這種人怎麼騙得過「目金」的人呢？

　　目金：視力正常的人。「目金」一詞，非常漂亮，這樣的一對眼球是：眼射閃閃金光，睛映爍爍靈智。

【21】

會遮得獅頭，繪遮得獅尾。

Ē jia-tit sai-thaû, boē jia-tit sai-boé.

Ē jiā-tit saī-thaû, bē jiā-tit saī-boé.

總有破綻。

　　斷言，欺騙人的事，開始的時候或許能瞞人一時，過後總可看出破綻。譬喻表象是用「弄獅」，雖然「獅頭」可能被蓋住，但「獅尾」則不能。

　　獅頭…獅尾：喻指前後，全體。字面是弄獅的二個舞者，即是舞弄頭部的和尾巴的。

【22】

瞞者，瞞不識；識者，不可瞞。

Moâ-chiá, moâ put-sek; sek-chiá, put-khó moâ.

Moâ-chià, moā put-sek; sek-chià, put-kho moâ.

所謂被騙。

　　走江湖的套語、用來激勵信心。意思是說，在場諸位地方老賢達、諸位先生小姐都是「識者」，是騙不了的；所以，我這個打拳賣膏藥的，拳頭雖假，但丹膏丸散是真的！

　　瞞者：騙鼠也。　　識者：有智識的人。　　拳頭雖假：江湖郎中的客氣話，避免當地的武術家的挑戰、鬧場。

【23】

假戇，使歹錢。

Ké gōng, saí phaí^n-chî^n.

Ke gōng, sai phaí^n-chî^n.

裝傻的老千。

　　責罵人假裝傻瓜，用「歹錢」來誘騙或買賣。──「設計作惡的，必稱奸人；愚妄人的意念乃是罪惡，褻慢者為人所憎惡。」(《聖經・箴言》24:8-9)

　　歹錢：質量不佳不足的銅錢銀幣。坊間有做「呆錢」者。(有關「歹錢」的詳解，請參看，「三七講，四六聽。」18.05)

【24】

鉛錢買紙鞋，你走我也走。

Iân-chî^n boé choá-ê, lí-chaú goá iā-chaú.

Ēn-chîⁿ be choá-ê, lí-chaú goá iā-chaú.

拉平了！

　　用來嘲諷買假賣假的人，描寫他們心裏不安的反應。用劣幣買到假貨，買賣雙方不敢逗留，連忙逃離現場。跑回到家一看，錢假，鞋假，眞是一場可恥的騙局。——「我見瞞人漢，如籃盛水走；一氣將歸來，籃裏何曾有？」(《全唐詩‧寒山‧詩三百三首》)

　　鉛錢：偽幣也，使歹錢已經是很欺人了，遑論用鉛錢。

【25】

餲鹹魚假沙施美，菜店查某假淑女。

Aù kiâm-hî ké sa-si-mih,

　　　chhaì-tiàm cha-bó͘ ké siok-lú.

Aú kiām-hî ke sa-si-mih,

　　　chhaí-tiám cha-bó͘ ké siok-lú.

魚目混珠。

　　用來斷言粗造的膺品，冒充的人物或離譜的謊言，都是顯然可能分辨識破的。譬喻的表象是用「餲鹹魚」和「菜店查某」要來冒充「沙施美」和「淑女！」

　　餲鹹魚：腐臭的鹹魚乾。　菜店查某：酒家女。　沙施美：生魚片也，日語叫做「刺身」(sashimi)。坊間北京語譯做「沙西米」。

【26】

金剛，踏小鬼。

Kim-kong, ta̍h sió-kuí.

Kīm-kong, tā sio-kuí.

威鎮一方。

　　用指角頭的猛漢鎮服小混混，使之不敢在自己的勢力範圍內爲

非作歹。譬喻的表象是「金剛」壓制小鬼。

金剛：天王的俗稱，大佛寺常有四大天王，乃是寺院的護法，咸信也有驅邪趕鬼的威力。台南市開元寺，有四大天王雕像，其一就是「金剛，踏小鬼」。

【27】

欺負，爛土無刺。

Khi-hū, noā-thô͘ bô-chhì.

Khī-hū, noā thô͘ bō-chhì.

軟土深掘！

善良的人在百忍惡人侮辱之後，莊重警告對方，適可而止，不可「軟土深掘」，欺人太甚！句裏用無刺的軟泥地譬喻軟弱的善人。——軟弱的人更須要堅定的信仰，那是相信「惡人的強暴必將他自己掃除，因為他們不肯按公不行事。」(《聖經・箴言》21:7)獨裁暴政必亡，其理在此！

(參看，「軟土深掘」246.27)

【28】

乞食，趕廟公。

Khit-chiảh, koáⁿ biō-kong.

Khit-chiā, koaⁿ biō-kong.

喧賓奪主。

主人的哀怨。說外來的猛漢土匪入侵，把原來的主人迫害驅逐。用來譬喻的是：丐幫的惡乞，侵佔廟宇，並趕出看廟的「廟公」。

廟公：漢語稱為「廟祝」，乃是民眾道教的廟宇的工友。他主要的工作是開關廟門，看住廟不失火，不失賊，給祀神上香點燈，隨時打掃清

潔。多數鄉下的廟公識字不多，不要說「籤詩解」看不來，祀神的歷史，神格功能，毫無興趣，有時那些配祀神像的名字，都是一問三不知的。他們的薪水微薄，有些廟祝還須兼賣金、香、糕餅、燒祭用品。

【29】

死豬，鎮砧。

Sí–ti, tìn–tiam.

Si–ti, tín–tiam.

屍位素餐。

用來罵人。特指沒有用的人物，空佔重要的地位，正如應該掩埋的死豬，「鎮」在獸肉攤的砧板上，不但妨礙工作，一定嚇走顧客，大大妨害生意。同義句有：「死豬，鎮稠[tìn–tiâu]」。

　　鎮：(物件)佔據(空間，位置)，例如「鎮地」[tìn–tè]；(勢力)壓制(人民)，例如「鎮壓」。

【30】

鴉鴿，佔便孔。

Ka–lēng, chiàm piān–khang.

Kā–lēng, chiám pēn–khang.

鳩佔鵲巢。

　　譏刺強行接收他人的所有物，或建設的基業。用來比擬的是，民間相信「鴉鴿」不築巢，都是強佔現成的鳥巢。同義句有：「胡鰡[hô͘–liu]，尋[chhōe]便孔」。

　　鴉鴿：鸚哥、鸚鵡也。(→17.04)　便孔：巢、洞，現成的孔穴。

　　侵佔別人的田地，侵略別人的領土，是古老的罪行。這種野蠻、土匪的行徑，難逃審判。古智者有所教諭：「不可挪移古時的地界，也不可侵入孤兒的田地；因為他們的救贖主大有能力，祂必

爲他們辨屈。」《聖經·箴言》23:10)

【31】

豆油分你搵，連碟仔續要捧去。

Taū-iû pun lí ùn, liân tī-á soah-beh phâng-khì.

Taū-iû pūn li ùn, lēn tī-á soá-bé phâng-khì.

得寸進尺。

　　用法有二：一、指貪婪無所止的惡人，已經分獲別人的利益而不知滿足，卻要全部佔爲己有。二、不以共有情婦爲滿足，而要獨佔她。（→42.07）

　　豆油·醬油。　搵：沾(醬、糖、油)。　碟：小碟子。　捧：用手拿(碗、盤)。

【32】

借荊州，佔荊州。

Chioh Keng-chiu, chiàm Keng-chiu.

Chió Keng-chiu, chiám Keng-chiu.

以借爲佔。

　　譏刺惡霸的人，以借用爲名，強行佔有之實。這句俗語是從舊時「講古先仔」，講《三國演義》的講題演變而來的。

　　這齣戲劇化的歷史悲劇，幾乎是各個時代的人所能經驗到的：小事如「借佔」個人財物；大事如永久的，或是九十九年的「租借」敗國的領土，奴役其人民，剝削其資源。

　　典故：劉琦死後，東吳孫權差魯肅來向劉備要取回荊州。但是孔明以三寸不爛之舌說服魯肅，寫下「借據」，說劉備圖得西川之時便還荊州。孔明又請魯肅押字，二人同爲擔保人。魯肅回到東吳，軍師周瑜問討荊州之事，魯肅出示借據。

周瑜一見，頓足曰：「子敬中諸葛之謀也。名爲借地，實是混賴。他說取了西川便還，知他幾時取西川？……」
蕭聞言，呆了响曰：「想玄德不負我。」

瑜曰：「…劉備梟雄之輩，諸葛亮奸猾之徒，恐不似先生心地！」❹

荊州：古中國的九州之一。代有變遷，但不離湖南，湖北，四川東西部，貴州東北部等地。

注釋

1. 參看，亦玄《台語溯源》，頁40。
2. 劉還月對大甲媽祖進香活動有生動的專文報導。詳看，劉還月《台灣的歲節祭祀》，頁43-59。
3. 參看，亦玄，同上注，頁103-105。
4. 詳看，《三國演義》第54回。

第六節　冤枉、連累

本節分段：

冤枉受屈01-13　連累無辜14-22　惡人反噬23-25

【01】

狗，咬師公。

Kaú, kā sai-kong

Kaú, kā sai-kong

咬錯了好人。

用來譏刺莽撞的人，他一口咬定無辜，來冤枉別人！譬喻是：戇狗忽然大發神經病，誤把「師公」當做丐仙而亂咬一通。

從這句俗語也能夠體會出民間對一般師公的觀感，把道士和丐仙排在可能混淆的地位，是很不尊重民間宗教人的態度！

【02】

白白布，染到烏。

Peh-peh pò͘, ní-kaù o͘.

Pē-pē pò͘, ni-kah o͘.

冤枉啊，大人！

被徹底抹黑的君子或淑女，用來表達被冤枉的憤慨。譬喻是：偷偷地把白布塞入染缸來染黑它。——這是一句常用的台灣俗語，頗能表現被冤枉，被污衊的情態和感受。

【03】

三條溪水，洗繪清。

Saⁿ-tiâu khe-chúi, sé boē-chheng.

Sā̄ⁿ-tiāu khē-chúi, se bē-chheng.

冤屈難伸。

　　用來表示冤枉，但涉嫌深重，有口莫辯，難以洗雪。句子是說：嚴重地被抹黑，以致於三江清水也無法洗清。同義句有：「三條溪，也洗ⁿ會清。」

　　請不要忘記，當先人說出這句俗語的時候，我們的美麗島台灣的任何一條河川，除了濁水溪本有地層湧沙之外，都是綠水淘淘，滋養著鹿苑人間；其淺處淨澈見底，魚蝦水卒成群迎人；其中流則碧光耀金，三舨艋舺載仁載義頻頻交際。要是誰有冤枉，誰被塗污，別說三條溪水，就是任何一溝一圳都有活水來潤澤伊乾旱的心田，來安慰伊蒙冤的靈魂。要是有了聖人難免的罪過，也有聖泉處處來淨化其人格，來美化其人生。

　　然而，我國河溪的現狀又如何？鷄籠河，淡水河，大甲溪，大肚溪，曾文溪，愛河、下淡水溪……怎樣了？無恙嗎？還有淨化身心的能力嗎？或者愈洗愈髒，愈漂愈黑？會不會給無冤受屈的伊，厚厚的再塗上一層糞池排出的污穢，化工廠的奪命毒液？

【04】

觀音媽偷食鹹魚──冤枉人。

Koan-im-má thau-chia̍h kiâm-hî─oan-óng lâng.

Koān-īm-má thaū-chia̍ kiām-hî─oan-óng-làng.

全然冤枉！

　　斷言顯然可見地冤屈了好人。這句厥後語用，旣素食又純良無邪的「觀音媽」涉嫌偷食鹹魚爲譬喻。──說來眞是太沒有禮貌了！怎麼連觀音媽也拿來開玩笑，當譬喻！雖然頗能比擬冤枉的

眞象。

　　觀音媽：參看「觀音媽面前，無好死囝仔。」(111.24)

【05】

互賣火炭的睏去，對染布的討錢。

Hō͘ bē-hoé-thoàⁿ--ê khùn-khì, tuì ní-pò͘--ê thó-chîⁿ.

Hō͘ bē-hoe-thoàⁿ--è khùn-khí, tuí ní-pò͘--è tho-chîⁿ.

此黑非彼黑！

　　取笑人找錯了冤家債主，冤枉了無辜。譬喻是舊時娼婦討賬：其實鹿角仙是「賣火炭的」，但她卻找上「染布的」索取渡夜資。——先人在此伏下一筆：這個染布的先生也是她的老主顧！

　　賣火炭的：小炭商。　互…睏去：被…所淫。　染布的：染布工人。

【06】

無食烏豆，叫伊放烏豆屎。

Bô-chia̍h o͘-taū, kiò-i pàng o͘-taū-saí.

Bō-chiā ō͘-taū, kió-i páng ō͘-taū-saí.

刑求迫供。

　　可能是親人用來表示抗議，在刑求之下，強要嫌犯承認有罪。本句是用白描，直述叫他放烏豆屎是不可能的，因爲沒有吃烏豆啊！

　　烏豆：黑豆也。報載，烏豆可做藥，它性寒，味甘，有明眼、黑髮，通便之效。幾年前，我國流行「吞烏豆」。據說：吞十天，白髮變黑；有人一試，多年便祕，暢通。(→《中央日報》1994(8.25):6)

【07】

偷夯古井，也著認。

Thau-giâ kó·-chíⁿ, iā-tio̍h jīn.

Thaū-giā ko·-chíⁿ, iā-tiō jīn.

屈打成招。

　　憤慨又諷刺地指出，經不起刑求的痛苦，只好什麼都認了。就是被指爲「偷夯古井」，也不得不承認。同義句有：「古井，也是我偷的。」

　　傳聞：有個小偷被日本警察抓去。在派出所，刑事大人動用電擊、灌水、倒吊，等等，百般苦刑之後，小偷大小案件無不承認。最後，日本刑事心有餘興，故意大聲再問小偷：「菜市場的那一口古井，也是你偷的嗎？」小偷驚魂未定，不假思索，說：「是！是！大人！古井，也是我偷的。」據說，日本刑事一聽，狂笑不已，繼之破口大罵：「馬鹿野郎！Bakayaro！」

【08】

夯天，來蓋人。

Giâ-thiⁿ, laî khàm-lâng.

Giā-thiⁿ, laī khàm-làng.

威勢屈人。

　　用來罵人，說對方不該借用權勢來冤枉他。如同要用無限大的天，來鎭壓渺小的一個人。

　　蓋人：壓制，凌迫也。

【09】

要死，牽拖鬼。

Beh-sí, khan-thoa kuí.

Beh-sí, khān-thoā kuí.

連鬼也蒙冤！

用來撇清牽連，力說事不關己，如同重病將死之人，把歲數該盡歸咎於索命小鬼。

　　牽拖：把（壞事、災變等原因）關聯、歸咎於（某人，某事）。

【10】

狗肉無食，狗湯有飲。

Kaú-bah bô chiảh, kaú-thng ū-lim.

Kau-bah bō-chia, kau-thng ū-lim.

至少是從犯。

　　用法有二．一、當做冤枉人的套語，意思是說：既使你沒有犯下屠犬吃香肉的大罪，你也一定有吃香肉湯的小過。——真能表現出冤枉的「邏輯」：無理性的橫蠻強暴。二、用來諷刺人家，說他不要「假仙」，那有花貓不吃腥的？

　　雖然這句俗語中的「吃狗肉」，「飲狗湯」是打比方的，但是吃狗肉的人民，已經在世人面前出了大洋相。幾年前，德國發行量最大的《圖片報》以特大新聞報導中國餐館宰狗，做成菜餚，來賣給吃狗肉、喝狗湯的老饕。雖然說是「不實的報導」，但引起該社會的大震驚，也喚醒在德國華人尊重德國法律和習俗的反省。

（→Bild Zeitung.1995(4.4.):1;《中央日報》1995(4.9):3）

　　吃狗肉？我台灣先人早有嚴禁，好子孫不可丟人於「洋民」之前！

【11】

欲加之罪，何患無詞。

Iỏk-ka chi choē, hô-hoān bû-sû.

Iỏk ka chī choē, hō-hoān bū-sû.

藉口多得很！

　　用來辯駁無罪而被誣陷。字面的意思是：陷人以罪，自有藉口！語出，《左傳•僖十年》：「欲加之罪，其無辭乎？」

　　看到這句俗語，不禁悲從心生，痛楚不已！使我連想到，國民黨政府曾有過比這句話惡霸萬倍的記錄：在所謂「光復」的第二年，台灣省警備總司令部參謀柯遠芬，羅織「陰謀論」，對台灣人濫下「寧可枉殺九十九個，只要殺死一個真的［匪諜］就可以」的殺手。❶無數善良人民因此含冤而死！

　　古之暴君「欲加之罪，何患無詞！」假使現代政府「欲加之罪，何須要詞？」的話，那真是混世魔鬼再世，何止是罪惡的政府！嘉哉！我國已經有民主、法治、自由，但是我們不可失落警醒，不准歷史的災難重演！

【12】

鬼，要加你抽舌根。

Kuí, beh kā-lí thiu chíh-kin.

Kuí, bé kā-li thiū chī-kin.

誣人的報應。

　　罵人的話。遭受嚴重抹黑誣陷，在不可忍耐之下，爆發出來的咒詛。本句有一層民間信仰背景：咸信以惡言陷害人者，死後被打入「三殿宋帝王」受「拔舌地獄」之刑。（→《玉歷寶鈔勸世文》）

　　我國民間的勸善書很強調「正言」，古以色列人的智訓也是如此，例如「所羅門的箴言」說：

> 義人的口滋生智慧；
>
> 乖謬的舌必被割斷。
>
> 義人的嘴能令人喜樂；
>
> 惡人的口說乖謬的話。——（《聖經•箴言》10:31-32）

【13】

含血，噴天。

Kâm huih, pùn thiⁿ.

Kām huih, pún thiⁿ.

先污其口也！

　　氣憤地斥責人惡毒的誣衊。意思是說：他的誣陷宛如含血噴天，但絲毫無損於天，先受到弄髒的，還是那個噴血的人。

　　這句俗語可能演變白成語「含血噴人」，原典是：「含血噴人，先污其口；百丈野狐，失頭狂走。」(《羅湖野錄》)後來的章回小說常有引用。

　　應該注意的：「含血，噴天」比「含血噴人」更能表現出冤枉的原形和教訓，乃是堅信清者自清，冤屈必不能害我，因爲天在頭上；警告他，抹黑人者，先弄髒了自己。

【14】

放屁，相連累。

Pàng-phuì, sio liân-luī.

Páng-phuì, siō lēn-luī.

膺任屁主。

　　用來責罵做事沒有擔當的人，使自己受到了連累。本句用喻相當粗鄙：有人被嫌疑做放臭屁的人。

　　放屁：喻指壞事，做了見不得人的歹事。

【15】

蟉蚤做事，累虱母。

Ka-chaú chò-sū, luī sat-bú.

Kā-chaú chó-sū, luī sat-bú.

本地人受罪。

　　無辜受累的人用來表示怨嘆，指出嫌犯已經逃掉，而現場的閒人卻被牽連。譬喻是：叮人的「蟧蚤」已經吸飽了客人的鮮血，揚長而去，留在床鋪的「虱母」卻要負起「木虱食客」的惡名。

　　蟧蚤、虱母：注解請看「七佬食八佬，木蝨食蟧蚤。」(35.04)
木虱食客：客套話，喻指主人不好意思地反而接受客人的招待；昔日，主人接下客人的「請烟」，總會說這句話來客氣一番。

【16】

承著拳頭紕。

Sîn-tioh kûn-thaû-phoè.

Sīn-tiō kūn-thaū-phoè.

無妄受災。

　　旁觀者，受到打架的人無意中的打擊。譬喻是，受到「拳頭紕」所傷害。類似句有「承著雷公尾」。

　　拳頭紕：旁觀打鬥，誤中拳擊；紕，用斧頭砍剖木頭，暴裂開來的柴片。　雷公尾〔luî-kong-boé〕：喻同「拳頭紕」；字義是，雷擊的邊緣餘威。

【17】

火燒山，累著猴。

Hoé sio-soaⁿ, luī-tiah kaû.

Hoe siō-soaⁿ, luī-tiō kaû.

無辜受害。

　　用來表示受到親友或是鄰居的連累，而遭到財物的損失，甚至受到法律的制裁等等麻煩。這宛如以樹林爲家的猿猴，因爲火

燒山而流離失所，甚至葬身於火山。如此用喻，眞能充分表現出原來是多麼快樂，何等善良的人，因爲牽連而陷入苦難的難測深淵。

這句「火燒山，累著猴！」對目前的處境有警戒的作用：我國的大商團，本著「商人無祖國」的橫心，抱著「人爲財死」的貪婪，向中國大陸冒進。然後昧著良心幹起中國統戰的傳聲筒、馬前卒，要來強迫我國與之「三通」。這種做法無異是「放火燒山」，罔顧台灣全體人民安全的勾當。

捍衛青山常在，綠水長流，是全體台灣人的神聖責任啊！

【18】

烏狗偷食，白狗受罪。

Oˑ-kaú thau-chia̍h, pe̍h-kaú siū-chōe.

Ōˑ-kaú thaū-chiā, pē-kaú siū-chōe.

惡人拖累。

指出一項嚴肅的事實，只要善人和惡人同住在一個社會的時候，惡人的惡行會連累到善人的平安，有時甚至於代其受罪。譬喻是偷吃的黑狗逍遙法外，但是善良的白狗，就得擔當其罪愆。

這句俗語雖然僅點出「無辜受累」的怨嘆，但是牽涉到頗難說明的爲甚麼無辜受害的問題。從人間法來質問時，涉及司法公正性的問題；從宗教上而言，則「業報」，「因果」，上帝的愛和公義等等的佛學、神學問題。

也許，只有在西天、在涅槃、在天國，這種「烏狗偷食，白狗受罪」的不公不義才會完全消失。此前，白狗只有在獨善其身和投入馴化烏狗的工作，擇一而爲了！

【19】

放屎，著人拭尻川。

Pàng-saí, tio̍h-lâng chhit-kha-chhng.

Páng-saí, tiō-lāng chhit-khā-chhng.

所謂負責人。

可能是主管，或是同事的怨言，也是諷刺。指出不能善後的屬下或同僚做出來的麻煩，要代其收拾殘局爛攤。譬喻是用幼兒爲表象，便後須要母姊給他「拭尻川」。

著人：需要別人來（幫助、扶持）。

（比較，「放屎，無拭尻川。」28.11）

【20】

先生，食互拍土礱的坐數。

Sian-siⁿ, chia̍h-hō͘ phah-thô͘-lâng--ê chhē-siàu.

Sēn-siⁿ, chiā-hō͘ phá-thô͘-lâng--è chhē-siàu.

先生也老饕。

用指素行不良的人，被連累，受冤枉。譬喻是：「先生」和「拍土礱的」同桌共席。餐後，主婦來收拾飯桌。一看，滿盤菜餚見底，飯坩空虛。心想，這個拍土礱的，太過份了，也不想給後來的人留些飯菜。誰知原來斯文軟弱的先生斷炊多日，難得這一餐，不拚命吃要待何時？

先生：舊時私塾的教師，因爲束修微薄，讀冊的孩童又少，常活在半飢餓的狀態。 …互：給…。文式是「動詞＋互＋受詞片語」，例如，「做互人看」。 拍土礱：操作土礱的人。因爲土礱笨重，所以操作者通常是粗勇的人，也大多是大吃漢。 土礱：磨掉穀殼的器具，形似磨米成漿的石磨，但是用紅土和竹片爲材料製成的。大型的土礱

直徑有一公尺多，需要二、三個壯漢的力量才能推動。（→《中央日報》
1995(9.21):8　坐數：（行爲的結果）算在（某人）名下；由（某人）負責
（善後）。

【21】

中進士，拔死羊母。

Tiòng chìn-sū, poe̍h-sí iûⁿ-bú.

Tióng chín-sū, poē-si iūⁿ-bú.

無辜受累。

　　諷刺糊塗人的行動，常常不計利害關係，莽撞而爲以致於連
累別人。句裏的「羊母」顯然是無辜的受害者。同類語有：「隔壁
中進士，羊仔拔斷頭。」和「隔壁中進士，拔斷羊仔頭。」

　　（本句別解及傳說，請看28.15）

【22】

城門失火，殃及池魚。

Siâⁿ-mn̂g sit-hoé, iong-ki̍p tî-hî.

Siāⁿ-mn̂g sit-hoé, iong-ki̍p tī-hî.

無故受害。

　　這是一句古老的俗語，頗能表現無辜受到連累的眞象和慘重
的災情。從字面上看，可解做：城門發生火災，延及護城池，池
水被吸乾來救火或大火燙死了池魚。但是，按《廣韻》和《太平廣
記》所載，則有不同的說法，大意是：有姓池名仲魚者，家住在
城門附近，因爲城門失火，延及池家，仲魚被燒死。所以留下了
「城門失火，殃及池魚」這句諺語。

　　看了池仲魚先生因爲城門失火而被燒死的記事，筆者心有深
深的感想。我想，也許池先生行動不便，或是夜間深眠，以致於

燒死在不知不覺之中。不然,古人的土牆茅舍,燒不出什麼毒氣,又無鐵窗鎖牢,逃生應該不成問題。

還有,池先生要殉火的話,也應該死在救火的行列,不該如此殃及池魚。可見他是不理會「鄰居失火不救,可能燒到自己」的重要真理,難免有過份獨善其身的嫌疑了。

據聞,我國在東南亞金融風暴中,主動要提出金援鄰國,並邀請中國、日本共同參與,雖然此二國反應保守、冷淡。(→《自由時報》1998(4.9):4)此舉,如同救火,是助人自助,智慧的做法,更是地球村優秀公民的態度。善哉!

【23】

賊,喝賊。

Chhát, hoah chhát.

Chhát, hoá chhát.

反咬一口。

責備人犯錯不願承認,又來反噬受他侵害的人。這正如奸賊,混在捕賊群中,跟人一起大喊:「賊哦!掠賊哦!」

【24】

手夯大兄,嘴喝賊。

Chhiú giâ toā-hiaⁿ, chhuì hoah-chhát.

Chhiú giâ toā-hiaⁿ, chhuì hoá-chhát.

賊,喝賊!

指責人罪證昭彰,又要誣賴別人。句子的譬喻是:強盜手拿「大兄」,但嘴裏跟著壯丁一起「喝賊」。

背景:清國時代的台灣,治安大壞,入夜常有成群覆面的強盜,手執火把出來搶劫。通常賊首手執破門的鐵棒,稱為「大兄」

者，在前帶隊。有時，鄉庄的防備嚴密，被人發覺，四處喊賊，強盜只好逃竄。有一次，盜首逃避不及，只好跟著庄人大聲喊「掠賊！」不過，他仍然手執「大兄！」❷

【25】

拍人，喝救人。

Phah--lâng, hoah kiù-lâng.

Phah--làng, hoá kiú-lâng.

強人呼救。

用指是非顛倒，欺人者反過來說是被人欺負。一般而言，喊救命的是被毆打的人，但這句俗語說，打人的，在大喊著救命。真奸詐也！

看了上面三句俗語，令我記起以色列人的一句慧語，說：「匪徒做見證戲笑公平；惡人的口吞下罪孽！」（《聖經‧箴言》19:28）似此，「拍人，喝救人！」或是「手夯大兄，嘴喝賊！」氾濫的社會，乃是污衊公義，取笑法律，凌辱人民。──弱勢群體的聲音，乃是良心的呼聲，強勢群體應該用心傾聽！台灣人的心靈改革，不能沒有這種努力。

注釋

1. 見，邱勝安《台灣史話》，頁347。

2. 參看，朱峰「台灣方言之語法與語源」《台北文化》（1958年7卷3期），頁20。

第七節　懷恨、報復

　　本節分段：

　　懷恨在心01-02　　尋機報復03-10

【01】

點油，做記號。

Tiám-iû, choè kì-hō.

Tiam-iû, chó kí-hō.

祖傳的黑名單。

　　用來表示報復的決心，意思是說：我恨你，將來一定要討回公道。

　　為甚麼用「點油，做記號」來表達懷恨報復的用意呢？筆者猜想，這既然說的是報復，乃是要「修理」，那麼所點的油一定不是香膏，離不了工場「修理」壞東西的機械油，或「修平」破馬路的打馬膠。總之，先做個髒污記號，回頭再來慢慢修理。

【02】

老狗，記久長屎。

Laū-kaú, kì kú-tn̂g saí.

Laū-kaú, kí kú-tn̄g saí.

恨事難忘。

　　用來諷刺心胸狹小，舊恨綿綿，時刻不忘報復的人。譬喻是：老狗永銘那一頓被奪走的大餐。(可能的背景，請看212.10)

　　久長屎：喻指應該忘懷，但卻是時時牢記的，鷄毛蒜皮的綿綿舊

恨。字面是，好久以前的乾屎。

【03】

報鳥鼠仔冤。

Pò niáu-chhú-á oan.

Pó niau-chhú-a oan.

出一口小怨氣。

用來解釋被人惡待或刁難的原因，是因為自己失禮於前，現在人家在討回小公道。類似句是：「報田螺仔[chhân-lê-á]冤。」

為甚麼把「報小冤」說是「報鳥鼠仔冤」或「報田螺仔冤」呢？這就有待方家指教了！

【04】

無法佛，降和尚。

Bô-hoat pu̍t, kāng hoê-siuⁿ.

Bō-hoat pu̍t, kāng hoē-siūⁿ.

弱者遭殃。

用指報復的一種形式，當冤家的各種條件優越，報復不了的時候，一口怨氣只能向軟弱的親人或下屬發洩，宛如反佛者，大多向和尚下手。

無法佛：譬喻地說，沒有佛的辦法，敵不過祂。　降：無禮的刺激、挑逗，使其心身受到困擾壓迫。

（比較，「無法魚，摔破網。」215.14）

【05】

得失土治公，飼無鷄。

Tek-sit Thó·-tī-kong, chhī-bô-ke.

Tek-sit Tho·-tī-kong, chhī-bo-ke.

有力者的反撲。

　　這是一句常用的俗語。指出得罪有力者所遭受到的報復、攻擊。譬喻是：侵犯專司六畜興旺的土治公，家裏的「鷄仔鳥仔」也就難以飼養。

　　土治公祠常掛著弟子恭獻的紅棉花布做的橫披，上面寫「有求必應」。大概先人沒有用老美酒和三牲、五牲去「求」老土治公吧？「飼無鷄」就算是祂老人家給不知「禮數」的弟子的小教訓了。

　　鷄仔鳥仔：指鷄、鴨、鵝，等家禽。

【06】

蛇拍無死，顚倒惡。

Choâ phah-bô-sí, tian-tò ok.

Choâ phá-bō-sí, ten-tó ok.

除惡務盡？

　　指出斬草斷根式的報復。假如這句俗語眞能解讀做「除惡務盡」的話，那眞是非常珍貴的道德教訓了。可惜，本句卻是鼓勵人「徹底報仇」！其類似句是：「蛇拍無死，反報仇。」正如章回小說的：「打蛇無死，反受其害！」（《醒世恆言》卷22）這都是「教歹人的，囡仔大細」的毒諺！

　　顚倒惡：更加兇惡；意思是，蛇比沒有被打之前更加兇猛。　反報仇[hoán pi-siû]：反過來報仇。

【07】

有恩報恩，有仇報仇。

Iú un pò-un, iú siû pò-siû.

Iu un pó-un, iú siû pó-siû.

恩怨必報。

　　用做警語。斷言恩怨分明，必要分別還報。語見，《格言諺語》，常見於章回小說。

　　這句名諺是傳統民間倫理的結晶，乃是先人處世為人的根本規範。不過，時代已經殊異，需要對這句古諺來做新的了解，以免食古不化，自受其害。

　　我們要說，「有恩報恩」仍然有其永遠的意義，特別是重「義務與權利」的現代人，容易忽略人間的恩情的事實。缺乏「恩情感」的人，其人間關係和心理世界很可能似同沙漠。還有，因為「恩」是自由的授受，是無條件的愛，所以令人常懷報恩的感動。

　　至於「有仇報仇」，則需要訴之國法，用法律為仲裁，絕對不可降服於冤冤相報的森林法則，那已經是黑道和土匪的行徑，是社會治安的毒癌。何況傳統倫理有另一個道德修養的進途：仇可解，不可結。不論是入世的儒家，或是出世的佛道，冰釋仇恨都是人生的最高智慧。

　　消解仇恨乃是平安幸福不可缺的手續，不論是個人或是國家。至於現代中國繼續挑起國共鬥爭的舊怨，處處堵塞我國生存的空間，要來動武吞併，真是惡霸野蠻，離文明之邦遠矣！

【08】

有恩必報真君子，有仇不報非丈夫。

Iú un pit-pò chin-kun-chú, iú siû put-pò hui tiōng-hu.

Iu un pit-pò chīn-kun-chú, iu siû put-pò huī tiōng-hu.

為人要務：報恩報仇。

　　用法和意思類似上一句，但強調點置於「君子、丈夫」此二形象上面，而且表示恩怨不分不報，則非正人君子，更是缺乏男人

氣概。顯然，這是古人的「激將法」，因爲在那動蕩不安，「無法無天」的社會，確實需要君子出來傳播仁義，丈夫出來維持公道。然而，現代人的「報仇」觀念需要接受法律的規範，不可沈淪於私報的血腥冤孽。──可能的方式：報之國法或報之原諒，二者擇一。當然，這都不是容易的事！

【09】

一不作，二不休；三不作，結冤仇。

It put-chok, jī put-hiu; sam put-chok, kiat oan-siû.
It put-chok, jī put-hiu; sam put-chok, ket oān-siû.
殘酷的仇恨。

有新舊二種用法。新的，用做警語：使人猛省仇恨的殘酷可怕，必要盡力消除暴力，不可結怨。舊的，用來刺激仇恨：力言報復的行動必要趕盡殺絕，免留後患──真是人性淪喪的惡念。

面對這句古諺，筆者心有深感焉。覺得這句話所鼓勵的報仇方式，正是中國惡質的政治文化中屢見不鮮的「抄家滅族」，真是可怖！未知何時，我國也已感染了這種邪魔的「滅門」惡疾？不但牽連黑道恩怨之家，就是正義道德之士的家庭，都慘遭抄家的災難。怎麼辦？治安當局多多加油之外，深願我國的諸大宗教，應該多多宣揚、力行其入世的社會倫理思想，來做深入人性的革新。

剛才接到十三日《自由時報》，看到第三版除「社論」以外全版報導：竹聯，四海二幫擦槍走火，竹聯幫元老「白狼」的長子遭對方殺死，警方提防黑道火拼，等等相關新聞。(→1998,(4.13):3)啊，我們腥風血雨的社會，豈是某些宗教群體招攬政界大員所炒作的，大規模的功利性密儀，所能消災致福的嗎？

（本句別解和語源，請看221.13）

【10】

小人報冤三日，君子報冤三年。

Siáu-jîn pò-oan saⁿ-ji̍t, kun-chú pò-oan saⁿ-nî.

Siau-jîn pó-oan saⁿ ji̍t, kūn-chú pó-oan saⁿ-nî.

不可莽撞報冤。

　　用來強調報冤必須愼重，不可莽撞從事，所以說「三日」之內報冤的是「小人」，而隱忍「三年」而後報冤者，是謂「君子」。語見，《注解苷時賢义》，也常見於章回小說。

　　典故：「賈似道與鄭虎臣父有仇隙，後賈似道遭貶，鄭虎臣押至泉州廁上，爲父報仇執賈胸刺殺之。人語曰：『小人報冤三日，君子報冤三年。信乎！』」(→《注解昔時賢文》)

　　小人：原指和在位君子相對的「小老百姓」，後來加進道德評斷的意義，用指不仁不義，不知廉恥，以義爲利，言而無信，不受教化的人。　君子：在孔子的理想中，君子是推動德治的中堅人物，但後來泛稱有德之士，好學有禮之人，乃是「丸[maru]正的紳士也」。　三日…三年：指早慢，久暫，不是實數。

　　我們很願意從這句古諺找出積極的現代意義，例如，「君子報冤三年」，等待三年，或更久的時間，可能沖淡仇恨，可能產生和解等等的可能性。然而，若從上述《賢文》所引鄭虎臣等了數十年，待仇人賈似道遭貶再來刺殺一事看來，這句名諺反對「三日」而強調「三年」實際上是在鼓勵醞釀有效的報仇。若又從過去黑社會恩怨來看，報復並不是「三日」之事，血仇是愈結愈深的，除了和解，除了解散黑幫以外，三年或三代都沒有建造「平安」的根本意義。

　　我們一向對猶太敎徒的印象是「以牙還牙」，但並不盡然。在他們的智慧傳統中是相當強調「和解」，以及「人道」對待敵人，雖然沒有所謂「愛敵」的敎訓，例如：

人所行的，若蒙耶和華[上帝]喜悅，

耶和華也使他的仇敵與他和好。

……

你的仇敵跌倒，你不要歡喜；

他傾倒，你的心不要快樂；

恐怕耶和華看見你就不喜悅，

將怒氣從仇敵身上轉過來。

……

你的仇敵若餓了，就給他飯吃；

若渴了就給他水喝；

因爲，你這樣行就可喚起他的良心；❶

耶和華也必賞賜你。

（《聖經·箴言》16:7;24:17;25:21）

注釋

1. 本句，「和合本」《聖經》，按字面譯做「你這樣行就是把炭火堆在他的頭上」。而「現代中文」《聖經》，意譯做「你這樣做會使他羞愧交加」。這樣翻譯的話，前者，不是專家不能了解；後者，不能忠實表現猶太敎有關對待敵人的根本精神；原意沒有要讓仇敵「羞愧交加」的意思。此二譯文都不是理想的。筆者按照原意，參考可靠的學者的意見，意譯做：「你這樣行就可喚起他的良心。」參看，W. Gunther Plaut, *Book of Pro-*

verbs. "The Jewish Commentary for Bible Readers." (New York: Union of American Hebrew Congregations), pp.248–249, 262.

暗路惡行

●第四章

第一節　暗路、嫖妓

本節分段：

暗路傷財01-07　嫖妓惡果08-15　男性侵犯16-17

【01】

暗路敢行，錢銀燴疼。

Àm-lō· káⁿ kiâⁿ, chîⁿ-gîn boē-thiàⁿ.

Ám-lō· káⁿ kiâⁿ, chîⁿ-gîn bē-thiàⁿ.

開仙也！

　　用做警語，嘲諷地寓寄戒嫖的意思。好像是對喜歡走「暗路」，去尋花問柳，而又開口閉口喊窮的朋友或熟人所說的話。本句的含義甚明，反諷地說：你性趣那麼高去行暗路，就該知道，沒有「錢銀燴疼」的道理。

　　這句俗語的文詞非常精煉漂亮！不但「行」和「疼」，都是[-aⁿ]韻，又用倒裝句法來表現「暗路」和「金錢」，「敢行」和「燴疼」，充分活現出語氣和表象的緊密、生動。試把本句說成「敢行暗路，燴疼錢銀。」如何？太散漫了！

　　暗路：這裏是指宿娼嫖妓的行徑，另指盜賊的黑暗行爲；字面上是，沒有燈光的黑暗路。　敢行：執迷而行，暗指做不該做的事。
錢銀燴疼：不惜花錢。

　　走「暗路」以致床頭金盡，而落魄江湖的，在傳統的章回小說和民間的勸善文，可說俯拾即是。然而，筆者查了儒教最重要的《四書》，卻未看到孔夫子的戒嫖智訓！爲什麼？反觀古以色列的

老智者，他們很在意這一關，平實地向少年郎叮嚀：

> 我兒，要留心我智慧的言語，側耳聽我聰明的言詞，
>
> ……
>
> 因為淫婦的嘴滴下蜂蜜；她的口比油更滑，至終卻苦似茵
> 藤。
>
> ……
>
> 你所行的道要離她遠，不可就近她的房門，
>
> 恐怕將你的尊榮給別人，將你的歲月給殘忍的人。
>
> ……
>
> 你心中不要戀慕她的美色，也不要被她的眼皮勾引。
>
> 因為，妓女能使人只剩一塊餅，淫婦獵取人寶貴的生命。

　　　　　　　　　（《聖經‧箴言》5:1,3,8–9; 6:25–26）

【02】

行暗路：一錢、二緣、三媠、四少年。

Kiâⁿ àm-lō͘ : it chiân, jī iân, saⁿ suí, sì siàu-liân.

Kiāⁿ ám-lō͘ : it chên, jī ên, saⁿ suí, sì siáu-lên.

迌迌人的資本。

　　大概是老開仙的經驗談吧。意思是說：錢多、投緣、英俊、年青，等四項，是暢行暗路的本錢。絃外之音，莫非戒行暗路，因為這四項資本不是隨便可以獲得的，乃是上天的恩寵，豈可將之浪丟在暗路上！

　　老先人的世代，「暗娼」活動在「暗路」，所以用這個表象來做喻詞，頗能映照所謂「尻脊間」、「豬哥寮」、「查某間」、「私娼寮」、「妓女戶」的特色。如此，暗路明路有別，暗者自暗，明者自明，治安風俗較容易控制。

　　然而，我國當前的「暗路」幾乎無限地蔓延到所有的大街小巷，滲透在理髮廳、舞廳、酒廊、旅社、公寓、民家、飲食店、冰果室、咖啡店、按摩院、擦鞋店、檳榔站、卡拉OK、KTV、電子網路，等等。這種社會環境，怎能不發生愈來愈多嚴重的性犯罪？據統計，近三年來(1995.1-1997.10)台北市每1.78天，就一名婦女，遭到強暴！(→《自由時報》1997(12.3):14)

　　讓此「暗路」無限蔓延，何須中國前來消滅，人間地獄已成！拜託咧，大人啊！「佛牙」算是迎過了，請多多關心修理「暗路」吧！

【03】

食飯配菜脯，儉錢互查某。

Chiah-pn̄g phoè chhaì-pó͘, khiām-chîⁿ hō͘ cha-bó͘.

Chiā-pn̄g phoé chhaí-pó͘, khiām-chîⁿ hō͘ chā-bó͘.

菜脯開仙。

　　用來譏刺窮開仙。別人是勤儉為要致富，他是儉腸凹肚為要「互查某！」

　　菜脯：重鹽漬成的蘿蔔乾，是舊時窮人佐餐之物，如俗語所說的：「翁仔某無相棄嫌，菜脯根罔咬鹹。」(→131.15)　儉錢互查某：有二個可能的解釋，飼伙記，養情婦；存錢買春。

　　看到這句「菜脯開仙」的俗語，叫我想到陳若曦的一篇短文「菜脯菩薩」。大意是說：羅東有一位五十開外的女士，圓臉上滿是笑容，有一副慈眉善目的菩薩相。雖然她的本業是賣早點的，但平常熱心公益，對於救災救難更是節衣縮食，熱心捐獻。這幾年來，前後為著中國大水災等等災變，已經醃製了一萬多斤菜脯來義賣。她的慈心，贏得了「菜脯菩薩」的尊稱。(《中央日報》1995

(11.18):4)

開仙和女士，都和「茶脯」結下難解的因緣：他配茶脯，她醃茶脯；他爲私慾，她行慈善；他爲情婦娼女，她爲苦難的人類。最後，他變成猥褻的「茶脯開仙」，而她成爲有福的「茶脯菩薩」！啊，眞是殊途殊歸了。

【04】

草鞋捷捷補，儉錢開查某。

Chhaú-ê chia̍p-chia̍p pó͘, khiām-chîⁿ khai-cha-bó͘.

Chhau-ê chia̍p-chia̍p pó͘, khiām-chîⁿ khaī-chā-bó͘.

用法和意思類似上一句。

但，上一句是節省「伙食」，本句是刻薄「足下」，來達成類似的目的。有趣的是，先人暗示，這個開仙是屬於穿「破草鞋」階級的勞動者，可能是孤單在台灣掙扎的羅漢腳。他知道自己沒有「開查某」的資本，但是「原慾」飢渴難忍，只好「草鞋捷捷補」來儲蓄代價了，奈何？——比現代社會中，動不動就強姦殺人的匪徒，可愛得太多了！不是嗎？

草鞋：用稻草和細麻繩編成的，有底，沒面的「草埔鞋」。它大概已經從台灣絕跡了，連土公穿的，都是「愛迪達」、「耐奇」一類的高級跑鞋。 捷捷補：在破爛處，一再綁補。 開查某：粗話，嫖妓，宿娼也。

【05】

無錢加查某講無話，無酒加神明博無杯。

Bô-chîⁿ kā cha-bó͘ kóng bô-oē,

　　bô-chiú kā sin-bêng poa̍h bô-poe.

Bō-chîⁿ kā chā-bó͘ kong bō-oē,

bō-chiú kā sin-bêng poā bō-poe.

行暗路，錢第一！

用做警語。提醒人必要遠離倚靠金錢和酒食來結交的人物。句裏的譬喻表象是須要金錢和燒酒爲代價才能交際，才願意幫忙的「查某」和「神明」。

從構文上看，這是同義對偶句：「無錢」、「無酒」；「查某」、「神明」；「講無話」、「博無杯」；——成對，而又對得丁整，對得萬分刻薄！您說，神明和查某怎麼可以相提並論呢？人家娼婦是靠渡夜資爲生的，神明豈可墜落成貪杯好吃酒的歪哥仙？

查某：妓女、娼婦，風塵女郎。　博杯：祭拜神明後，擲杯筊以卜神意。

【06】

驚了錢，閣要開查某。

Kiaⁿ liáu-chîⁿ, koh-beh khai-cha-bó.

Kiāⁿ liau-chîⁿ, koh-bé khaī-chā-bó.

財色難以兩全。

用做警語。譏刺人，既然捨不得浪費金錢，就不要想去「行暗路！」

【07】

嘸通用肩胛頭，換連肚尾。

M̄-thang iōng keng-kah-thaû, oāⁿ lián-tó-boé.

M̄-thāng ēng kēng-ká-thaû, oāⁿ lén-to-boé.

都是艱苦錢也！

用來戒嫖。舊時，工場的老闆露骨地規勸工人，不要花費辛辛苦苦的流汗錢去嫖妓。❶句裏是用「肩胛頭」和「連肚尾」來做爲

「勞力」和「女色」的表象。

於此，我們再一次看到先人對娼女從未以公道對待，怎麼可以用「虱目魚」的尾肚來比擬伊的肢體呢？娼女，人也！應待之以人道！

肩胛頭：肩頭也，喻指出賣勞力。 換連肚尾：金錢交換連肚尾，喻指嫖妓；連肚尾，原是魚的下體，指女陰。

什麼是待娼女以人道？這個大問題有其根本的答案：「不可嫖她！」其實，絕大多數的娼女，是性產業者，人口販子，皮條客，政棍，等等黑社會勢力所造成，所把持的。她們的人權和人性尊嚴，只要一日爲娼，則一日受到剝削。台北市女性權益促進會理事長黃淑英分析得很正確，她說：

我們認爲「嫖妓」是一種對女人的暴力，它違反人權。在台灣的社會裏，如果：

一、沒有男人對女人或小孩有性交易的要求；

二、沒有性產業將女人、小孩商品化；

三、沒有政府對性觀光直接或間接的首肯…；

四、沒有…鼓吹妓業是性歡娛、性解放…是女人身體自主權；

我們便不會有這麼龐大的性產業，提供女人及小孩的身體。(《自由時報》1998(3.9):11)

【08】

大豬進稠。

Toā-ti chìn-tiâu.

Toā-ti chín-tiâu.

歡迎光臨？

娼女私底下，用來譏刺前來交關的顧客——潛意識裏，對嫖客難免的厭惡。風流客不可不對鏡自照形像了！

大豬：大種豬也。　　稠：豬舍也，喻指私娼寮。

【09】

垃圾貓，咬𪕳鼠。

Lah-sap niau, kā chiⁿ-chhí.

Lá-sap niau, kā chīⁿ-chhí.

都是髒東西。

用來譏刺嫖客和妓女的交往。句裏用來比擬的是不長進的髒貓，玩弄「𪕳鼠」。而所謂的「好貓」雖然咬盡天下鳥鼠，唯獨不咬𪕳鼠，據說牠的出身不良，又患眼障，口毒體臭，避之唯恐不及，那能刺激慾念？

𪕳鼠：也稱為錢鼠、膏鼠、尖鼠、族樂小勝傭載，共有290種之多。大多唾液有毒，可傷敵人；體發臭味，令敵厭惡。(→"shrew." Encyclopedia Britannica.)

【10】

敢食，唔驚毒。

Káⁿ chiảh, m̄-kiaⁿ tỏk.

Kaⁿ chiā, m̄-kiāⁿ tỏk.

色即是空。

譏刺嫖客不怕感染性病。——敢者，目空一切，不要說老時代的「百毒」，就是現代的「愛滋大疫」，還不是照常「飢餐渴飲」？

食：指交關的那一回事。

（參看，「未食直直隨，食了嫌餲貨。」211.28）

【11】

死豬毋畏湯，嫖客毋畏瘡。

Sí-ti m̄-uì thng, phiâu-kheh m̄-uì chhng.

Si-ti m̄-uí thng, phiau-kheh m̄-uí chhng.

暗路之勇者。

　　用來戒嫖。老善人語不驚人，死不休地把「嫖客」比擬做「死豬」。譏刺他不怕「毒瘡」，正如死豬之不畏脫毛的「滾湯」。眞是土味十足的戒淫警言！

　　從文字的角度看，這句眞是對得「無捨無施」的漂亮！「死豬」對「嫖客」；「毋畏湯」對「毋畏瘡」！如此，一比一對，嫖漢之不陽痿者，幾希？

　　無捨無施：無捨施之極；無捨施[bô siá-si]，非常也，可憐也！

【12】

要開尻脂卡省本，透風落雨知天文。

Beh-khai kha-sau khah séng-pún,

　　thaù-hong lȯh-hō· ti thian-bûn.

Bé-khaī khā-sau khá seng-pún,

　　thaú-hong lō-hō· tī then-bûn.

省本「天文台」！

　　戒嫖警語。極言性病入主身體，風雲變色都有預報。有趣的是，先人特別懷疑這是收費低廉的「尻脂」傳染的毛病。──好像是說，大色的日本藝妲就可安心辦事。眞是常識零分！

　　開：嫖也，「開查某」的省詞。　尻脂：私娼也，原指「土娼寮」；按許成章的考證，「尻脂」原義是「野豬所寢之草也。」❷　省本：價廉也。　透風落雨：風雨陰晴，指天氣變化。　知天文：能預測天氣變

化。

(參看,「日本藝妲──大色。」221.06)

【13】

爽快代先,病痛煞尾。

Sóng-khoài taī-seng, pīⁿ-thiàⁿ soah-bóe.

Song-khoài taī-seng, pīⁿ-thiàⁿ soá-bóe.

又一種先甘後苦。

用法類似上一句。

清楚地指出嫖妓之苦果。──古人有言:「色慾火熾,而一念及病時,便興似寒灰。」(《菜根談·概念》)主張「爽著好!」者,有何高見?

代先:(事件,動作)之前。 病痛:疾病也。 煞尾:以(某種不幸的情況)收場。

【14】

看戲看到扛戲籠,開查某開到做當番。

Khoàⁿ-hì khoàⁿ-kah kng hì-láng,

 khai-cha-bó͘ khai-kah choè thô͘-báng.

Khoáⁿ-hì khoáⁿ-kah kng hí-láng,

 khaī-chā-bó͘ khaī-kah chó thô͘-báng.

哈,玩票變專家!

戒人不可沈溺於聲色淫樂,否則票友變成劇團的工友,嫖客變成妓女戶的公關,那不就太脫散了嗎?

扛戲籠:喻指劇團的佣人。 當番[tōban]:日語,負責招待的人員;這裏是指妓女戶的男服務生。

【15】

貪花，燴滿三十歲。

Tham hoe, boē moá saⁿ-cha̍p hoè.

Thām-hoe, boē moa sāⁿ-cha̍p hoè.

短命的採花蜂。

　　戒淫警語。斷言「貪花」者，夭壽！

　　且不說民間的淫報，古人咸信，不論家花野花，正色或是邪慾，貪嫌太過，失血奪精，自然短命。據說，中國的歷代的夭壽皇帝，都是亡命於此！

【16】

騙囡仔，幹尻川。

Phiàn gín-á, kàn kha-chhng.

Phén gin-á, kán khā-chhng.

侵犯兒童。

　　原是用來譏刺欺騙小孩的成人。但用喻卻是以男童受大男人強暴爲比擬。這種傳統的犯罪，有愈來愈普遍的趨勢。家長應該多加注意了。

　　幹尻川：鷄姦也。

【17】

互伊害到，生屁瘡。

Hō· i haī-kah, siⁿ phuì-chhng.

Hō· ī haī-ká, sīⁿ phuí-chhng.

玻璃圈風雲。

　　用來恥笑。這句原是遭受男性朋友，感染毒瘡以後的怨嘆。

害到：受連累（到某種情況）。　　屁瘡：泛指性病，字面是屁股生瘡。

從以上各句俗語，我們看到先人真是用心良苦。他們就所能知道嫖妓在經濟、健康、人格、生命，等等方面的危害，露骨地，粗魯地諷刺，以期待後生晚輩遠離暗路，走上光明正經的大道。

然而，時過境遷，現代人不應該僅從個人的，或男人的立場來想「嫖妓」的害處，而必要從全體女人的安全和尊嚴，整個社會的秩序和平安來加以考量。除了傳統的勸善戒淫以外，我們須要法律的規範和人權的覺醒。期待我們的社會不要再胡解「食色性也」，不要再用「性解放」為藉口，來姑息性產業的肆虐。

注釋

1. 黃廉說，在七十年前，他的外祖父在沙鹿經營製陶工場時，常對工人說這一句俗諺，並且一直成為工人互相消遣的警語。見，「台灣精諺」《自由時報》。

2. 見，許成章《台灣漢語辭典》，頁1092。

第二節 博繳、賭博

本節分段：

博繳心理01-06　輸多贏少07-10　沒有贏家11-13
久賭必輸14-16　傾家蕩產17-23　心身受害24-27
賭不得也28-32

【01】

繳鬼，卡婿戲妲。

Kiáu-kuí, khah-suí hì-toàⁿ.

Kiau-kuí, kháh-sui hí-toàⁿ.

金光閃閃？

　　用來諷刺迷上賭博的人。刺他入迷之深尤勝過戲迷之熱戀「戲妲」。——熱戀「戲妲」的，雖然如醉如癡，場場觀賞捧場；但是沈迷於賭博的，不但不眠不休，而且所押注的是寶貴的生命和財產！

　　繳：賭博也。正字爲「局」，坊間有用「傲」的；我們借用「繳」字。
❶ 繳鬼：喻指帶人賭博的引誘者。　戲妲：大戲、歌仔戲，等戲劇的女主角。

【02】

貪字，貧字殼；賭字，貪字心肝。

Tham jī, pîn jī-khak; tó͘ jī, tham jī sim-koaⁿ.

Tham--jì, pîn--jì khak; tó͘ --jì, tham--jì sīm-koaⁿ.

賭徒的深層心理。

用做警言。斷言「貪」近乎「貧」，而「賭」性是根源於「貪」心。
這是應用民間熟悉的拆字法來分析的：貪和貧「字殼」相同，而賭
字的貝字旁，正是貪字的心肺部分。這樣子解說，對於幼稚級的
賭徒也許多少有點說服力吧。

　　字殼：字形也。

【03】

博繳蚶殼起，做賊偷扒米。

Phoa̍h-kiáu ham-khak khí, choè-chha̍t thau me bí.

Phoā-kiáu hām-khak khí, chó-chha̍t thaū mē-bí.

積小過成大惡。

　　用做警語。勸人不要玩賭博性質的遊戲，也不可偷竊人家的
小東西；因為玩「蚶殼」會演成賭博，「偷扒米」變成偷盜。

　　*蚶殼：小孩子玩耍，用貝殼為押注。　　扒[me]：以手掏（沙、
米、細碎砂狀物）。* ❷

【04】

繳豬，生埋虎。

Kiáu ti, seng-lí hó.

Kiau-ti, sēng-li-hó.

賭徒的原形。

　　用來喚醒賭徒，指出好賭的人的性格會變得像「豬」：懶惰、
貪婪，想贏得別人的錢財。而用來比對的是「虎」：牠的性格是認
真、勇敢、精明；生意人就是想要賺人家一毛錢，也得像老虎一
般的性格。

　　*繳豬：是「博繳者，如豬」的簡句。　　生理虎；意思是「生理人，
似虎。」涵義有，一、殷勤又精明的商人。二、奸詐的商賈。本句俗*

語中的「生理虎」是採用第一義，以爲「繳豬」的相對表象。

【05】

繳輸，報台灣反。

Kiáu su, pò Taî-oân hoán.

Kiáu su, pó Taī-oân hoán.

邪惡的線民。

　　指出賭徒的一般性格：會撒謊。本句是說；賭輸的人，欺心蠢動，謊報台灣府造反。——哀哉！原來陳儀一批的惡官報「台灣反」，撒天下之大謊，來屠殺台灣人，藉機斂財，就是這種賭徒的劣根性的發作。

　　台灣反：反者，亂也，美其名曰「革命」。台灣史上的「反亂、造反」，台灣話說成「…反」；詞式是：「人名／地名＋反」。例如：「番仔反」、「林爽文反」、「焦巴尼反」。清國據台，台灣淪爲貪官污吏的天堂，官迫民反而有「三年一小反，五年一大亂！」

【06】

繳風，拳頭謗。

Kiáu hong, kûn-thaû pòng.

Kiau-hong, kūn-thaū-pòng.

爭相吹牛。

　　指出賭徒和打拳的人的性格：風神和謗空。此二者有其共同點，都是很會吹牛皮！大概，前者吹賭本夠，不論是做莊或下注，都是敢贏敢賠的；後者，當然是比武松更利害的英雄囉！

　　風神[hong-sîn]：勇於獻醜的人，有一點點類似日本「神風」的敢死。　謗空[pòng-khang]：放大虛無。

【07】

大食無出處，博繳有來去。

Toā-chiảh bô chhut-chhù, poảh-kiáu ū laî-khì.

Toā-chiā bō-chhut-chhù, poā-kiáu ū-laī-khì.

賭博有「出處」？

　　這是賭徒的一個藉口，大概是要用來自我安慰的話吧。意思是說：老饕得不到什麼，還不都是變成那種東西；比不上打麻將、玩梭哈、鬥四色牌的！我們玩得「無暝無日」，有輸有贏，樂趣無窮也。

　　無出處：無用也；跟「出身」無關。　有來去：有輸有贏；與交通無涉。　無暝無日：不眠不休也；字面是沒有黑夜，也沒有白天。

【08】

博繳三分拎，開查某無採錢，食鴉片死了年。

Poảh-kiáu saⁿ-hun khî^n,

　　khai-cha-bó· bô-chhaí-chî^n, chiảh-a-phiàn sí liáu-nî.

Poā-kiáu sāⁿ-hūn-khî^n,

　　khaī-chā-bó· bō-chhai-chî^n, chiā-a-phèn si-liau-nî.

三分希望。

　　諷刺地說，賭博贏的機率低，只有「三分」，而嫖妓是浪費金錢，抽鴉片則是死路一條！

　　拎：抓住，把握也。　三分：少，微小也。例如，「三分病，謗死症。」（→15.14）

　　所謂「博繳三分拎」，並不能按照字面解釋做「博繳還有三成的勝算」，因爲這樣解釋違反先人戒賭的智慧傳統。這句話是刺激人看清楚賭博輸多贏少的事實，並想像輸的下場來戒賭。如

「世間開化歌」所勸化的：

> 火在得炎無若久[Hoé tī-theh-iām bô-loā-kú]，
> 火炭燒過變火灰[hoé-thoàⁿ sio-koè pèn hoé-hu]；
> 世間萬項大小事[sè-kan bān-hāng toā-sió sū]，
> 未曾輸贏先想輸[boē-chēng sūⁿ-iâⁿ seng-siūⁿ-su]。

這裏所說的「未曾輸贏先想輸」，原來是指未走進賭場之前，就應該想到：輸繳的必然性，及其嚴重的後果。

【09】

三國，歸一統。

Sam-kok, kui it-thóng.

Sām-kok, kuī-it-thóng.

完了！

　　用來諷刺，也可能是自嘲。說，四個人一起賭博，三個輸盡，一人獨贏。這句俗語應用三國盡歸晉帝司馬炎一人爲比擬的。《三國演義》的最後一句話是：

> 紛紛世事無窮盡，天數茫茫不可逃；
> 鼎足三分已成夢，後人憑弔空牢騷。

讚！三人輸繳，一人獨贏，來比喻「鼎足三分已成夢！」眞是比擬得很詼諧，也很荒唐。不過，輸繳的「憑弔」，恐怕不是那麼簡單的「空牢騷」哦！投環來自我憑弔的，時有所聞！

【10】

乞食轉厝——倒贏。

Khit-chiàh tńg-chhù—tó-iâⁿ.

Khit-chiā tng-chhù—tó-iâⁿ.

反輸爲贏。

　　譏刺人贏繳。本句是厥後語，用丐仙回到他們的大家庭，「乞食營」的「到營」，來解釋譬喻句「乞食轉厝」。這是應用擬音雙關法，把「到營」玩弄成「倒贏」。

　　轉厝：回轉到厝，到家；新娘歸寧會親，也叫做「轉厝」。

【11】

三個錢賭，四個錢賂。

Sa''-ê-chî'' tó˙, sì-ê-chî'' lō˙.

Sā'' ō chī'' tó˙, sí-ē-chī'' lō˙.

多麼昂貴的保護費！

　　用法有二：一、指賄賂管區警察，打通角頭兄弟的費用比用來輸贏的錢還要多。言下之意是：盡賭盡賠，贏不到那裏去。二、譬喻官商交結，賄賂錢多於得標能賺的錢。

　　三個錢…四個錢：所得全部的錢賠上了，尚爲不足。

【12】

四個人鬥牌，五個人愛錢。

Sì-ê-lâng taù-paî, gō˙-ê-lâng aì-chî''.

Sí-ē-lâng taú-paî, gō˙-ē-lâng aí-chî''.

另類所得稅。

　　形容聚賭的開支龐雜。本句的意思是：四個人賭博，五個人等著要錢。例如，場主抽頭，保鑣、公關小姐、少爺，等著領薪水，要小費。

【13】

博繳錢，燴做得家伙。

Poàh-kiáu chî'', boē choè-tit ke hoé.

Poā-kiau chî'', bē chó-tit kē-hoé.

終無所得。

　　用來戒賭。指出賭博即使贏大錢，也當不得財產，終無所得。為什麼當不了財產呢？傳統的解釋是「不義之財，不能久享。」❸為什麼不能久享？是否捲進爛泥洞太深，即使要金浴盆來洗澡也不可得？姑不論民間相信的天道福善禍淫之理。

【14】

久賭，神仙輸。

Kiú tó͘, sîn-sian su.

Kiu tó͘, sīn-sēn su.

賭無勝局。

　　用來戒賭。指出連神仙也不堪久賭。神仙不是有所謂的「神通眼」嗎？怎麼會輸繳？會！因為神仙一旦沈迷於賭博，就是已經墜落為「繳豬」，貪婪弄瞎靈精的心眼，不輸才怪！

【15】

博倒番仔樓。

Poa̍h-tó hoan-á-laû.

Poā-to hoān-a-laû.

賭，堅無不摧。

　　用來戒賭。這句俗語有雙層意思：一、再多的賭資也不足用來賭博，將會輸光，就是堅固如「番仔樓」，也擋不起繳鬼的久賭。二、即使豪賭贏了錢，也難以討回賭債，正如所謂的「要討，番仔樓倒！」

　　番仔樓：指台南市，荷蘭人所建的赤嵌樓。這裏是喻指「堅固的」，「不倒塌的」、「永遠的」樓閣。

【16】

十枝指頭仔，博了了。

Cha̍p-ki chńg-thaú-á, poa̍h-liáu-liáu.

Cha̍p-kī chng-thaū-á, poā-liau-liáu.

輸掉了一切。

　　用來戒賭。意思有二層：一、指什麼都賭光了，連十根指頭也輸掉了。二、指出戒賭是非常困難的事，即使斷一指頭來立誓戒賭，猶仍再賭再屬。據說，有賭者一再斷指戒賭，後來十指斬完，又用腳趾頭來繼續「三分拎」的賭望。

【17】

繳場，無論父子。

Kiáu-tiûⁿ, bô-lūn pē-kiáⁿ.

Kiau-tiûⁿ, bō-lūn pē-kiáⁿ.

繳，亂倫情結。

　　用來戒賭。賭場上拚命「呼盧喝雉」，眼看心思的是錢，廝殺爭戰為的是錢；父子既已墮落成貪婪的繳鬼，已經無暇，也無情來講究什麼父慈子孝了！

　　　呼盧喝雉[ho͘-lô͘ hat-tī]：賭博也，因梟、盧、雉、犢、塞，為五骰子的名稱。

【18】

嫁著博繳翁，博若贏，一手捾肉，一手捾蔥；
　　博若輸，當到空空空。

Kè-tioh poa̍h-kiáu ang, poa̍h nā-iâⁿ, chi̍t-chhiú koāⁿ-bah,
　　chi̍t-chhiú koāⁿ-chhang;

poa̍h-nā-su, tǹg-kaù khang-khang-khang.

Ké-tiō poā-kiau ang, poā nā-iâⁿ, chi̍t-chhiu koāⁿ-bah,

　　chi̍t-chhiu koāⁿ-chhang;

　　poā-nā-su, tńg ká khāng-khāng-khang.

可憐的賭太太。

　　這原是「嫁翁謠」的一句，頗能映照出賭徒家庭生活的一斑：賭贏了，大魚大肉；輸了，傾家蕩產。——不過，先人告訴我們，他賭贏的機率只有三分，是所謂「博繳三分拎！」(→08) 所以，賭太太往當鋪跑的日子多，下廚房煮「腥臊」的時間少。

　　翁：翁婿，丈夫也。坊間有用「尪」字。　擤：手提(物件)。　腥臊 [chhe-chhau]：菜餚精美豐富的大餐。

【19】

二十一點十點半，輸著家伙去一半。

Jī-cha̍p-it tiám cha̍p-tiám poàⁿ,

　　su--tio̍h ke-hoé khì chi̍t-poàⁿ.

Jī-cha̍p-it tiám cha̍p-tiam poàⁿ,

　　sū--tiō ke-hoé khí chi̍t-poàⁿ.

賭，無大小！

　　用來戒賭。說，不要小看「二十一點」、「十點半」，這種小賭，都能賭掉家產。

　　二十一點十點半：以撲克牌為賭具，領先21點，或10.5者勝。

家伙：財產也。　去：輸掉了。

【20】

一更散，二更富，三更起大厝，四更拆燴赴。

It-kiⁿ sàn, jī-kiⁿ pù, saⁿ-kiⁿ khí toā-chhù,

sì-kiⁿ thiah-boē-hù.

It-kiⁿ sàn, jī-kiⁿ pù, sāⁿ-kiⁿ khi toā-chhù,

　　sí-kiⁿ thiá-bē-hù.

博繳錢，燴做得家伙。

　　戒賭警語。形容賭徒由窮變富，由富變窮，變化之劇都在一夜之間。然而，這句俗語不在於鼓勵窮人來投機賭博，以求暴富，因爲「四更拆燴赴」一句，否定了窮變富的機會。

　　古人有言：「天下之傾家者，莫速於博；天下之敗德者，莫甚於博。」(《聊齋誌異‧賭符》)看來，人生在世唯有安分守己，遠離賭桌才是辦法！

　　散：散鄉，散赤，貧窮也。　　*起大厝：喻指暴富，字面是建造寬大的住宅。*　　*拆燴赴：指急敗如崩，連拆除新建的大厝來還賭債都來不及。*

【21】

世間若無博繳漢，那會輪流好額散。

Sè-kan nā-bô poàh-kiáu-hàn, ná-oē lûn-liû hó-giàh-sàn.

Sé-kan nā-bō poā-kiau-hàn, ná-oē lūn-liû ho-giā-sàn.

用法和意思類似上一句。

　　若無…，那會…：表示條件和結果的句型；意思是「沒有…的話，怎麼會有…」，例如：「狗母若無搖獅，狗公那會來？」(→211. 10)　好額散：「好額人和散鄉人」的省詞。意思是有錢人和窮人。

【22】

博十胡繳，輸到家伙爛糊糊，傾家蕩產起糊塗。

Poàh chàp-ô˙ kiáu, su-kàu ke-hoé noā-kô˙-kô˙,

　　kheng-ke tōng-sán khí hô˙-tô˙.

Poàh cháp-ō· kiáu, su-ká ke-hoé noā-kō·-kô·,

khēng-ke tōng-sán khi hō·-tô·.

賭博，人財的殺手。

戒賭警語。本句俗語是以順口溜的形式表現的。意思是，賭博十次，輸贏的是財產和健康。

胡：賭博用詞。一局的輸贏爲一胡。　起糊塗：腦混沌，心艱難。

這句俗語眞能反映輸繳，輸到「褪褲走𣍐離」的慘景。我國民間的「戒賭歌」幾乎都是從輸繳的「災情」入手勸戒的，例如：

輸到無衫閣無褲[Su kah bô-saⁿ koh bô-khò·]，

三頓無米通孝孤[saⁿ-tǹg bô-bí thang haù-ko·]；

互繳害到則艱苦[hō· kiáu haī-kah chiah kan-khó·]，

枉費互咱做查埔[óng-huì hō·-lán chò-cha-po·]。

繳若無博人忠厚[Kiaú nā bô-poàh lâng tiong-hō·]，

繳若博著人糊塗[kiáu nā poàh-tiòh lâng ho-tô·]；

想到今日要啥步[siuⁿ-kaù kim-jìt beh-siáⁿ-pō·]，

互繳害到面變黑[hō· kiáu haī-kah bīn pìⁿ-o·]。❹

【23】

寶骰四面銅，無腳無手會剝人。

Pó-taû sì-bīn tâng, bô-kha bô-chhiú oē pak-lâng.

Po-taû sí-bīn tâng, bō-kha bō-chhiú ē-pak-lâng.

骰子虜人。

戒賭警語。意指賭博使人傾家蕩產。句子的意思是：「骰」雖然沒有手腳，但是會把賭徒剝奪得精光。

寶骰：撚骰也。賭具之一種。

【24】

贏繳去食麵，輸繳去看戲。

Iâⁿ-kiáu khì chia̍h-mī, su-kiáu khì khoàⁿ-hì.

Iāⁿ-kiáu khí chiā-mī, sū-kiáu khí khoáⁿ-hì.

輸贏都不好。

　　用來譏刺賭徒。賭贏，吃喝玩樂；賭輸了，鬱卒，只好看戲來舒解憂愁。

【25】

輸繳，十個九個起猾。

Su-kiáu, cha̍p-ê kaú-ê khí-siáu.

Sū kiáu, cha̍p-ē kaú-ê khí-siáu.

繳的暴力。

　　戒賭警語。斷言輸繳者所受到的精神壓力之重，其結果是「起猾！」

　　　十個九個：極大多數，幾乎全部。　　起猾：發神經病。

【26】

東掛博，死卡快活。

Tong koà poa̍h, sí khah khuíⁿ-oa̍h.

Tong koá poa̍h, sí khá khuíⁿ-oa̍h.

自殺的捷徑。

　　戒賭警語。繳首兼繳足者，死！

　　東：賭場抽頭的人，場老闆也。　　掛：兼也。　　死卡快活：(某種情況下)生不如死；死比(某種活著的情況)快活。

【27】

半暝報贏繳，天光報上吊。

Poàⁿ-mî pò iâⁿ-kiáu, thiⁿ-kng pò chiūⁿ-tiàu.

Poáⁿ-mî pó iāⁿ-kiáu, thiⁿ-kng pó chiūⁿ-tiàu.

這麼快就殉賭了？

　　戒賭警語。就在短短的幾個小時之內，賭徒把最後的三寸氣也輸掉了，哀哉！

　　半暝：深夜。　報：聽說、據聞。　天光：黎明、天亮。

【28】

繳會博，屎會食。

Kiáu oē poa̍h, saí oē chia̍h.

Kiáu ē-poā, saí ē-chiā.

就是有人敢！

　　「繳，𣍐博得啦！」先人率直又粗魯地，大聲疾呼著。

　　這種把「賭博」類比做「吃屎」的說法，豈是現代人所能同意的！若僅僅用「輸不得」的心理來反對賭博的話，是太過於自私又淺見了。試想，假如「贏得了」的話，那麼賭博不就是如人享受山珍海味？不就大大可以鼓勵人去熱心賭博囉？

　　據聞，最近我國有人在努力要把「賭博合法化」。贊成的人說，賭博是人性；個人有用賭博來處理財產的自由；暗賭不如合法的管理。反對的人說，賭博不是道德性，公義性的娛樂，又有刺激犯罪的可能性，等等理由。

　　當然，上面的正反面的思辯，不是先人的時代背景所能產生的。把「賭博」類比做「吃屎」雖有顯然的譬喻不當，有侮辱的口氣，但當先人看到從賭博引發的財散人亡，迫債殺人，典妻賣

女，等等罪惡，而迫出這一句「繳會博，屎會食」來戒賭，實在
是用心良苦，不失爲賭者應該三思的忠言愛語！

【29】

博屎杯，輸一欉樹。

Poa̍h saí-poe, su chi̍t-châng chhiū.

Poā sai-poe, sū chi̍t-chāng-chhiū.

愈輸愈大。

　　斷言賭博的一種「翻本求勝」的心理，會演成小賭變大賭，小
輸變大輸。譬喻是：有人先輸掉了一根小「屎杯」，因爲「毋忘在
莒」的心理作祟，再戰再敗，最後輸掉「一欉樹」。

　　屎杯：本詞注解，見16.18。

【30】

望做工，毋通望繳東。

Bāng chò-kang, m̄-thang bāng kiáu-tong.

Bāng chó-kang, m̄-thang bāng kiau-tong.

賺硬，勿賺軟。

　　用來鼓勵人遠離賭場，不要和它有所牽連。本句的意思是：
藉著認眞工作來賺錢才是實在，不要想從賭博來抽錢。

　　*望：倚靠也。　　毋通：不可、不要（做某種事情）。　　繳東：服務
賭者以抽傭金，例如，出借場地或賭場打雜，等等；東，抽頭也。*

【31】

博繳無底，鴉片有底。

Poa̍h-kiáu bô-té, a-phiàn ū-té.

Poā-kiáu bo-té, a-phèn ū-té.

都是歹底。

用來戒賭。指出賭博和抽鴉片煙都有劇害。纏上了前者，毫無底止，直到財散人亡；烏煙抽上了癮，則是花大錢來纏綿煙床，搞得面黃肌瘦，病入膏肓。

這句俗語造句奇警，用「無底」和「有底」來做勸戒的正刨倒削，使聽者印象深刻，增加幾分反思戒賭的機會。

無底：貪婪的賭慾，沒有止境。　有底：抽鴉片煙，全身中毒，留下了要死不活的病底。而病底者，是無法治癒的病根，與病痛長相擁抱者也。應該說明的，這種所謂「有底」的用法，是反面的，諷刺的，因爲「有底」原義是：因爲處世爲人正經，生活的根基穩固。例如，舊時的「教化歌」所唱的：

　　　　總講勤儉才有底[Chóng-kóng khîn-khiām chiah-ū-té]，
　　　　傷過浪費呣成家[siuⁿ-koè lōng-huì m̄-chiâⁿ-ke]；
　　　　亂開濫用人負債[loān-khai lām-iōng lâng hū-chè]，
　　　　生活就會起問題[seng-oah chiū-oē khí-būn-tê]。 ❺

【32】

博縆是討債，點煙是應世。

Poàh-kiáu sī thó-chè, tiám-hun sī èng-sè.

Poā-kiáu sī tho-chè, tiam-hun sī éng-sè.

何只討債？

用指所謂「衛生麻將」一類的小賭，是「討債」的行爲。而「請煙」算是，「應世」的禮節。

討債：這裏是指「浪費」，不指民間信仰中的「還前世的債務」。
點煙：給客人點燃香煙；以香煙待客也。　應世：社交的應對禮節。

注釋

1. 亦玄有精簡的「博繳」考，說：「按繳，所以繫矢以射鳥，在孟子告子篇及陸璣文賦中，都曾提到。假借為賭，尚説得過去。」(亦玄《台語溯源》，頁87。)可見，筆者用「繳」字，也尚説得過去吧。

2. 參看，許成章《台灣漢語辭典》，頁1492。

3. 徐清吉「台灣俗諺新註(二)」《台灣風物》(1969年19卷1,2期)，頁95。

4. 吳瀛濤《台灣諺語》，頁360。但筆者改動了幾個字，並全句注音。

5. 同上汪，頁384。

第三節　盜賊、土匪

本節分段：

賊心賊性01-05　宵小偷盜06-11

強盜搶劫12-15　盜賊惡果16-23

【01】

賊是小人，智過君子。

Chha̍t sī siáu-jîn, tì koè kun-chú.

Chha̍t sī siau-jîn, tì koè kun-chú.

惡用智識。

　　用來激發人注意運用智識於正途正業。句子的意思是說：論智能，賊小人的IQ都比有德君子高出許多。語見，《注解昔時賢文》。

（本句典故，請參看241.34）

【02】

賊計，狀元才。

Chha̍t-kè, chiōng-goân chaî.

Chha̍t-kè, chiōng-goān chaî.

賊的計謀，狀元的智力。

　　用法和意思類似上一句。

　　狀元：科舉制度中，殿試的第一名的稱號。

【03】

也敢偷提，媽祖婆香火。

Iā-káⁿ thau-thẻh, Má-chó͘-pô hiuⁿ-hoé.

Iā-kaⁿ thaū-thē, Ma-cho͘-pô hiūⁿ-hoé.

賊膽欺神。

　　用來形容大膽的小偷，貪心謀殺了虔誠，連慈祥的媽祖婆的「香火」也敢偷竊。眞是亂來！

　　偷提：偷拿。　香火：在本句是指「香火包」，乃是從神明的香爐中，取香灰裝入小紅布袋內，咸信經過一定的神聖化手續之後，就帶有保佑弟子的功能。香火須卜得該神的許可，才能請回佩戴。另外，香燭，傳宗後嗣，也都謂之「香火」。

　　句裏的這種小偷，算是很小兒科的了！不健忘的話，大年(1997)有膽大包天，不信神佛的人，不知從什麼廢物倉，弄出了一尊宗教鬥爭淸算下來的神像，裝扮成「白面媽祖」，抬來我國要做爲統戰的工具。——這種行爲豈只是「也敢偷提，媽祖婆香火！」而已經是公然敲詐了！

　　此外，我國不斷的「迷信亂象」，其實是一大群穿上「時髦」法衣的強盜，利用國人巫術取向的宗教心理和貪婪的欲求，來強暴他／她們單純的宗教心靈，來詐騙其財物。不過，這些粗糙的迷信騙術，容易露出「龜腳」，也容易繩之以法。我們最該注意的是傳統大教墮落成「宗教產業化機器」，爲要行銷其教門，而任意解釋其教理來予以「速食化」、「商品化」，又利用大官顯要來裝飾其包裝，以迷惑人民。——其邪惡褻瀆神佛，何只千萬倍於「偷香火」的小偷！

　　我們認爲，淨化心靈，祈求國泰民安的迫切須要不在於「供奉佛牙」，而在於戒絕「貪財」，戒除「宗教墮落成商品」。

【04】

賊性入骨，千刀削燴黜。

Chha̍t-sèng ji̍p kut, chhian-to siah boē-lut.

Chha̍t-sèng ji̍p kut, chhēn to siá boē-lut.

削遲了！

　　斷言一旦變成慣賊，就是一再坐牢、感化、勞改、驅逐出境，等等懲罰都沒辦法來改變其賊性的。

　　入骨：根深柢固，成爲根本。　削燴黜：刨除不了，開刀手術也沒有用；黜，（被摘除、被辭退）離開（根本、職位）。

【05】

日時做老大，暝時做賊。

Ji̍t-sî choè laū-toā, mî-sî choè-chha̍t.

Ji̍t-sì chó laū-toā, mî-sì chó-chha̍t.

黑白通吃。

　　用來譏刺偽善君子，他白天是鄉里衆人所敬重的「老大」，但夜裏竟然幹起小偷來；原來是利用當「老大」的方便，來收集偷盜的情報。

　　日時：日間。　老大：舊時民間調解糾紛的人，常常是所謂德高望重的長老。年輕的調解人，則稱爲「無鬚仔老大」。　暝時：夜間。

【06】

歹手爪，腳手賤。

Phaiⁿ chhiú-jiáu, kha-chiú chiān.

Phaiⁿ chhiu-jiáu, khā-chiú chēn.

犯賤的手腳。

　　用來責備有順手牽羊的惡習的人。說他這種行動很壞，很

賤；字面上是說：歹又賤的手腳。

　　手爪：莫非偷盜者，已經變化成禽獸了？不然何來「手爪」？人有的是「手指」呀！　歹手爪：小偷的別稱。

【07】

麥芽膏手，鏇石目。

Bèh-gê-ko chhiú, soân-chio̍h ba̍k.

Bē-gē-kō chhiú, soān-chiō ba̍k.

目邪手賤。

　　用來形容，看見人家的財物就起偷心，就要動手偷竊的人。句裏的譬喻是會黏帶物件的「麥芽膏」和反射金光的「鏇石目」。類似句有「冰糖嘴，麥芽膏手」。

　　麥芽膏：麥芽糖；麥芽膏手，指黏走別人財物的手。　鏇石：金鋼鑽也；鏇石目：喻指貪婪的心目。　冰糖嘴：拐騙的口舌也，其甘甜似冰糖。

【08】

紅格桌頂，扱著柑。

Âng-keh-toh téng, khioh-tio̍h kam.

Āng-ké-toh téng, khió-tiō kam.

扱偷不分？

　　用指小偷的藉口，說這個偷來的橘子，是在「紅格桌」上撿到的。

　　紅格桌：一般民家，大廳神座前的八仙桌。　扱著：撿到（遺忘的東西、意外的利益）。

【09】

眠床頂，扱著被。

Bîn-chhn̂g-téng, khioh-tiȯh phoē.

Bīn-chhn̄g-téng, khió-tiō phoē.

用法和意思類似上一句。

　　眠床頂：在床舖上面。　　被：棉被也。

【10】

房間內拍唔見褲，唔是翁就是某。

Pâng-keng laī pah-m̄-kìⁿ khò·, m̄-sī ang chiū-sī bó·.

Pāng-kēng laī pháng-kíⁿ khò·, m̄-sī ang chiū-sī bó·.

太太，冤枉啦！

　　用指監守自盜。譬喻是用房間裏丟了褲子，來比擬內賊偷小物；外賊入侵，翻箱倒篋，何只要偷他一條舊內褲？──假如這是一條女人穿的「誘惑的布條」，難道沒有性心理變態者進來「收集」嗎？爲什麼一定是先生偷的？

　　拍唔見：丟了，遺失了。　　唔是…就是：不是甲（人物、行動），就是乙（人物、行動）。

【11】

灶腳，鳥鼠岫。

Chaù-kha, niáu-chhú siū.

Chaú-kha, niau-chhú siū.

幽暗的賊岫。

　　勸戒人必要維持門戶的清潔和明朗：暗藏了賊人，家就變成賊窩。本句的意思是：暗滄骯髒的「灶腳」，會成爲老鼠的巢穴。

　　灶腳：舊時的廚房，通常是通風不良，光線不足的房間。　　鳥鼠岫：鼠窩也。

【12】

稻尾割去，連頭拔。

Tiū-bóe koah-khì, liân-thaû poeh.

Tiū-bóe koah-khì, lēn-thaû poeh.

堅壁清野嗎？

　　形容強盜徹底的橫取橫奪，不但偷割稻穗，就是連根也拔走。可惡，搶得寸草不留！

【13】

目睭掩咧，卵核閹去。

Bȧk-chiu ng--leh, lān-hut iam--khì.

Bȧk-chiu ng　lè, lān-hut iam--khì.

另類文攻武嚇。

　　用指先詐騙，後殺人搶劫的強盜。譬喻是：先掩住人家的眼目，來迷惑欺瞞；然後，閃電般地祭出藏在袖裏的匕首，往陰部一戮，一旋轉，「卵核」盡閹，命大未死的，也被製成了太監。可惡至極的土匪！❶

　　這種土匪原是蠻荒時期，理性、道德、秩序，公義，慈悲等等文明的德性未萌芽之前的產物。然而，我台灣已經躋身文明國家行列，而有陳進興一黨，綁架少女，勒索要脅，又加凌辱殺害棄屍；爲要逃脫追緝之整容，又再殺滅醫師護士以滅口；逃亡期間一再強暴犯案。這究竟要如何解釋呢？

　　上述的問題，有不少專家認爲是我國的政治、經濟、教育、宗教未能配合社會轉型，而造成價值觀、人生觀的紛亂所致。姑不論這些大道理如何，面對這種治安紛亂的社會，每一個小國民在「自求多福」以外，難道沒有一些社會責任嗎？例如，用堅持

「公義」和「慈愛」來代替功利思想；用簡樸的生活來沖洗聲色犬馬；勇敢輕看匪類而擁護義人；多修善德，少迎神佛。

社會之有無平安，蓋在國民有無勇敢和智慧來消滅「目睭掩咧，卵核闔去」的罪孽。國家的文明，在乎人民敢用生命來維護人權的精神特質，而不在於有多少飛彈，有多少外匯存底！

【14】

投梁山，投海洋。

Taû Niû-soaⁿ, taû haí-iûⁿ.

Taū Niū-soaⁿ, taū hai-iûⁿ.

投誠的義士？

　　諷刺人加入山賊黨或海賊團，幹起野蠻的響馬、海盜。

　　投梁山：淪落為陸上的強盜。　　投：加入，投效也，是自由意志的選擇。　　梁山：梁山泊，在山東壽張縣東南，相傳北宋時，宋江在此立寨招集各路「英雄」。　　投海洋：幹海盜。

　　　號外！號外！疑似中國公務船和中國海賊船，這十年來侵犯、搶劫我國船隻，有155件；魚船越界有500,000艘次。嚴重威脅我國的安全，而中國置之不理！(→

《自由時報》1997(12.22):2)

【15】

錢銀用趁，呣通用搶。

Chîⁿ-gîn iōng thàn, m̄-thang iōng chhiúⁿ.

Chīⁿ-gîn ēng thàn, m̄-thang ēng chhiúⁿ.

土匪也知道的道理！

　　可能是老先人，老長老的嘆息。眼見流寇型的殺人搶劫案件不絕，憂心忡忡，沒話可說，只能迫出這句萬分無力感的老話！

趁：用勞力，用資本，用正當的方法來賺得合理的利益。　　毋
通：不可以。

「毋通搶！」是當今台灣社會的呼喊：搶案日日有，搶匪酷似惡魔！莊榮宏在「新聞透視」指出，這群土匪已成爲我國治安的不定時炸彈。他說：

> 台灣的盜賊愈來愈無品，三五人吆喝一聲即組成流寇集團，沿街打劫，而且「有劫無類」，亂劫一通…
>
> ［這些］「不特定目標的流寇型強盜」，最近變本加厲，提刀上陣，明目張膽，衝進超級市場，奔入牙科診所，三、五百也好，一兩千不拘，一晚連趕二三場…，所得沒幾文，犯下的罪卻足以坐牢一生，而醫生工讀生被嚇得哇哇叫，社會人心惶惶不安。
>
> …［以前的黑道］壞事做盡，獨不偷不搶不殺孤婦，反觀今之盜賊…姦淫掠奪…亂殺一通…超商、診所頻爲流寇所謀，怎不令人感嘆「盜已無道」！(《自由時報》1998(3.15):3)

【16】

賊星該敗。

Chhat-chhiⁿ kai paī.

Chhat-chhiⁿ kaī paī.

豈非警網恢恢？

　　用來恥笑或慶幸，那個犯大案的慣賊終於失手。奇怪的是，爲什麼說他的被捕是「賊星」衰敗，而不是警力厲害呢？很值得想一想哦！——我國的警察處處有，而強盜不但處處有，更是火力強大，囂張萬分。爲什麼？

賊星：賊人的運氣。　　該敗：註定要失敗。

【17】

偷挽一枝菜，也是賊。

Thau-bán chi̍t-ki chhaì, iā-sī chha̍t.

Thaū-ban chi̍t-ki chhaì, iā-sī chha̍t.

難矣哉，爲賊！

　　用來戒偷。斷言小偷大偷都是偷，所以再小的東西也不能偷。——先人有這種不可侵犯別人所有物的觀念，非常珍貴，應該發揚光大！

【18】

做賊，𣍐瞞得鄉里。

Chò chha̍t, boē moâ-tit hiong-lí.

Choé chha̍t, boē moā-tit hiōng-lí.

賊名遠播。

　　用來戒偷。可能是村長老用來規勸「歹手爪，腳手賤」(→06)的晚生後輩，要他洗手自愛，不然驅逐出庄，因爲鄉人盡知，也就沒有他立錐之地！——當然，老長老要少年郎做到不必隱瞞鄉里的地步，也是有方法的，例如：「欲人不聞，莫若不爲；欲人不知，莫若不爲！」(漢、枚誠《上書諫吳王》)

　　𣍐瞞得：瞞不了人。　　鄉里：鄉人。

【19】

偷扭偷捻，一世人欠。

Thau-ni thau-liàm, chi̍t-sì-lâng khiàm.

Thaū-ni thaū-liàm, chi̍t-sí-lāng khiàm.

貪者，永貪。

用來戒止小偷。斷言貪取人家小東西的人，一生一世貧窮。句裏用偷「扭」和偷「捻」來表示他是「小小偷」，所謂「鼠賊」也。

扭：通常是用拇指和食指夾起細物的動作。　捻：摘斷（菜葉、果蒂），摘取（蔬菜，花果）。　一世人：終其一生。

【20】

做賊膾富，偷食膾肥。

Chò-chhảt boē pù, thau-chiảh boē puî.

Chó-chhảt boē pù, thaū-chiā boē puî.

偷者，永窮。

用法類似上一句。但本句清楚說出「做賊」不能致富，正如「偷食」之不能發福。爲什麼？姑不論常有牢獄之災等待的恐懼，按照老先人所確信的：「僥倖錢，失德了！」──不義之財，終必被罪惡所吞噬！

至於「偷食膾肥」，大概是因爲緊張影響消化和吸收功能吧。同時，偷吃也沒有按時進行的可能。因此，不肥是必然的，就是腸胃病也跑不了！

【21】

三更窮，四更富，五更起大厝。

San-kin kêng, sì-kin pù, gō͘-kin khí toā-chhù.

Sān-kīn kêng, sí-kīn pù, gō͘-kin khí toā-chhù.

何暴富之速？

用來譏刺並懷疑快速致富之人。──半夜裏還是個窮光蛋，黎明時已經「起大厝！」莫非是搶來的橫財？先人不是說，「人無橫財不富，馬無夜草不肥」嗎？

（比較，「一更散，二更富，三更起大厝，四更拆膾赴。」42.20）

【22】

做賊人心虛。

Chò-chhát lâng sim-hi.

Chó-chhát lâng sim-hi.

總難自在。

　　用來戒偷盜。因爲做賊的人，心裏不會平安，心理也難平衡，更談不上有什麼成就感和榮譽心。本句出自，宋、釋悟明《聯燈會要·重顯禪師》。

【23】

一擺賊，百擺賊。

Chi̍t-paí chhát, pah-paí chhát.

Chi̍t-pai chhát, pá-pai chhát.

終身賊嫌。

　　用來戒盜。這句俗語指出一個殘酷的事實：只要犯了一次不輕的盜竊罪，雖然刑滿出獄，改惡從善，但因爲是前科犯，求職恐怕無門。假如其附近有人失賊又難以破案，恐怕要被懷疑，被約談。可憐啊，做賊的惡報，並不因爲出獄而報盡。怎能不恪遵「勿偷盜」的大戒呢？

　　擺：（行動的單位）次，遍。 　*一擺…百擺：做了一次（常指惡行），則會做百次（曾做過的歹事）。*

　　這句俗語實在令人感到洩氣：爲什麼會「一擺賊，百擺賊」呢？孔門賢人子貢不是說過：「君子之過也，如日月之食焉。過也，人皆見之；更也，人皆仰之。」（《論語·子張》）對了，問題會不會出在這裏：這個賊原是個小人！所以麼，他的改過不算數。因此，人皆繼續惡之！悲夫。

還有，對於別人的行為，我們為什麼沒有「一擺善，百擺善」的看法和態度呢？為什麼我們的社會到處流行抹黑、詆譭呢？主導我們祖宗的道德思想和實踐的不是儒家的人性本善論嗎？我們不也是自小就背過「人皆有不忍人之心……」(《孟子・公孫丑上》)和「人之初，性本善……」嗎？這些美好的聖訓，好像還沒有普遍地被活現出來！

「一擺賊，百擺賊」是反人權的神經過敏症，應加以治療！

註釋

1. 這句俗語在形式上有其類似句，即是：「目睭掩咧，卵核閬去。」徐清吉把這句話解釋做：「掩目捕雀。」見，徐清吉「台灣俗諺新註」《台灣風物》（1969年19卷1,2期），頁89。

第四節　烏煙、鴉片

本節分段：

吸煙醜態01-04　吸煙之害05-09

【01】

火馬，雙頭弄。

Hoé-bé, siang-thaû lāng.

Hoe-bé, siāng-thaū lāng.

魔術師嗎？

　　用來譏誚抽鴉片的人。抽烏煙者在煙槍的一端撫弄著煙火來燒鴉片；在吞雲吐霧之時鼻孔噴出陣陣煙火，宛如雙頭燃燒的「火馬」。

　　火馬：我們不知道它確切的意思，查了多種辭典，僅見許成章有一條「火龍火馬」。茲抄錄原文，以供參考：「"he龍 lieng he馬 be"，急性之狀也。he相當於火。謂似煙火中之火龍火馬。爆炸之快也。〈陔餘叢考〉「火馬火猱」：…後漢書楊璇爲零陵守，賊攻郡縣。璇乃制馬車數十。以囊盛石灰於車上。繫布索於馬尾，將馬居車前。順風吹灰。因以火燒布，布燃馬驚。盡突賊。逐破之。」❶ 雙頭弄：兩端撫弄。

　　鴉片是怎樣抽的呢？筆者從沒看過。查了片岡巖的《台灣風俗誌》，覺得相當有趣，或可由之想像「火馬」的形貌：

　　　　先準備放鴉片抽食器具的盤子(稱煙盤)置在床上，盤內放煙燈(鴉片點火用)、煙輦仔(挖鴉片用)、煙筒(竹或甘蔗莖所製的煙管)等，然後橫臥床上點煙燈火，用煙輦仔挖鴉片膏塗在煙斗，並靠近燈火用手在煙斗上煉鴉片。煉至適當時，點火用煙

輦仔邊撥進煙斗內邊抽食，鴉片煙由口吸入由鼻孔吐出……(頁97)

據說，數服後，則爽快如神仙。此所以有傾家蕩產，有賣某賣囝來抽鴉片的。可憐吧！

【02】

烏煙食稠腳曲曲，親像老猴歕洞簫。

O͘-hun chiảh-tiâu kha-khiau-khiau,
　　chhin-chhiūⁿ laū-kaû pûn tōng-siau.

Ō-hun chiā-tiâu kha-khiāu-khiau,
　　chhin-chhiūⁿ laū-kaû pun thong-siau.

退化成老猴。

用法類似上一句。本句鄙夷抽鴉片上癮的人，把他描繪成一隻瘦皮巴骨，彎腰駝背的「老猴」，躺在煙床上緊抱著煙桿，像吹洞簫一般地努力吞吐毒氣。

烏煙：鴉片、阿片的俗名，也叫做烏土，或因為該物呈黑色(有深棕色)的緣故。它是由罌粟鮮果的乳汁凝固而成的。鴉片原為藥用，有鎮痛、催眠、鎮嗽、抑制呼吸等等藥效，但有毒性，侵害人體。服用鴉片給人以特殊的「欣快症」：無憂無慮，肉體和精神上的痛苦可置之不理。❷鴉片可能是希臘人最先發明的，公元第一世紀Dioscrides在其藥典即已記載用它做藥。到了第七世紀，才把鴉片東傳到中國；十五世紀到日本。原先僅供藥用的鴉片，傳到南美洲之後，該地的原住民配合本來就有抽一般煙草的習慣，正中下懷地認眞抽起吸鴉片來。印度和土耳其是世界鴉片的主要產地。(→"opium." Encyclopedia Britannica.)　食稠：(食物、抽煙、喝酒)上癮。　腳曲曲：屈膝狀。　親像：好像。

【03】

鴉片一下癮，通社走遍遍。

A-phiàn chi̍t-ē giàn, thong siā chaú phiàn-phiàn.

Ā-phèn chi̍t-ē-gèn, thōng-siā chau-phén-phèn.

求煙運動。

　　譏刺鴉片癮者，描寫他的鴉片戒斷症狀發作，心身艱苦難忍，只好走遍「通社」來求壓癮。這句俗語非常寫實，鴉片癮者處處奔跑，為著是要吸幾口過癮的烏煙。真是僥倖失德啊！

　　一下癮：（鴉片煙）癮一開始發作。　**通社：**整個村庄。　**走遍遍：**宛如鍋中螞蟻四處奔走探索。　**僥倖失德：**用表感嘆「非常可憐！」

【04】

火燒墓仔埔——煙鬼。

Hoé-sio bōng-á-po͘—hun-kuí.

Hoé siō bong-a-po͘—hūn-kuí.

侵犯鬼權！

　　用來罵抽烏煙的人，譏刺他是「煙鬼！」民間相信「墓仔埔」的住民就是「鬼」，那麼火燒墓仔埔時，煙嗆鬼神，不是煙鬼是什麼？如此，用這個雙關的「煙」字來玩弄鴉片仙。真妙！

　　這句歇後語，實際應用時，僅在譬喻句「火燒墓仔埔」或解釋句「煙鬼」，擇一而用。不過，用解釋句，失之粗魯，不如用譬喻句來得詼諧。

　　墓仔埔：我國舊式的公墓，多在荒野，形同亂塚，人跡罕到。

【05】

食無落腹，放無落礐。

Chiàh bô-lòh-pak, pàng bô-lòh-hàk.

Chiā bō-lō-pak, páng bō-lō-hàk.

但有病底。

　　用來戒煙。斷言抽鴉片毫無用處，說是：吞煙，嚥不下肚子裏；吐霧，排不進屎礐。譏刺得真徹底！腸胃和香公所，都無利可圖。──倒是，有什麼「底」可得，所謂「博繳無底，鴉片有底」！（→42.31：07）

　　落腹：（吃食物、藥物）下肚。　　*落礐：排入屎礐。*

【06】

食著滋味，賣了田園。

Chiàh-tiòh chu-bī, boe-liáu chhân-hn̂g.

Chia-tiō chū-bī, bē-liau chhān-hn̂g.

賠上國土的，都有！

　　用來戒煙。指出抽鴉片上了癮的，會傾家蕩產。眾所周知的，抽烏煙如吞黃金，而又得戀煙不息，連皇帝都會抽掉江山，何況常民！

　　食著滋味：上癮也，字義是「吃出了好味道」。

【07】

博繳無底，鴉片有底。

Poàh-kiáu bô-té, a-phiàn ū-té.

Poā-kiáu bō-té, ā-phèn ū-té.

都是歹底。

　　用來戒煙戒賭。指出賭博和抽鴉片煙都有劇害。纏上了前者，毫無底止，直到財散人亡；烏煙抽上了癮，則是花大錢來纏綿煙床，搞得面黃肌瘦，病入膏肓。

無底：沒完沒了，及至財散人亡。 有底：諷刺地說，抽鴉片的人將得大又頑固的「病底」。（→42.31）

【08】

鴉片膏，二大索。

A–phiàn–ko, nñg toā–soh.

A–phén–ko, nñg toā–soh.

第一優先的工具。

用來譏刺抽鴉片的人是在進行著自殺的行動。本句明言，自盡的利器有兩種：第二是「大索」，第一是「烏煙！」

從造句的形式看來，本句算是很特別的。第一分句該是「一鴉片膏」，但為了音韻和諧，引起聽者的注意，把「一」省略了。

【09】

博繳三分拎，開查某無彩錢，食鴉片死了年。

Poa̍h–kiáu saⁿ–hun khîⁿ, khai–cha–bó͘ bô–chhaí–chîⁿ,

　　chia̍h–a–phiàn sí liáu–nî.

Poā–kiáu sāⁿ–hūn–khîⁿ, khaī–chā–bó͘ bō–chhai–chîⁿ,

　　chiā–ā–phèn si–liau–nî.

只有等死了！

用來戒煙。諷刺地說，抽鴉片只有死路一條，而賭博猶有「三分」希望，嫖妓則是浪費金錢。

博繳三分拎：這是用來襯托出嫖妓和抽鴉片的極端有害，先人對賭博沒有主張「三分」希望的意思。（→42.08）

面對這種致死的毒害，社會自有先知先覺，起來勸導戒毒。最初有民間的勸善人和基督教的宣教師來勸人解煙。例如，勸善者如此勸化改毒：

開博猶有三分望，嗎啡損身的害蟲；

做人若染著這款，誤了青春一世人。

中毒嗎啡眞艱苦，無論查某抑查埔；

任你世界上富戶，放煞一生的前途。❸

然後有許多政治、文化界先賢從體制上禁煙：在1929日本政府一面禁鴉片煙，一面要賣鴉片給上癮者；那時有25,000人申請鴉片煙執照。此時有「台灣民眾黨」的林獻堂、羅萬俥、林呈祿等，向警務局抗議；有蔣渭水向國際聯盟呼籲。要求政府徹底禁煙，並給上癮者治療。❹對於這些愛惜台灣人的健康和幸福的先賢，我們不能不認識，而獻上衷心的敬意。

當今我們的社會治安紛亂，鴉片、嗎啡、海洛英、安非他命、古柯鹼、人麻、紅中、白板，等等毒品源源而來。我們應該要問：毒品從何而來？中國！眞是令人憤慨！報載：「僅於1996年，我國破獲2,000公斤毒品，其中來自大陸的有1,300公斤，約佔三分之二。」(→《自由時報》1997(12.22):2)

此情此景，凡我愛台灣者，豈能視若未睹，不覺醒，不阻止嗎？

注釋

1. 許成章《台灣漢語辭典》，頁501。

2. 參看，江蘇新醫學院編《中藥大辭典》，頁1640–1641。

3. 吳瀛濤《台灣諺語》，頁390。

4. 參看，吳三連等《台灣民族運動史》，頁404–415。

本卷索引

一、發音查句索引

說明：

一、以諺語首字的本調爲準，按照台灣話羅馬字字母順序排列。

二、諺語的索引號碼是依照本文的「章節」和該句在節裏的「次序」構成的。

三、索引號碼小數點左邊的數字代表「卷、章、節」，右邊的是「諺句」，例如：

　　　　漆桌，起無莊。32.09; 215.09

　　32.09，指第三章、第二節、第[09]句。不舉卷數者，係指「本卷」。

　　215.09，指第二卷、第一章、第五節、第[09]句。

四、同字異音，如文白二音，仍然按照不同的發音，分開排列的，例如：「一」字，有[chit]和[it]二音，所以在CH和I，可找到有關該音開頭的諺語。依此，有「十」，[chàp]、[sip]；「人」，[jîn]、[lâng]；「三」，[saⁿ]、[sam]；「老」，[laū]、[ló]；「有」，[iù]、[ū]等等。

五、諺句的形式和意思顯然相似的，分屬於比較常用者之下，並用星號「＊」表示之。例如：水鬼，叫跛瑞。34.03＊

A

a	阿公娶某——加婆。	33.19
	阿公唔做，要做孫。	33.06
	鴉片一下癮，通社走遍遍。	44.03
	鴉片膏，二大索。	44.08
ah	鴨仔，聽雷。	18.07
	鴨母，裝金也是扁嘴。	24.35
	鴨母唔管，要管鵝。	33.05

aì	愛媱，著去豬哥寮。	16.03
àm	暗路敢行，錢銀𣍐疼。	41.01
âng	紅目有，鬥鬧熱。	33.10
	紅姨仔嘴，糊縷縷。	15.20
	紅格桌頂，扱著柑。	43.08
aù	餲鹹魚假沙施美，菜店查某假淑女。	35.25

B

bȧk	目睭掩咧，卵核闊去。	43.13
bān	慢牛，食濁水。	22.15
	慢牛過溪，厚屎尿。	22.07
	慢鈍，搶無份。	22.16
báng	蚊仔叮牛角——無探工。	27.01
bāng	望做工，唔通望繳東。	42.30
bē	賣後生，贅囝婿。	28.10
beh	要嫁，則縛腳。	22.10
	要開尻脊卡省本，透風落雨知天文。	41.12
	要放屁，走去風尾。	17.30
	要死，家己討日子。	31.12
	要死，牽拖鬼。	36.09
	要死去死，唔死食了米。	16.08
	要死著初一十五，要埋著風及雨。	16.10
	要東就東，要西就西。	21.03
	要討，番仔樓倒！	42.15*
bėh	麥芽膏手，鏇石目。	43.07
bí	米成飯，則講唔。	22.22; 226.03

bîn	眠床頂，扱著被。	43.09
bīn	面仔青青，也敢允人三斗血。	23.45
bô	無錢加查某講無話，無酒加神明博無杯。	41.05
	無食酒，講酒話。	15.01
	無食假拍呃，無穿假抄踔。	24.29
	無食烏豆，叫伊放烏豆屎。	36.06
	無柴，也敢允人煠牛卵。	23.44
	無田，禁鴨母。	27.07
	無穿褲，喊大步。	23.06
	無彼號尻川，也敢食彼號瀉藥。	23.46
	無法佛，降和尚。	37.04
	無工，做細粿。	22.04
	無枷，夯交椅。	29.10
	無肝無胘，食一把膽。	23.28
	無奶，假病囝。	24.01
	無名無姓，問鋤頭柄。	18.20
	無毛鷄，假大格。	24.28
	無貓，無鷄鴿。	17.04
	無話，講傀儡。	14.04
boah	抹壁，雙面光。	11.04
boē	未曾燒香，先拍折佛手。	21.17
	未肥假喘，未有錢假好額人款。	24.30
	未死，嘴內先生虫。	16.20
	𣍐曉挨絃仔，顧捲線；𣍐曉唱曲，顧呸涎。	24.15
	𣍐互人幹，閣要討沙魚劍。	23.47

	𣍐比得范進士的旗杆。	26.12
	𣍐博假博，𣍐仙假仙。	24.11
bōng	墓壙鳥鼠——齪死人。	32.03
bōng	望梅止渴，畫餅充枵。	17.13; 227.13
bû	無師不說聖，無翁不說健。	17.25

CH

chai	知我臭頭，則要加我掀。	28.21
	知伊月內，則要拍伊的門。	28.22
	知你腳細，則要夯起來弄。	23.16
chám	斬尾狗——假鹿。	24.06
chảp	十嘴，九尻川。	11.27
	十嘴，九貓。	11.26
	十五枝拐仔，夯做二手——七拐八拐。	34.10
	十五仙土治公，祀二旁——七土八土。	12.11
	十二月風箏——猶到無尾。	21.04
	十二月屎桶——盡摒。	12.05
	十枝指頭仔，博了了。	42.16
chaù	灶腳，鳥鼠岫。	43.11
chē	坐轎無人知，騎馬卡搖擺。	23.15
chêng	前頭講，後頭無。	17.05
chîⁿ	錢銀用趁，呣通用搶。	43.15
chí	指雞罵狗。	16.24
chiàⁿ	正刨金閃閃，倒刨一缺一缺。	13.07
	正刨倒削。	13.06
chiảh	食紅酒，講白酒話。	15.02

	做賊𣍐富，偷食𣍐肥。	43.20
	做賊人心虛。	43.22
	做戲做到老，嘴鬚提於手頭。	28.03
	做鬼，嘛搶無食。	22.17
	做鬼師公，白賊戲。	35.15
choá	紙被，趁人煠虱母。	25.14
choâ	蛇拍無死，反報仇。	37.06*
	蛇拍無死，顛倒惡。	37.06
chuí	水蛙生尾——假龜。	24.05
	水鬼，裝做城隍。	35.14*
	水鬼，叫交替。	34.03
	水鬼，叫跛瑞。	34.03*
	水鬼，騙城隍。	35.14
	水，流破布。	22.01
	水潑落地，難得收。	22.23
chún	准神成神，准佛成佛。	25.21
CHH		
chhâ	柴頭來關，也會發。	11.05
chhaì	菜籃仔貯鱉——龜腳趖出來。	28.19
chha̍k	鑿枷，家己夯。	29.11
chhân	田嬰，扶石頭。	23.23
chhat	漆桌，起無莊。	32.09; 215.09
chha̍t	賊星該敗。	43.16
	賊，喝賊。	36.23
	賊計，狀元才。	43.02

	賊去，則關門。	22.20
	賊性入骨，千刀削𣍐黕。	43.04
	賊是小人，智過君子。	43.01
chhaú	草鞋捷捷補，儉錢開查某。	41.04
	草人打火——自身難保。	23.26
	草地倯，府城戇。	26.11
chhaù	臭耳人，聽加話。	18.11
	臭柑仔，排面攤。	23.14
	臭腳，閣踢被。	28.20
	臭彈，免納稅。	15.26
chheng	清閒人嘸做，要做鷄母笅糞埽。	33.11
chhēng	穿乃朗的——看現現。	26.03
	穿雙領褲，要隨人走。	21.16
	穿茶米粕的，鹿角仙；褪赤腳的，錢卡現。	35.11
chhiⁿ	生米，煮熟飯。	22.08
	靑狂狗，食無屎。	21.14
	靑狂豬仔，食無潘。	21.13
	瞙暝的興博杯，跛腳的興跳童。	23.37
	瞙暝的看告示——無採工。	27.05
	瞙暝的看告示——看𣍐出。	28.08
	瞙暝，騙目金。	35.20
chhī	飼蛇，咬鷄母。	29.05
	飼鳥鼠，咬破布袋。	29.04
chhia	車盤鷄母，生無卵。	21.12
chhiáⁿ	請法師入廟。	34.07

chhiàⁿ	倩賊，守牛稠。	29.07
	倩賊，守更。	29.06
	倩鬼，醫病。	29.09
	倩鬼，提藥單。	29.08
chhìn	秤斤十六兩，一斤一斤算。	13.05
chhiò	笑到，嘴離到尻川。	26.02
	笑人窮，怨人富。	26.07; 212.01
	笑貧，無笑娼。	26.05
	笑破人的嘴。	26.01
	笑死豐原擔屎的。	29.25
chhit	匕仔，笑八仔。	26.14
	七嫌，八嫌。	32.07
	七嫌八嫌，嫌到臭屎。	32.07*
	七歲罵八歲，夭壽。	16.15
	七歲，騙八歲。	35.03
	七佬食八佬，木蝨食蟧蚤。	35.04
chhiú	手夯大兄，嘴喝賊。	36.24
	手掠布袋根，走到八里岔。	17.37
chhoā	導人去泅水，衫褲攜得走。	34.09
chhuì	嘴呼，二萬五。	17.08
	嘴講猴齊天，見眞無半步。	17.34
	嘴巧，不如手巧。	17.21
	嘴開，道看著嚨喉鐘仔。	11.14
	嘴硬，尻川軟。	12.21
	嘴唇一粒珠，三年唔認輸。	12.16

chhun	伸手，互人相。	29.02
chhut	出嘴有字。	11.03
	出岫鷄母，咯咯叫。	11.19
	出山了，請醫生。	22.21

E

ē	會曉偷食，𣍐曉拭嘴。	28.13
	會遮得獅頭，𣍐遮得獅尾。	35.21
	會講的講一句，𣍐講的講十句。	11.15
	會聽聽話頭，𣍐聽聽話尾。	18.02
êng	閒嘴，嚙鷄腳。	14.09
	閒人，挨有粟。	14.08
	閒人閃開，老人要展威。	23.17
ēng	用盡，食盡，當盡，則去自盡。	29.26
	用林投葉，拭尻川。	29.13
	用別人的拳頭母，挣石獅。	31.19
	用別人的尻川，做面底皮。	31.18
	用別人的卵鳥，做火撓。	31.20

G

giâ	夯耙柫，摃頭額。	29.12
	夯天，來蓋人。	36.08
	攑香，隨師公。	25.13
giâm	閻羅王出告示——鬼話連篇。	15.23
gín	囡仔食紅蟳——興講。	12.15
	囡仔，騙大人。	35.02
gō͘	五里鵰鶊，要啄七里鷄仔。	33.03

	五色人，講十色話。	11.29
	五錢豬仔，掛一個嘴。	17.28
goe̍h	月出，講到月落。	11.24
gōng	戇蚊，叮神明。	27.14
	戇狗，咬炮紙。	27.16
	戇狗，吠火車。	27.15
	戇狗，追飛鳥。	27.17
	戇猴，搬石頭。	27.19
gû	牛面前，讀經。	27.08
	牛尿龜，撐石枋。	23.24
guī	魏延，車倒七星燈。	21.19

H

haí	海口腔，厚沙坮。	33.16
	海龍王辭水──假細膩。	24.22
	海底，摸針。	27.06
haī	害人則害己，害別人家己死。	29.22
	害人，害家己。	29.21
hàm	泛到，𣍐穿得蚊罩。	15.15
hâm	含血噴天，先污其口。	36.13*
	咸豐三，講到今。	14.17
haù	孝男，拎棺。	33.09
hīⁿ	耳孔，互牛踏塌去。	18.15
	耳孔，塞破布。	18.14
hó͘	虎鬚，𣍐過手。	35.18
hô͘	胡鰡，尋便孔。	35.30*

	胡蠅，舞屎杯。	23.22
hō·	互賣火炭的睏去，對染布的討錢。	36.05
	互伊害到，生屁瘡。	41.17
	互魔神仔牽去。	34.06
	互相漏氣，求進步。	28.27
hó	好嘴好斗，去問著一個啞口。	18.19
	好人勸唔聽，歹鬼招著行。	34.05
	好貓管百家，歹查某管一天腳下。	33.15
	好貓管百家，好狗管通天腳下。	33.14
	好話，𣍐過三人耳。	13.02
	好話三遍，連狗也嫌。	14.20
	好事唔出門，歹事傳千里。	13.03
hoan	番仔，番嘰咬。	18.08
hoé	火馬，雙頭弄。	44.01
	火葬場大鼎——炒死人。	32.04
	火鷄母，咯咯叫。	11.19*
	火過，則匼芋。	22.09
	火燒銀紙店——劃互土治公。	15.24
	火燒墓仔埔——煙鬼。	44.04
	火燒山，累著猴。	36.17
hoê	和尚偷學道士的拜斗，道士偷學和尚的𣍐口。	25.08
	和尚頭，尋虱母。	32.11
	和尚頭，尋無虱母。	27.09
hong	風聲，謗影。	17.01

ji̍t	日本人縖憤多氏(fundoshi)——假褲。	24.25
	日本銅鼎仔——無才。	26.08
	日時做老大，暝時做賊。	43.05

K

ka	家己攑指頭仔，挖目睭。	29.19
	家己騎馬，家己喊路。	17.18
	家己開壙，家己埋。	29.20
	家己開路，家己喊伊阿。	17.19
	家己睏桌腳，煩惱別人的厝漏雨。	33.12
	家己鍋，卡𣍐臭火烙。	17.15
	家己呵，卡𣍐臭臊。	17.14
	家己呵咾，面無貓。	17.16
	家己放，家己食。	29.18
	家己捧屎撫面。	29.15
	家己擔鮭，呵咾芳。	17.17
	家己提索仔，紐頷頸。	29.16
	蟧蚤做事，累虱母。	36.15
	鵁鴒，佔便孔。	35.30
káⁿ	敢食，唔驚毒。	41.10
	敢，快做媽；悾，快做公。	23.39
	敢放屁，唔敢做屁主。	23.20
	敢死驚做鬼，敢做匏杓驚滾泔燙。	23.21
	敢死，唔驚無鬼通做。	23.41; 223.13
kā	給佝祖公，借膽。	23.29
kâm	含血，噴天。	36.13

kap	合藥行去棺柴店。	26.22
kaú	狗肉無食，狗湯有飲。	36.10
	狗母腔，芳到三鄉里。	16.02
	狗，咬鳥鼠。	27.04
	狗，咬師公。	36.01
	狗，咬鐵釘——唔願放。	27.18
	狗唔吠，撈狗嘴。	32.10
	狗，吠雷。	27.03
	狗，拍咳嚏。	17.27
	狗屎，食入腹嘛芳。	31.10
	狗，隨屁走。	25.10
ke	加油，加蒜。	32.06
	雞团，隨鴨母。	25.11
	雞母屎——半烏白。	26.09
	雞母跳牆，雞团隨樣。	25.04
	雞嘴，變鴨嘴。	28.24
	雞規弄破，溪湖免滯。	28.26
	雞啄蚶，拍損嘴。	27.02
ké	假戇，使歹錢。	35.23
	假曲，唱𣍐落調。	24.36
	假死蟉鯉，食死狗蟻。	24.08
	假死蟉鯉，當狗蟻。	24.07
kè	嫁著博繳翁，博若贏，一手捾肉，一手捾蔥；	
	博若輸，當到空空空。	42.18
keh	隔壁中進士，羊仔拔斷頭。	28.15*;36.21*

	隔壁中進士,拔斷羊仔頭。	28.15*;36.21*
kiaⁿ	驚了錢,閣要開查某。	41.06
kiâⁿ	行暗路:一錢、二緣、三婿、四少年。	41.02
kiáu	繳會博,屎會食。	42.28
	繳風,拳頭謗。	42.06
	繳鬼,卡婿戲妲。	42.01
	繳輸,報台灣反。	42.05
	繳豬,生理虎。	42.04
	繳場,無論父子。	42.17
kim	金剛,踏小鬼。	35.26
kīn	近廟欺神。	26.28
	近的唔買,要遠的賒。	31.02
	近海,食貴魚。	26.27
	近溪,搭無船。	26.26
	近溪,釣無魚。	26.24
	近山挫無柴,近溪擔無水。	26.25
kiú	久賭,神仙輸。	42.14
kng	扛轎唔扛轎,煩惱新娘唔放尿。	33.04
kó͘	古井,無蓋蓋。	16.04
	古井,也是我偷的。	36.07*
	鼓吹嘴,矸轆腳。	11.25
	鼓不打不響,燈不點不亮。	11.33*
kò͘	顧鴨母卵,無顧豬頭。	31.05
	顧前,無顧後。	26.23
koah	割香,𣍐記得佛。	26.30;35.16

koan	關老爺面前，弄大刀。	23.43
	觀音媽偷食鹹魚——冤枉人。	36.04
koàn	慣勢，成自然。	21.06
koè	過關，送文憑。	22.19
	過桌，扭柑。	31.13
kong	功德，做於草仔埔。	27.10
kóng	管，若米升。	18.16
	講的比唱的，卡好聽。	17.03
	講鱟杓，講飯籬。	14.06
	講到曾飛閣會遁。	15.18
	講到，好味好素。	17.11
	講到你識，嘴鬚拍結。	18.12
	講到有一字八字。	15.05
	講話，無貼郵票。	17.06
	講話，恰若得唱曲。	17.12
	講話，三鋤頭二糞箕。	12.09*
	講天講地，講高講低。	14.07
	講對十三天地外去。	15.11
ku	龜笑鱉無尾，鱉笑龜粗皮。	16.23
	龜腳，趖出來。	28.18
	龜龜，毛毛。	33.18
	龜牽鱉，落滴。	34.02
kui	歸身軀死了了，只有剩一枝嘴未死。	17.35
kuí	鬼，要加你抽舌根。	36.12
kûn	拳頭母，挣石獅。	27.22

KH

kha	尻川後，罵皇帝。	13.01
	尻川幾枝毛，知知咧。	26.04
	尻川，卡壯城門。	22.05
	尻川夾火金姑──誏星。	24.24
	腳緊，手唔緊。	22.03
khai	開公錢，解私願。	31.15
khan	牽尪仔，補雨傘。	14.05
	牽狗，落湳。	34.01*
	牽龜，落湳。	34.01
	牽山，伴林。	14.02
khang	空嘴，哺舌。	13.11
	空雷，無雨。	17.02
khe	溪無欄，井無蓋。	16.05
kheh	客鳥，咬唔著批。	26.20
khi	欺負，爛土無刺。	35.27
khí	起廟，企旗杆。	26.17
khiâ	騎馬，攑拐仔。	27.11
khiā	企三年藥店櫃頭，道要做大先生。	23.48
khiáu	巧巧人，買一個漏酒甕。	28.06
khioh	扱人話粕。	14.21
	扱著錢，假行無路。	24.02
	扱著銀，假苦。	24.03
khit	乞食插雉雞尾──假仙。	24.32
	乞食飼花眉，羅漢飼細姨。	23.34

	乞食，趕廟公。	35.28
	乞食，閣飼貓。	23.31
	乞食，講仙話。	23.30
	乞食，開藝妲。	23.32
	乞食，弄拐仔花。	23.33
	乞食婆，隨人走反。	25.15
	乞食揹葫蘆——假仙。	24.31
	乞食轉厝——倒贏。	42.10
khǹg	勸人爬上樹，樓梯夯得走。	34.08
khoàⁿ	看戲看到扛戲籠，開查某開到做當番。	41.14
khong	悾氣，在人激。	21.05
khóng	孔子公放屁——假斯文。	24.18
khuh	咔咔嗽，無食下晝。	33.17
khui	開嘴蚶，粒粒臭。	16.19
	開空頭支票。	35.08

L

lah	垃圾貓，咬㩼鼠。	41.09
laî	來無聲，去無影。	21.02
	來說是非者，便是是非人。	13.09
laī	內山猴，食樹籽。	26.10
	內山猴，毋識看著海口鱟； 　　海口鱟，毋識看見甘蔗頭。	13.08
la̍k	六月芥菜——假有心。	24.10
lám	荏牛，厚屎尿。	22.06
lâng	人未到，聲先到。	11.20

	人濟話濟，三色人講五色話。	11.30
	人講天，你講地。	15.10
	人叫嘪行，鬼叫溜溜走。	34.04
	人牽嘪行，鬼牽溜溜走。	34.04*
	人來則掃地，人去則煎茶。	22.14
	籠床蓋蓋無密——漏氣。	28.17
laú	佬仔，假羅漢。	35.05
laû	留目睭，看你拖屎連。	16.07
laū	老戲，跋落戲棚腳。	28.04
	老狗，記久長屎。	37.02; 212.10
	老壽星唱曲——老調。	14.19
	老道士放屁——句句眞言。	15.25
lêng	能說，不能行。	17.38
lí	你罔講，我罔聽。	18.06
	你看我普普，我看你霧霧。	26.18
lī	呂祖廟燒金，糕仔獪記得提。	26.29
	離鄉，無離腔。	11.01
liảh	掠蛇，互蛇咬著。	29.17
	掠鷄，抵鴨。	28.09
	掠貓仔過龜山，著展你會曉討海。	23.49
lîm	林道乾，鑄槍拍家己。	29.27
liū	餾過來，餾過去。	14.14
lô	羅天大醮。	32.05
	鑼未陳，拍先響。	11.31
lô·	鱸鰻敢做，豬砧敢眠。	29.23

	烏狗偷食，白狗受罪。	36.18
	黑卒仔，食過河。	33.01
	黑矸仔貯豆油——看𣍐出。	28.07
ó·	挖肉，嘴內哺。	17.23
oa̍h	活人，尋死路。	31.11
oē	話，講𣍐入港。	11.13
	話，卡濟狗毛。	11.22*
	話，卡濟貓毛。	11.22
	話不說不明，鼓不打不響。	11.33
oē	畫虎無成，變成貓。	25.19
	畫龍畫鳳。	17.10
o̍h	學好三年，學歹三對時。	25.20
ok	惡人，放臭屎。	16.14
ông	王祿仔嘴，狀元才。	11.06
	王城神，人哈你也哈。	25.07

P

paī	敗軍之將，不可言勇。	17.36
	敗筆，假老手。	24.12
pak	北港廟壁——畫仙。	14.13
pan	班頭，假老爹。	24.13
pàng	放一下屁，褪一下褲。	27.12
	放屎做水災，放屁做風颱。	17.31
	放屁，安狗心。	17.09
	放屎，無拭尻川。	28.11
	放屁，相連累。	36.14

	放屎，著人拭尻川。	36.19
pâng	房間內拍唔見褲，唔是翁就是某。	43.10
pat	八仙桌，起無莊。	32.09*
pa̍t	別人的錢，開𣍐疼。	31.16
	別人的桌頂，挾肉飼大家。	31.17
peh	八兩，笑半斤。	26.15
pe̍h	白白布，染到烏。	36.02
pcng	冰糖嘴，麥芽膏手。	43.07*
pêng	平時唔燒香，急時抱佛腳。	21.18
piⁿ	平地，一聲雷。	28.02
piān	便所蠟燭——臭火。	23.10
pih	鱉殼糊土，𣍐成龜。	24.34
pó	寶骰凹面銅，無腳無手會剎人。	42.23
pò	報田螺仔冤。	37.03*
	報鳥鼠仔冤。	37.03
poàⁿ	半暝，出一個月。	28.01
	半暝報贏繳，天光報上吊。	42.27
	半桶屎，擔得泏。	23.05
poâⁿ	盤屎，過礐。	27.21
poa̍h	博十胡繳，輸到家伙爛糊糊， 　　　傾家蕩產起糊塗。	42.22
	博繳無底，鴉片有底。	42.31; 44.07
	博繳錢，𣍐做得家伙。	42.13
	博繳蚶殼起，做賊偷扷米。	42.03
	博繳三分拎，開查某無探錢，食鴉片死了年。	42.08; 44.09

	博繳是討債，點煙是應世。	42.32
	博繳，聽尾聲。	18.04
	博屎杯，輸一欉樹。	42.29
	博倒番仔樓。	42.15
po̍h	薄册仔，打桶——假工夫。	27.13
pûn	歕螺，互人賣肉。	27.23
put	不漳，不泉。	11.02

PH

phàⁿ	冇蟳，夯籠。	17.24
phah	拍折人耳孔毛。	12.20
	拍人，喝救人。	36.25
	拍鑼，哄鬼。	35.12
	拍落，十八重地獄。	16.13
phaíⁿ	歹手爪，腳手賤。	43.06
	歹戲，要穿好靴。	24.14
	歹戲，拖棚。	22.02
	歹心肝，烏腸肚，要死初一十五，	
	要埋著風及雨，要扱骨頭尋無墓。	16.11
phiàn	騙囡仔，幹尻川。	41.16
	騙客兄，去林投腳飼蚊。	35.09
	騙乞食，過後厝。	35.17
phoà	破雨傘——興展。	23.19
phoh	朴仔腳香爐——大耳。	35.13
phòng	膨風無底，蕃藷隨斤買。	23.08
	膨風水蛙，刣無肉。	23.07

	膨風龜，無底蒂。	23.02
	膨風龜，食豆餡。	23.01
	膨風龜，行路看身軀。	23.09
	膨風龜，擋無久。	23.03
	膨人海，欺雞規。	17.29

s

sa	扠無貓仔毛。	18.10
	挲無寮仔門。	18.10*
saⁿ	三千年的狗屎乾，也扱起來餾。	14.18
	三個錢賭，四個錢賂。	42.11
	三分病，謗死症。	15.14
	三更窮，四更富，五更起人厝。	43.21
	三講，四交落。	15.08
	三講，四漏氣。	28.16
	三講，四唔著。	15.09
	三句，不離本行。	14.16
	三句定，二句有。	15.19
	三兩鷄仔，及虎伴獅。	25.16
	三兩人，講四兩話。	15.13*
	三百枝打馬火，照獪著。	26.19
	三鋤頭，二糞箕。	12.09
	三條溪水，洗獪清。	36.03
	三條溪，也洗獪清。	26.03*
sai	師公哄死鬼，和尚唔畏佛。	21.09
saí	使鬼，弄蛇。	34.11

	屎礐仔嘴，提屎杯來加你拭嘴。	16.18
	屎礐，無三日新。	31.14
	屎家己放，家己食。	29.18*
	屎緊，則要開屎礐。	22.12
	駛牛，去尋馬。	31.01
sam	三七講，四六聽。	18.05
	三國，歸一統。	42.09
	三斑，攬家。	32.01
	三八腔，放尿粘黐黐。	16.01
sé	洗面，礙著耳。	12.10
	洗面，往會礙著鼻。	12.10*
sè	世間若無博繳漢，那會輪流好額散。	42.21
sí	死鴨仔，硬嘴杯。	12.13
	死到，無人通燒香點燭。	16.12
	死龜，諍到成活鱉。	12.18
	死唔敢，逐項攏敢。	23.40
	死豬仔肉，漲高價。	24.27
	死豬唔畏湯，嫖客唔畏瘡。	41.11
	死豬，鎮砧。	35.29
	死豬，鎮稠。	35.29*
sì	四個人鬥牌，五個人愛錢。	42.12
	四兩人，講半斤話。	15.13
	四兩硝藥，攻砲台。	23.52
siân	城門失火，殃及池魚。	36.22
sian	仙屎唔食，要食乞食屎。	29.14

	先生，食互拍土礱的坐數。	36.20
siáu	小犬無知，嫌路窄。	11.32
	小人報冤三日，君子報冤三年。	37.10
	猾的，騙戇的。	35.19
	猾狗，掙墓壙。	21.15
sin	新婦，教大家轉臍。	23.42
sîn	承著拳頭紕。	36.16
	承著雷公尾。	36.16*
sio	相罵無好嘴，相拍無好手。	16.22
sió	小和尚念經，有口無心。	21.07
siōng	上帝公拍折轎貫——獪通見人。	28.25
siū	受人酒禮，互人刨洗。	26.13
sǹg	算斤，十六兩。	13.04
soaⁿ	山高，水牛大。	15.17
sóng	爽快代先，病痛煞尾。	41.13
su	輸繳，十個九個起猾。	42.25

T

taⁿ	擔水擔水頭，聽話聽話尾。	18.03
	擔屎無偷飲，擔屎無偷食。	24.19
taî	埋無三個死囡仔，道想要做土公頭。	23.50
tām	淡水河，無蓋蓋。	16.06
taû	投梁山，投海洋。	43.14
taū	豆油分你搵，連碟仔續要捧去。	35.31
tē	第一戇，食煙吮風；第二戇，撞球相碰；	
	第三戇，插甘蔗互會社磅。	27.27

	第一戀，車鼓馬；第二戀，飼人娘嬭。	27.25
	第一戀，撞球相碰；第二戀，食煙吮風；	
	第三戀，無油食罔激悾。	27.26
	第一戀，替人選舉運動；	
	第二戀，插甘蔗互會社磅。	27.28
tek	得失土治公，飼無鷄。	37.05
ti	知無不言，言無不盡。	12.04
	豬母，牽對牛墟去。	15.07
	豬哥牽對牛稠去。	15.12; 26.21
	豬屎籃，結彩。	27.20
	豬屎籃，捾出來品捧。	23.12
tī	痔瘡，塞口。	33.20*
tiám	點油，做記號。	37.01
tián	展若廓亭，攝若針鼻。	17.20
tiòng	中進士，拔死羊母。	28.15;36.21
	中你聽，唔中人聽。	12.19
tiū	稻尾割去，連頭拔。	43.12
to	刀仔嘴，豆腐心。	16.27
tō·	土猴，哄鷄。	24.26
toā	大姊做鞋，二姊照樣。	25.03
	大食無出處，博繳有來去。	42.07
	大舌興講話，跛腳興踢球。	23.36
	大舌，興啼。	11.16
	大的無好樣，細的討和尙。	25.17
	大狗搬牆，小狗看樣。	25.05

	大腳，假細鞋。	24.04
	大肥摒扻擱，扱鳥仔屎應肥。	31.06
	大豬進稠。	41.08
tong	東掛博，死卡快活。	42.26
tông	唐合宋，無共朝代。	15.06
tuì	對風，講話。	18.13
	對人講人話，對鬼講鬼話。	11.07
	對台灣頭，講到台灣尾。	14.03

TH

thaí	癩痦，食鵤鷄──存辦死。	23.51
thaî	刣魚著刣到鰓，講話著講透枝。	12.06
tham	貪花，燴滿三十歲。	41.15
	貪字，貧字殼；賭字，貪字心肝。	42.02
thàn	趁錢，互人娶某。	27.24
thau	偷挽一枝茱，也是賊。	43.17
	偷夯古井，也著認。	36.07
	偷抳偷捻，一世人欠。	43.19
thaû	頭戴鷄毛筅──假番。	24.33
theh	提錢，買奴才來做。	31.09
	提薑母，拭目墘。	24.09
thia^n	聽未入布袋耳，就掊得走。	14.22
	聽話頭，知話尾。	18.01
	聽王祿仔嘴，轉厝吐大氣。	29.24
thih	剃頭的，飼花眉。	23.35
	鐵齒，銅牙槽。	12.12

| thǹg | 褪褲，圍海。 | 23.04 |
| thun | 吞涎落去，白賊起來。 | 35.06 |

U

ú	與君一夕話，勝讀十年書。	18.18
ū	有前蹄，無後爪。	28.12
	有錢，免擋土治公娶某。	33.07
	有錢烏龜坐大廳，無錢秀才人人驚。	26.06
	有酒當面飲，有話當面講。	12.02
	有嘴，無舌。	11.09
	有嘴，講到無涎。	12.03
	有的唔講，無的假品捧。	23.18
	有樣看樣，無樣家己想。	25.09
	有樣，趁樣。	25.01
	有路唔行，行山坪。	31.03
	有眠床唔眠，要在蠔仔殼拋車輪。	31.04
	有時人講我，有時我講人。	13.10
	有綏，無掮。	14.01
	有聽著聲，無看著影。	17.33
ún	隱龜的拋車輪，食力兼歹看。	23.38

二、筆劃查句索引

吞涎落去，白賊	35.06
呂祖廟燒金，糕	26.29
含血，噴天。	36.13
含血噴天，先污	36.13*
坐轎無人知，騎	23.15
孝男，拎棺。	33.09
弄狗，相咬。	34.12
投梁山，投海洋	43.14
灶腳，鳥鼠岫。	43.11
豆油分你搵，連	35.31
車盤鷄母，生無	21.12
扱人話粕。	14.21
扱著銀，假苦。	24.03
扱著錢，假行無	24.02
刮魚著刮到鰓，	12.06

8劃

使鬼，弄蛇。	34.11
佬仔，假羅漢。	35.05
來無聲，去無影	21.02
來說是非者，便	13.09
受人酒禮，互人	26.13
咒詛，互別人死	31.21
和尚偷學道士的	25.08
和尚頭，尋虱母	32.11
和尚頭，尋無虱	27.09

垃圾貓，咬碡鼠	41.09
房間內拍唔見褲	44.10
承著拳頭紕。	36.16
承著雷公尾。	36.16*
抹壁，雙面光。	11.04
拍人，喝救人。	36.25
拍折人耳孔毛。	12.20
拍落，十八重地	16.13
拍鑼，哄鬼。	35.12
放一下屁，褪一	27.12
放屁，安狗心。	17.09
放屁，相連累。	36.14
放尿做水災，放	17.31
放屎，無拭尻川	28.11
放屎，著人拭尻	36.19
東掛博，死卡快	42.26
林道乾，鑄槍拍	29.27
泛到，燴穿得蚊	15.15
狗，吠雷。	27.03
狗，拍咳嚏。	17.27
狗，咬師公。	36.01
狗，咬鳥鼠。	27.04
狗，咬鐵釘——	27.18
狗，隨屁走。	25.10
狗母膣，芳到三	16.02

三、語義分類查句

台灣宗教論集

作者：董芳苑
書號：NC44
定價：500元

　　台灣人的頭殼住著毛神仔、雨傘鬼、竹篙鬼等鬼類，不時被它們煞到、土到、沖到，常需拜請童乩、棹頭、法師、八家將、宋江陣來驅邪壓煞。

　　台灣島上也來了馬雅各醫生、甘爲霖博士、馬偕博士、戴仁壽醫生等傳教士，他們在此地救病痛、記文化、傳福音，還不時受當地人辱罵、遭統治者白眼。台灣近來更興起西式的前世今生通靈術、中式的命運天定算命術、以及中國娘家進香團，明明是歪路，卻有黑白道、政客政僧政尼等各路人馬夾道相隨。　這就是我們的宗教社會！傳統被遺忘、貢獻遭湮沒、邪道卻大張揚。

　　本書因此拿博學蘸勇氣，以宗教學家的照妖鏡手法忠實記下傳統的鬼魂信仰文化，用歷史學家的技藝替外來的奉獻者留存足跡，執文化批評家的鐵筆點名批判當前各式宗教迷思。全書立論嚴謹，敢言對錯，背後更洋溢著濃厚的台灣之愛，值得讀者細細品味。

作者簡介

董芳苑　神學博士
1937年生，台灣台南市人。
學歷：台灣神學院神學士、東南亞神學研究院神學碩士、香港中文大
　　　學崇基學院研究、東南亞神學研究院神學博士。
經歷：前台灣神學院宗教學教授、教務長，前教育部本土教育委員，
　　　前輔仁大學宗教研究所兼任教授，前東海大學宗教學研究所兼
　　　任教授，台灣教授協會會員，長榮大學台灣研究所兼任教授。
著作：除《台灣宗教大觀》《台灣人的神明》《台灣宗教論集》（以
　　　上皆爲前衛出版）外，尚有宗教學與民間信仰等專著三十餘
　　　部。

台灣宗教大觀

作者：董芳苑
書號：J163
定價：500元

透析台灣八大宗教的起源、教義、歷史以及在台發展現況！

原住民宗教／民間信仰／儒教／道教／佛教／基督教／伊斯蘭教／新興宗教！

蓬勃多元的宗教活動，不僅是台灣文化的重要特徵，更是欲掌握台灣文化精髓者無法迴避的研究對象。董芳苑教授深知這點，因此長期研究台灣宗教各個面向，冀望能更了解這塊他所熱愛的土地。原住民宗教、民間信仰、儒教、道教、佛教、基督教、伊斯蘭教、新興宗教，這八類在台灣生根發芽的宗教，其起源、基本教義、內部派別、教義演變，以及在台灣的發展狀況如何呢？它們究竟是如何影響台灣人日常的一舉一動以至於生命的終極關懷呢？這些重要的議題，不是亟需條理分明、深入淺出的解說，讓台灣人得以窺見自身文化的奧秘嗎？現在這部以數十年學力完成的著作，就是作者為探究上述議題立下的一個里程碑，相信也是當代台灣人難得的機緣。願讀者能經此領會台灣文化的寬廣與深邃。

作者簡介

董芳苑　神學博士

1937年生，台灣台南市人。

學歷：台灣神學院神學士、東南亞神學研究院神學碩士、香港中文大學崇基學院研究、東南亞神學研究院神學博士。

經歷：前台灣神學院宗教學教授、教務長，前教育部本土教育委員，前輔仁大學宗教研究所兼任教授，前東海大學宗教學研究所兼任教授，台灣教授協會會員，長榮大學台灣研究所兼任教授。

著作：除《台灣宗教大觀》《台灣人的神明》《台灣宗教論集》《探索基督教信仰》（以上皆為前衛出版）外，尚有宗教學與民間信仰等專著三十餘部。

台灣人的神明

作者：董芳苑
書號：J164
定價：480元

先考考你跟台灣神明麻吉的程度：

媽祖婆有沒有跟你講，祂在紅頭法師恭奉的「三奶夫人」中只排行第二？

查某間拜豬先生人盡皆知，但你知道祂比較喜歡聽老娼念什麼咒語嗎？

土地公旁邊那位虎爺有沒有偷偷跟你講「死貓要吊樹頭」？

經常在「上元暝」被鞭炮環身的那仙有沒有跟你說，祂其實不叫「寒單爺」？而且，祂還與阿拉有點交情？

台灣義賊廖添丁有沒有透漏是誰先為祂立碑的？你想，有沒有可能是日本官員呢？

客家人敬愛的三山國王，有沒有說祂最喜歡哪三座山？

不知道？沒聽過？那表示你跟祂們還不夠麻吉。沒關係，本書可以幫你拉關係套交情。這裡全面搜羅了台灣民間眾神共十二類、一百多仙，每仙均附玉照、發達（成仙）經過以及在台灣的香火行情，參考資料從正史、野史、傳說、神話到扶鸞文字，無一遺漏，堪稱台灣神明的百科大全，更是你與台灣眾神談心搏感情不可或缺的開運手邊冊。

作者簡介

董芳苑 神學博士

1937年生，台灣台南市人。

學歷：台灣神學院神學士、東南亞神學研究院神學碩士、香港中文大學崇基學院研究、東南亞神學研究院神學博士。

經歷：前台灣神學院宗教學教授、教務長，前教育部本土教育委員，前輔仁大學宗教研究所兼任教授，前東海大學宗教學研究所兼任教授，台灣教授協會會員，長榮大學台灣研究所兼任教授。

著作：除《台灣宗教大觀》《台灣人的神明》《台灣宗教論集》《探索基督教信仰》（以上皆為前衛出版）外，尚有宗教學與民間信仰等專著三十餘部。

朱昭陽回憶錄

作者：林忠勝撰述、吳君瑩紀錄
書號：J166
定價：300元

朱昭陽（1903-2002），台北板橋人，首開日治時代台灣子弟考入競爭激烈的東京第一高等學校先河，使台灣新聞界大事報導，也因此燃起台灣人在殖民者的刻意壓迫下對教育的熱情與重視。1925年，更以一個殖民地大學生之姿連中三元，先後通過日本行政科高等文官、司法科高考及大藏省（財政部）的就職考試，創下台灣甚而是日本教育界的先例，為當時的台灣人帶來了莫大的鼓舞。

朱昭陽在日本的生活固然可謂平步青雲，他對母親──台灣的教育問題卻始終懷抱著豪情，二次大戰日本戰敗後，他放棄了在大藏省17年的工作，翌年毅然決然地回台投身故鄉的重建，也是因為時刻以教育桑梓為念，同年9月，台灣人創辦的第一所大學──延平學院就在他與宋進英、劉明等人的奔走下誕生了。本書即欲藉著紀錄延平從大學轉變為國高中補校、中學的經歷，深刻的刻畫創辦者朱昭陽的一生。

從其家世、教育背景、仕途、二次大戰的爆發與結束，述及回台開辦延平學院，於經歷「二二八事件」巨變後延平的傾頹及復校，與進入合庫的公職時代等段落，循序漸進，不僅反映了時代的悲歌，也描繪出一位威武不屈的勇士圖像。

作者簡介

林忠勝

台灣宜蘭人，1941年生，台灣師範大學歷史系畢業，曾任中學、專科、大學及補習班教職二十年，學生逾五萬人。宜蘭慧燈中學創辦人，曾獲頒「十大傑出教育事業家」。

1969-71年間，於中研院近史所追隨史學家沈雲龍從事「口述歷史」的工作，完成《齊世英先生訪問紀錄》。1990年，與李正三等人向美國政府申請成立非營利的「台灣口述歷史研究室」，從事訪問台灣耆老、保存台灣人活動足跡的工作。

吳君瑩

林忠勝的同鄉和牽手，台北女師專畢業。她支持丈夫做台灣歷史的義工，陪伴訪問、攝影和整理錄音成為文字記錄的工作。

國家圖書館出版品預行編目資料

台灣俗諺語典. 卷三・言語行動 /
陳主顯著. -- 初版. -- 台北市：前衛,
1998 [民87]
464面；15×21公分；含索引
ISBN 978-957-801-179-3(精裝)
1. 諺語 - 臺灣

539.9232   87008498

台灣俗諺語典

《卷三・言語行動》

著　　者　陳主顯

出 版 者　前衛出版社

　　　　　10468 台北市中山區農安街153號4F之3

　　　　　Tel: 02-25865708　Fax: 02-25863758

　　　　　郵撥帳號：05625551

　　　　　E-mail: a4791@ms15.hinet.net

　　　　　http://www.avanguard.com.tw

出版總監　林文欽

法律顧問　南國春秋法律事務所 林峰正律師

出版日期　1998年07月初版第一刷

　　　　　2010年01月初版第六刷

總 經 銷　紅螞蟻圖書有限公司

　　　　　台北市內湖舊宗路二段121巷28.32號4樓

　　　　　Tel: 02-27953656　Fax: 02-27954100

©Avanguard Publishing House 1998

Printed in Taiwan　ISBN 978-957-801-179-3

定　　價　新台幣450元